COLEÇÃO EXCELSIOR

BIOGRAFIAS — MEMÓRIAS — DIÁRIOS — CONFISSÕES
ROMANCE — CONTO — NOVELA — FOLCLORE
POESIA — HISTÓRIA

1. MINHA FORMAÇÃO — Joaquim Nabuco
2. WERTHER (Romance) — Goethe
3. O INGÊNUO — Voltaire
4. A PRINCESA DE BABILÔNIA — Voltaire
5. PAIS E FILHOS — Ivan Turgueniev
6. A VOZ DOS SINOS — Charles Dickens
7. ZADIG OU O DESTINO (História Oriental) — Voltaire
8. CÂNDIDO OU O OTIMISMO — Voltaire
9. OS FRUTOS DA TERRA — Knut Hamsun
10. FOME — Knut Hamsun
11. PAN — Knut Hamsun
12. UM VAGABUNDO TOCA EM SURDINA — Knut Hamsun
13. VITÓRIA — Knut Hamsun
14. A RAINHA DE SABÁ — Knut Hamsun
15. MADAME BOVARY — Gustave Flaubert
16. CONTOS E NOVELAS — Voltaire
17. A MARAVILHOSA VIAGEM DE NILS HOLGERSSON — Selma Lagerlöf
18. SALAMBÔ — Gustave Flaubert
19. TAÍS — Anatole France
20. JUDAS, O OBSCURO — Thomas Hardy
21. POESIAS — Fernando Pessoa
22. POESIAS — Álvaro de Campos
23. MANON LESCAUT — Prévost
24. ODES — Ricardo Reis
25. MENSAGEM — Fernando Pessoa
26. POEMAS DRAMÁTICOS — Fernando Pessoa
27. POEMAS — Alberto Caeiro
28. NOVAS POESIAS INÉDITAS & QUADRAS AO GOSTO POPULAR
    Fernando Pessoa
29. ANTROPOLOGIA — Um Espelho para o Homem — Clyde Kluckhohn
30. A BEM-AMADA — Thomas Hardy
31. A MINA MISTERIOSA — Bernardo Guimarães
32. A INSURREIÇÃO — Bernardo Guimarães
33. O BANDIDO DO RIO DAS MORTES — Bernardo Guimarães
34. POESIA COMPLETA — Cesar Vallejo
36. A MORTE DO CAIXEIRO VIAJANTE EM PEQUIM — Arthur Miller
37. CONTOS — Máximo Górki
38. NA PIOR, EM PARIS E EM LONDRES — George Orwell
39. POESIAS INÉDITAS (1919-1935) — Fernando Pessoa

MADAME BOVARY

COLEÇÃO EXCELSIOR

Vol. 15

EDITORA ITATIAIA

BELO HORIZONTE

Rua São Geraldo, 53 — Floresta — Cep. 30150-070

Tel.: (31) 3212-4600 — Fax: (31) 3224-5151

e-mail: vilaricaeditora@uol.com.br

Home page: www.villarica.com.br

COLEÇÃO EXCELSIOR

Gustave Flaubert

MADAME BOVARY

EDITORA ITATIAIA
Belo Horizonte

FICHA CATALOGRÁFICA

Flaubert, Gustave
F587m.Pn Madame Bovary / Gustave Flaubert ; tradução de Araújo Nabuco. --- Belo Horizonte : Itatiaia, 2009.
262 p. -- (Excelsior, 15)

Título original: Madame Bovary

1. Literatura francesa. I. Nabuco, Araújo. II. Título Original: Madame Bovary. III. Título. IV. Série.

CDU 821. 133.1

2009

Impresso no Brasil
Printed in Brazil

ÍNDICE

Terceira Parte

Primeira Parte

CAPÍTULO I

Estávamos em aula, quando entrou o diretor, seguido de um novato, vestido modestamente, e um servente sobraçando uma grande carteira. Os que dormiam despertaram e puseram-se de pé como se os tivessem surpreendido no trabalho.

O diretor fez sinal para sentarmo-nos; depois, voltando-se para o professor:

— Senhor Rogério — disse, a meia voz — eis um aluno que lhe recomendo; vai para a quinta classe. Se a aplicação e o comportamento lhe forem bons, passará para os maiores, por causa da idade.

A um canto, atrás da porta, mal podíamos ver o novato. Era um rapaz do campo, de quinze anos mais ou menos, mais alto que qualquer de nós, os cabelos rentes sobre a testa, como um sacristão de aldeia, um aspecto compenetrado e acanhadíssimo. Embora não fosse espadaúdo, a jaqueta verde de botões pretos, muito apertada nas ombreiras, devia incomodá-lo bastante. Pela abertura das mangas, viam-se dois punhos vermelhos, acostumados à nudez. As pernas, enfiadas em meias azuis, saíam-lhe dumas calças amareladas muito repuxadas pelos suspensórios. Calçava uns sapatos grosseiros, mal engraxados, reforçados com pregos.

Começou-se a recitar a lição. Ele era todo ouvidos, atento como a um sermão, sem ousar mesmo cruzar as pernas ou apoiar-se no cotovelo. E, às duas horas, com o toque da sineta, o professor teve de avisá-lo de que era preciso entrar em fila conosco.

Tínhamos o hábito de, quando entrávamos na classe, jogar os bonés no chão, para termos as mãos desimpedidas; era praxe jogá-los da soleira da porta ao banco, de modo a baterem na parede, levantando muita poeira; e aí é que estava a brincadeira.

Mas, ou porque não tivesse notado esse costume, ou porque não se atrevesse a adotá-lo, a lição terminou enquanto o novato ainda conservava o boné sobre os joelhos. O boné era uma dessas coisas complicadas, que reúnem elementos do chapéu de feltro, chapéu redondo, fez turco, gorro de peles, barrete de algodão, enfim, um desses pobres objetos, cuja muda fealdade possui a mesma profundeza de expressão que o rosto de um idiota. Ovoide, guarnecido de barbas de baleia, começava por três peças circulares; depois, separados por uma franja vermelha, alternavam-se losangos de veludo e de pele de coelho, e em seguida uma espécie de saco terminado num polígono cartonado e coberto por um bordado complicadíssimo, do qual pendiam, na ponta de um cordão comprido e muito fino, umas pequenas borlas de fio de ouro. Era novo; a pala reluzia.

— Levante-se! — ordenou o professor.

Levantou-se; o boné caiu. A classe inteira pôs-se a rir.

Ele abaixou-se para erguê-lo. Um vizinho o fez cair com uma cotovelada, mas ele tornou a erguê-lo.

— Livre-se desse boné, — disse o professor, que era um homem espirituoso.

Houve uma explosão de riso entre os alunos, embaraçando o coitado de tal forma, que ele não sabia se segurava o boné, se o deixava no chão ou se o punha na cabeça. Afinal sentou-se, pondo-o sobre os joelhos.

— Levante-se! — repetiu o professor — e diga-me o seu nome.

O novato articulou, com voz trêmula, um nome ininteligível.

— Diga de novo!

O mesmo murmúrio de sílabas, abafado pelas gargalhadas dos alunos.

— Mais alto! — gritou o professor. — Mais alto!

Tomando então uma resolução extrema, o novato abriu uma boca desmesurada e, como se chamasse alguém, lançou a plenos pulmões esta palavra: Carbovari.

Foi uma algazarra que explodiu de repente, num crescendo, de gritos agudos (uivava-se, latia-se, sapateava-se, repetia-se: *Carbovari! Carbovari!*), que depois passou a ecoar em notas isoladas, dificilmente acalmadas; de vez em quando, subitamente, recomeçava numa fileira de bancos, reavivando-se aqui e ali, como uma bomba mal apagada.

Entretanto, sob uma chuva de castigos, pouco a pouco foi restabelecida a ordem na classe. O professor, tendo conseguido perceber o nome de Carlos Bovary, fazendo-o ditar, soletrar e reler, ordenou em seguida ao coitado que se fosse sentar no banco dos preguiçosos, ao pé da sua cadeira. O rapaz dispunha-se a obedecer, contudo hesitava.

— Que está procurando? — interpelou o professor.

— Meu bo... — tartamudeou o novato, lançando olhares inquietos à sua volta.

— Quinhentas frases à classe inteira! — bradou o mestre, sustando assim, como o *Quos ego,* uma nova tormenta. — Estejam quietos! — continuava, indignado, enxugando a testa com o lenço que acabava de tirar de dentro do gorro. — Quanto a você (e apontava o novato), copie-me vinte vezes o verbo *ridiculus sum.*

Depois, num tom de voz mais suave:

— Você há de achar o boné; não o roubaram!

Tudo se acalmou. As cabeças curvaram-se sobre os livros e o novato, durante duas horas, permaneceu numa atitude exemplar, não obstante de vez em quando uma bolinha de papel, lançada com a ponta de uma pena, ir-lhe atingir o rosto. Mas ele limpava-se com a mão e continuava imóvel, de olhos baixos.

À noite, à hora do estudo, tirou da carteira as mangas de alpaca, pôs em ordem as suas coisas e regrou cuidadosamente o papel. Vimo-lo trabalhar conscienciosamente, procurando palavras no dicionário, cansando-se bastante. Graças, sem dúvida, a essa boa vontade, de que deu provas, não desceu para a classe inferior; porque, se sabia sofrivelmente as regras, o seu porte necessitava de elegância. Foi o cura da sua aldeia quem lhe ministrara as primeiras lições de latim, pois a família, por questão de economia, protelara o mais possível mandá-lo para o colégio.

Seu pai, Carlos Diniz Bartolomeu Bovary, antigo ajudante de cirurgião-mor, comprometido, por volta de 1812, numa conspiração, e obrigado então a deixar o serviço, tinha-se aproveitado das vantagens da sua figura para conseguir um dote de sessenta mil francos, representado na filha de um negociante de chapéus, que se enamorara da sua elegância. Belo homem, bem-falante, tilintando esporas e usando suíças que lhe desciam aos bigodes, dedos sempre carregados de anéis, roupa de cores vistosas, tinha o aspecto de um bravo, com a desenvoltura vulgar de um caixeiro-viajante. Depois de casado, viveu dois ou três anos da fortuna da mulher, comendo bem, levantando-se tarde, fumando em grandes cachimbos de porcelana e entrando à noite em casa só depois de ter ido ao teatro e frequentado os cafés. O sogro morreu deixando pouca coisa; ficou indignado e montou fábrica, perdendo aí algum dinheiro; por fim retirou-se para o campo com o propósito de se desforrar. Mas, como entendia tanto de agricultura como de chita, montasse os cavalos ao invés de mandá-los à lavoura, bebesse a cidra em lugar de vendê-la, comesse as melhores aves do quintal e lustrasse as botas com a banha dos porcos, não tardou a perceber que o melhor seria abandonar o negócio.

Por duzentos francos anuais conseguiu alugar, numa aldeia dos confins de Caux e da Picardia, uma casa meio rural, meio urbana. Aborrecido, cheio de remorsos, acusando o céu, irritado com todos, encerrou-se ali aos quarenta e cinco anos, desgostoso dos homens — dizia ele — decidido a viver em paz.

A esposa fora outrora apaixonada por ele; amara-o servilmente. Mas com isso só conseguiu torná-lo mais arredio. Jovial, expansiva e carinhosa, ao envelhecer (como o vinho que, exposto ao ar, se transforma em vinagre), tornou-se mal-humorada, resmungona e nervosa. Tinha sofrido muito, em silêncio, vendo-o andar atrás de todas as saias da aldeia e voltar todas as noites dos piores antros, caindo de bêbado! Depois, o orgulho revoltou-se-lhe. Calou-se então, curtindo a raiva num estoicismo mudo, que ela conservou até à morte. Dedicando-se inteiramente aos assuntos e negócios da casa, ia falar com os advogados, com o juiz, lembrava-se do vencimento das letras, obtinha prorrogações; em casa, passava a ferro, costurava, engomava, vigiava os criados, pagava as contas. Enquanto isso, o marido displicente, sempre entorpecido numa sonolência descuidosa, da qual despertava apenas para lhe dizer coisas desagradáveis, não arredava pé do lume, fumando e cuspindo nas brasas.

Quando lhes nasceu um filho, entregaram-no aos cuidados de uma ama. Na volta ao lar, mimaram como a um príncipe o garoto. A mãe prodigalizava-lhe guloseimas e o pai deixava-o correr descalço; dizia mesmo, para se mostrar filósofo, que não lhe via inconveniente em andar nu como a cria dos animais. Ao contrário das tendências da mãe, o marido tinha na cabeça certo ideal viril sobre a infância, segundo o qual tratava de desenvolver o filho, desejando que fosse educado rudemente, à espartana, para que lograsse uma boa constituição. Fazia-o deitar-se no escuro, ensinava-lhe beber rum a grandes tragos e insultar as procissões. Mas, naturalmente pacífico, o pequeno não correspondia aos seus esforços. A mãe trazia-o sempre agarrado às saias, recortava-lhe cartões, contava-lhe histórias e entretinha-se com ele em monólogos sem fim, cheio de tagarelice e de uma melancólica alegria. No isolamento da sua vida, imprimiu na mente da criança todas as suas vaidades esparsas, desfeitas. Sonhava para ele com as mais altas posições, via-o grande, belo, espirituoso, engenheiro ou magistrado. Ensinou-o a ler, conseguindo até que cantasse duas ou três pequenas romanzas, acompanhando-o num velho cravo que possuía. Mas, a tudo isto, o sr. Bovary, pouco preocupado com as letras, dizia que não valia a pena. Teria dinheiro suficiente para sustentá-lo nas escolas do Governo e comprar-lhe um cargo ou empregá-lo no comércio? Além disso, *com desembaraço, um homem sempre triunfa na vida*. A mãe mordia os lábios e o pequeno vagabundeava pela aldeia.

Andava com os operários e apedrejava os corvos, comia amoras nos barrancos, guardava os perus com uma vara, espalhava os trigos, corria pelos bosques, jogava bola no adro da igreja em dias chuvosos, e, nos dias de festa, pedia ao sacristão para deixá-lo tocar os sinos, suspender-se nas cordas, e deleitar-se naquele sobe e desce.

Assim, foi-se desenvolvendo como um carvalho. Adquiriu mãos robustas e cores sadias.

Aos doze anos a mãe conseguiu que ele começasse a estudar. Dessa tarefa encarregaram o cura. Mas as lições, além de curtas, eram tão interrompidas, que não lhe serviram para grande coisa. Eram-lhe dadas nas horas vagas, na sacristia, em pé e às pressas, nos intervalos entre um batismo e um enterro; ou então o cura mandava chamar o aluno depois das ave-marias, quando não tinha de sair. Subiam para o quarto e sentavam-se; as moscas e as mariposas voejavam à roda da candeia. Fazia calor, o pequeno adormecia; o bom cura, amodorrando-se com as mãos sobre o ventre, não tardava a roncar, de boca aberta. Outras vezes, quando o cura vinha de levar o viático a algum doente da vizinhança e via Carlos garoteando pelo campo, chamava-o, ralhava com ele um quarto de hora e aproveitava a ocasião para fazê-lo conjugar qualquer verbo ao pé de alguma árvore. A chuva, ou algum conhecido que passava, vinha interrompê-los. De resto, mostrava-se satisfeito com ele e dizia mesmo que o rapazinho tinha boa memória.

Carlos não podia continuar assim; a mãe foi enérgica. Envergonhado, ou melhor, cansado, o pai cedeu sem resistência; mas foi preciso esperar-se ainda um ano para que o garoto fizesse a primeira comunhão.

Passaram-se mais seis meses; e, no ano seguinte, Carlos foi definitivamente enviado ao colégio de Ruão, onde o próprio pai o levou, em fins de outubro, por ocasião da feira de S. Romão.

Seria impossível a qualquer de nós lembrar-se dele agora. Era um rapaz de temperamento sossegado, que brincava nas horas de recreio e trabalhava nas horas de estudo; atento na aula, dormindo bem no dormitório, comendo bem no refeitório. Tinha por correspondente o dono de um armazém de quinquilharias em grosso, da rua Ganterie, que o levava a passear uma vez por mês, ao domingo, depois de fechado o armazém; mandava-o à praia ver os barcos e reconduzia-o ao colégio às sete horas, antes da ceia. Às quintas-feiras à noite, escrevia uma longa carta à sua mãe, com tinta vermelha, e fechava-a com três obreias; depois repassava os cadernos de história ou então lia um velho volume de Anacársis, que andava por cima das mesas da sala de estudo. Nos passeios, conversava com o criado, que, como ele, era do campo.

À custa de se aplicar, conseguiu sempre manter um termo médio na classe; chegou mesmo a ganhar, certa vez um primeiro *accessit* em história natural. Mas no fim do terceiro ano, os pais convencidos de que ele poderia chegar sem ajuda ao bacharelato, tiraram-no do colégio, para estudar medicina.

A mãe escolheu-lhe um aposento num quarto andar, próximo do *Eau-de-Robec,* em casa de um tintureiro conhecido. Combinou-lhe a pensão, arranjou-lhe a mobília — uma mesa e duas cadeiras — e fez vir de casa uma velha cama; além disso, comprou um pequeno fogão de ferro fundido e a provisão de lenha que deveria aquecer o filho querido. Partiu no fim da semana, depois de lhe ter recomendado mais de mil vezes que se portasse bem, agora que estava entregue a si mesmo.

O programa dos cursos, anunciado no prospecto, deslumbrou-o: curso de anatomia, curso de patologia, curso de fisiologia, curso de farmácia, curso de química e de botânica, de clínica, de terapêutica, sem contar a higiene e a matéria médica, tudo cheio de nomes cuja significação ignorava e lhe eram como outras tantas portas de santuários cheios de augustos mistérios.

Não entendia nada; por mais que escutasse, nada apreendia. Contudo trabalhava, trazia em ordem os cadernos, seguia todos os cursos, não perdia uma única aula. Cumpria a tarefa quotidiana do mesmo modo que um cavalo de nora, que gira no mesmo lugar de olhos vendados, ignorante do trabalho que faz.

Para poupar despesas, a mãe todas as semanas, lhe mandava um pedaço de vitela assada ao forno, com o que ele almoçava de manhã, de volta do hospital, sempre a bater com a ponta dos sapatos na parede. Em seguida, era necessário correr às lições, ao anfiteatro, ao hospital, e voltar para casa percorrendo todas as ruas. À noite, após o magro jantar do hospedeiro, tornava a subir para o quarto onde se entregava de novo ao trabalho, depois de estender a roupa molhada diante do braseiro do fogão.

Nas belas noites de verão, à hora em que já não havia ninguém pelas ruas, e as criadas jogavam o volante no limiar das portas, abria a janela e encostava-se ao peitoril. O rio, que faz deste bairro de Ruão uma pequena Veneza ignóbil, corria em baixo, amarelo, azul, violeta, atravessando pontes e grades. Debruçados à margem, operários lavavam os braços. Em varas que saíam das águas-furtadas, secavam meadas de algodão. Lá adiante, além dos telhados, via-se o vasto céu sem nuvens. Como devia estar bom lá em baixo! Que frescura, à sombra das árvores copadas! Abria as narinas para aspirar o perfume do campo que não chegava até ali.

Emagrecera, estava mais alto e a sua fisionomia tomou uma espécie de expressão dolente que o tornou quase interessante.

Naturalmente, transigindo consigo, acabou por esquecer as resoluções que tomara. Faltou uma vez à aula, no dia seguinte ao curso, e, saboreando a ociosidade, pouco a pouco foi deixando de comparecer a este.

Habituou-se aos cafés e apaixonou-se pelo dominó. Parecia-lhe um precioso ato de liberdade encerrar-se todas as noites numa sala aparentemente pública, para bater sobre as mesas de mármore com pedaços de ossos de carneiro, pintalgados de preto, o que lhe aumentava a estima por si próprio. Era como que a iniciação no mundo, o acesso aos prazeres proibidos; e, ao entrar, era com um deleite quase sensual, que punha o dedo no botão da porta. Então, tudo o que nele havia de recalcado expandiu-se; aprendeu de cor estribilhos que cantava às chegadas, entusiasmou-se por Béranger, aprendeu a fazer ponche e conheceu, enfim, o amor.

Graças a esses trabalhos preparatórios, foi reprovado no exame de oficial de saúde. Esperavam-no nessa noite, em casa, para festejar o acontecimento.

Seguiu a pé e parou à entrada da aldeia, de onde mandou chamar a mãe a quem contou tudo. Esta o desculpou, atribuindo o mau resultado à injustiça dos examinadores, e animou-o um pouco, encarregando-se de arranjar as coisas. Só cinco anos mais tarde o sr. Bovary soube da verdade e, como já era coisa velha, aceitou-a, não podendo, ademais, supor que um homem do seu sangue fosse tolo.

Carlos entregou-se de novo ao trabalho, estudando todas as matérias do exame e decorando todas as respostas. Alcançou o diploma com uma nota alta. Que dia feliz para sua mãe! Deram um grande jantar.

Onde iria ele exercer a profissão? Em Tostes. Havia lá apenas um velho médico. Há muito tempo já que a sra. Bovary aguardava o momento da sua morte; o pobre homem ainda não tinha passado desta para melhor e Carlos já se achava instalado na terra como seu sucessor.

Mas não bastava ter educado seu filho, mandado estudar medicina e descoberto Tostes para exercê-la: era preciso arranjar-lhe esposa. Encontrou-lhe uma: a viúva de um oficial de justiça, mulher de quarenta e cinco anos e duzentas libras de renda.

Apesar de feia, esguia como um feixe e cheia de botões como uma primavera, a sra. Dubuc, tinha muitos pretendentes à sua escolha. Para conseguir os seus fins, a sra. Bovary foi obrigada a escorraçá-los todos e chegar a desfazer as intrigas de um salsicheiro que era auxiliado pelos padres.

Carlos entrevia no casamento a realização de uma existência melhor, em que imaginava ser mais livre e poder dispor de si e do seu dinheiro. Mas sua mulher era quem mandava; diante de outros, devia ele dizer isto e não aquilo; jejuar todas as sextas-feiras, vestir-se como ela queria, importunar por sua ordem os clientes que não pagavam. Abria suas cartas, espiava-lhe os passos e, por trás das portas, punha-se a ouvir o que ele dizia quando o cliente era alguma mulher.

De manhã, exigia o seu chocolate e infinitos cuidados. Queixava-se continuamente do peito, dos nervos, de humores. O ruído de passo fazia-lhe mal; se se retiravam, a solidão lhe era odiosa; se voltavam para junto dela, faziam-no com certeza para a ver morrer. À noite, quando Carlos regressava, punha-se a cingir-lhe o pescoço com os braços magros que tirava do calor dos cobertores, e, depois de o fazer sentar-se à beira do leito, começava a contar-lhe os seus aborrecimentos: ele a esquecia, amava outra! Bem lhe tinham dito que seria infeliz; e acabava por lhe pedir algum xarope para a saúde e um pouco mais de amor.

CAPÍTULO II

Uma noite, pelas onze horas, acordaram com o tropel de um cavalo que parou mesmo à porta. A criada abriu o postigo do celeiro e falou alguns momentos com um homem que ficara em baixo, na rua. Vinha buscar o médico; trazia uma carta. Nastásia desceu as escadas, tremendo de frio, e abriu um a um, os ferrolhos e a fechadura. O homem saltou do cavalo e entrou logo atrás da criada. Tirou de dentro do boné de lã, com borlas cor de cinza, uma carta embrulhada num trapo e apresentou-a com delicadeza a Carlos, que se deitou de bruços para ler. Nastásia, perto do leito, segurava a luz. A esposa, por pudor, estava voltada para a parede e mostrava as costas.

A carta, elegantemente selada com lacre azul, suplicava ao sr. Bovary que fosse imediatamente à herdade dos Bertaux para tratar de uma perna quebrada. Ora, de Tostes aos Bertaux, havia seis boas léguas a transpor, passando por Longueville e Saint-Victor. A noite estava escura. A esposa temia perigos para o marido. Decidiu-se, então, que o moço seguisse na frente. Carlos partiria três horas depois, ao cair da lua. Mandariam um garoto ao seu encontro para lhe ensinar o caminho da quinta e abrir-lhe porteiras à sua passagem.

Pelas quatro horas da manhã, todo encapuzado num manto, Carlos pôs-se a caminho dos Bertaux. Adormentado ainda pelo calor do sono, deixava-se embalar ao trote pacífico do animal. Quando este fazia uma parada diante dessas covas rodeadas de silvas que se abrem à beira dos valados, Carlos, despertando em sobressalto, lembrava-se logo da perna partida e tratava de rememorar todas as fraturas que conhecia. A chuva deixara de cair; o dia começava a romper; e sobre os galhos nus das macieiras, havia pássaros imóveis, com as penas eriçadas pelo vento frio da manhã. A planície estendia-se a perder de vista, e massas de arvoredo, à volta das herdades, punham a espaços escuras manchas violáceas, naquela grande superfície cinzenta, que se confundia no horizonte com o tom triste do céu. Carlos de vez em quando, abria os olhos, mas seu espírito logo se fatigava; começava a cabecear de sono e entrava então num quase adormecimento em que sensações recentes e recordações passadas se confundiam, desdobrando-lhe a individualidade, e fazendo-lhe ver-se ao mesmo tempo estudante e homem casado, deitado no seu leito, como há pouco, ou atravessando uma sala de operados, como outrora. O odor quente dos cataplasmas se misturava, na sua cabeça, com o fresco perfume do orvalho; ouvia correr as argolas sobre as varas de ferro dos leitos e sua mulher ressonar. .. Ao passar por Vassonville, viu à beira de um valado um rapazinho sentado na relva.

— O senhor é que é o médico? — perguntou o pequeno.

E ouvindo a resposta de Carlos, pegou nos tamancos, pondo-se a correr adiante dele.

Pelo caminho ele compreendeu, pelo que dizia o seu guia, que o sr. Rouault devia ser um lavrador dos mais abastados. Na véspera, ao voltar, à noite, *das festas de Reis* em casa de um vizinho, quebrara uma perna. A mulher morrera havia dois anos. Não tinha em sua companhia senão a *menina,* que o ajudava a governar a casa.

Os sulcos, na estrada, tornavam-se cada vez mais profundos. Estavam já próximos dos Bertaux. O garoto, esgueirando-se então por uma frincha na sebe, desapareceu, para depois surgir ao fundo de um pátio onde foi abrir a porteira. O cavalo escorregava na erva molhada. Carlos curvava a cabeça para poder passar debaixo dos galhos. Os cães de guarda ladravam das casinholas, esticando as correntes. Quando entrou no pátio, o cavalo assustou-se e recuou.

Era uma propriedade de boa aparência. As bandeiras abertas das portas da estrebaria, deixavam ver alentados cavalos de tiro, comendo tranquilamente em manjedouras novas. Ao longo das casas estendia-se uma vasta estrumeira fumegante, e entre galinhas e perus giravam cinco ou seis pavões, que constituem o luxo das capoeiras de Caux. O aprisco era extenso, o celeiro muito alto e de paredes lisas como a palma da mão. Debaixo do telheiro estavam duas grandes carroças e quatro charruas, com os seus chicotes, coelheiras e aparelhagem completa, cujas mechas de lã azul se sujavam com o pó fino que caía dos celeiros. O pátio era um declive simetricamente arborizado; próximo do tanque, ouvia-se o grasnar alegre de um bando de patos.

Uma moça vestindo um merino azul, guarnecido de folhos, apareceu à porta da casa, para receber Bovary, a quem fez entrar na cozinha, onde crepitava um bom lume. Fervia ao redor, em panelas de vários tamanhos, o almoço dos trabalhadores. No interior da lareira estavam várias peças de roupa estendidas a enxugar. A pá, a tenaz e o bico do fole, todos de proporções colossais, brilhavam como aço polido; ao longo da parede, estendia-se copioso apetrecho culinário, no qual se refletia desigualmente a chama clara do fogão, casando-se aos primeiros raios do sol que entravam pelas vidraças.

Carlos subiu ao primeiro andar para ver o doente. Achou-o na cama, suando sob os cobertores e tendo já atirado para longe o gorro de algodão. Era um homenzinho baixo e gordo, de cinquenta anos, de tez clara, olhos azuis, calvo na frente, de argolinhas nas orelhas. Em cima de uma cadeira, ao lado, havia uma garrafa de aguardente, da qual bebia de vez em quando, para se animar. À vista do médico, acalmou-se e, em vez de gaguejar, como estava fazendo havia doze horas, começou a gemer baixinho.

A fratura era simples, sem complicação. Carlos não podia desejar coisa mais fácil. Recordando-se então da atitude dos mestres à cabeceira dos feridos, animou o doente com todas as boas palavras que lhe ocorreram, carícias cirúrgicas que são como que o óleo com que se untam os bisturis. Como fossem necessárias umas talas, foram buscar no telheiro das carroças um punhado de tabuinhas. Carlos escolheu uma, cortou-a aos poucos e raspou-a com um caco de vidro, enquanto a criada rasgava um lençol para fazer ligaduras e a moça tratava de coser os chumaços. Como levasse muito tempo à procura da caixa de costura, o pai impacientou-se; ela não respondeu, mas ao costurar picava os dedos e nervosamente os levava à boca para chupar.

Carlos ficou admirado da alvura de suas unhas. Eram brilhantes, finas, mais brunidas que os marfins de Diepe, e cortadas em forma de amêndoa. A mão nem por isso era bonita; pouco pálida, talvez, e um tanta seca nas falanges; além disso, comprida demais, e sem brandas inflexões de linhas nos contornos. O que ela possuía de verdadeiramente belo eram os olhos; apesar de castanhos, pareciam pretos por causa das pestanas; o olhar era franco e de um arrojo cândido.

Uma vez colocado o aparelho, foi o médico convidado pelo próprio sr. Roualt, para tomar alguma coisa antes de partir.

Carlos desceu à sala térrea, onde se via uma mesa posta com dois talheres, e copos de prata, perto de uma grande cama de armação, com cortinado de cassa da Índia, cuja pintura representava personagens turcas. Sentia-se cheiro de trevo e de lençóis úmidos, que saía de um grande armário de carvalho, em frente à janela. No chão, pelos cantos, estavam empilhadas sacas de trigo. Era o excedente do celeiro próximo, para o qual se subia por três degraus de pedra. Como decoração da sala, pendia de um prego ao meio da parede, cuja pintura verde já estava desbotando, uma cabeça de Minerva a carvão, numa moldura dourada, por baixo da qual se lia, em letras góticas: "Ao meu querido papá".

Falaram primeiramente do doente, depois do tempo e dos lobos que à noite infestavam os campos. Mademoiselle Rouault não gostava da aldeia, principalmente agora que tinha quase inteiramente a seu cargo todos os cuidados da quinta. Como a casa era fria, ela tiritava mesmo ao comer, o que lhe descobria um tanto os lábios carnudos, que costumava mordiscar em silêncio.

O pescoço saía-lhe de um colarinho branco e voltado. Os cabelos, cujos bandós pretos pareciam inteiriços, de tão lisos, repartiam-se-lhe no meio da cabeça, por uma risca fina seguindo a curva do crânio em duas porções que deixavam ver apenas o lóbulo da orelha, antes de juntar-se em trança abundante na nuca, de onde partiam em ondulações em direção às frontes, coisa que o médico de aldeia viu pela primeira vez na vida. Tinha as faces rosadas e trazia como os homens, enfiada entre dois botões do corpete, uma luneta de tartaruga.

Quando Carlos, depois de ter ido em cima despedir-se do sr. Rouault, tornou a entrar na sala antes de partir, encontrou-a de pé, com a testa colada à vidraça. Olhava para a horta, onde as estacas dos feijões tinham ruído sob o ímpeto do vento. Voltou-se para trás.

— Está procurando alguma coisa? — perguntou ela.

— O meu chicote, se faz favor, — respondeu ele.

E pôs-se a remexer em cima da cama, atrás das portas e por debaixo das cadeiras: o chicote tinha caído no chão, entre os sacos e a parede. Ema, lobrigando-o, curvou-se sobre os sacos de trigo. Carlos, por galanteria, correu, e como estendesse também o braço no mesmo movimento, sentiu o peito tocar as costas da moça, curvada debaixo dele. Ela endireitou-se, muito corada, olhou para ele por cima do ombro e entregou-lhe o chicote.

Em lugar de voltar aos Bertaux dali a três dias, como prometera, Carlos voltou logo no dia imediato; depois, regularmente, duas vezes por semana, sem contar as visitas inesperadas que fazia de vez em quando, como que por engano.

Afinal, tudo andava bem; a cura progredira segundo as regras. Quando, ao cabo de quarenta e seis dias, viram o velho Rouault andar sozinho pelo seu casebre, começaram a ver em Bovary um homem muito competente. Rouault declarava que melhor tratamento não o teriam feito mesmo os médicos de Yvetot ou mesmo de Ruão.

Quanto a Carlos, nem tratou de perguntar a si próprio a razão pela qual gostava de ir aos Bertaux. Se tivesse pensado nisso, teria atribuído ao zelo exigido pela gravidade do caso, ou talvez ao proveito que esperava tirar dali. Seria, contudo, por isso que as suas visitas à quinta constituíam, entre as pobres ocupações da sua vida, uma exceção encantadora? Nesses dias, levantava-se muito cedo, partia a galope, fustigando o cavalo. Depois apeava para limpar as botas na relva e, antes de entrar calçava as luvas pretas. Gostava de se achar dentro do pátio, de sentir bater-lhe no ombro a cancela ao redor, de ver o galo cantar no muro, e os moços que lhe vinham ao encontro. Tinha afeição ao celeiro e à estrebaria; tinha afeição ao sr. Rouault, que lhe dava palmadinhas na mão, chamando-o seu salvador; tinha afeição aos tamanquinhos de Ema, aos ladrilhos lavados da cozinha. Os saltos faziam-na parecer um pouco mais alta, e quando andava adiante dele, as solas de madeira, levantando-se rapidamente, batiam no couro da botina, produzindo um ruído seco.

Ema acompanhava-o sempre até o primeiro degrau do alpendre. Quando não lhe tinham ainda trazido o cavalo, demorava-se ali. Como já haviam feito as despedidas, nada diziam; o ar livre envolvia-a, levantando-lhe em torvelinho os cabelinhos da nuca ou sacudindo-lhe nos quadris as fitas do avental, que se torciam como bandeirolas. Certa vez, num dia de degelo, a casca das árvores gotejava água sobre o pátio e a neve se fundia nos telhados. Ema estava à porta; foi buscar a sombrinha e abriu-a. A sombrinha, de seda cor de peito de rola, e que o sol atravessava, iluminava-lhe com reflexos movediços a alva pele do rosto. Ema sorria, abrigada ao calor tépido, enquanto gotas de água retiniam, uma a uma, na seda esticada.

Nas primeiras visitas de Carlos aos Bertaux, sua mulher não deixava de pedir notícias do doente; e mesmo no livro que escriturava em partidas dobradas, escolhera para o sr. Rouault uma bela página em branco. Mas, quando lhe constou que ele tinha uma filha, colheu informações e soube que mademoiselle Rouault, educada no convento das Ursulinas, recebera, como se costuma dizer, uma educação esmerada e que em consequência, sabia dança, geografia, desenho, bordados e piano. Danou-se!

— É por isso, dizia ela — que fica alegre quando vai visitá-la, e veste o colete novo, com risco da chuva lho estragar. Ah! aquela mulher! aquela mulher!...

E passou a detestá-la instintivamente. A princípio procurou alívio nas indiretas, que Carlos não entendia; depois em reflexões incidentes, a que ele não dava importância com medo de alguma tempestade; finalmente, em apóstrofes à queima-roupa, às quais ele não sabia o que responder. — Qual era o motivo por que ele continuava a ir aos Bertaux, uma vez que Rouault já estava curado e ainda não pagara! Ah! é que lá havia uma pessoa, que sabia conversar, uma pessoa prendada, uma bela inteligência. Era disso que ele gostava; o que ele queria era moças da cidade! E prosseguia:

— A filha do tio Rouault, moça da cidade! Ora adeus! O avô era pastor e eles até têm um primo que esteve a ponto de sentar-se no banco dos réus, por causa de uma briga. Não valia a pena fazer tanto barulho, nem mostrar-se aos domingos na igreja, de vestido de seda, como uma condessa. Pobre velho, que se não fossem as colzas do ano passado, ver-se-ia muito atrapalhado para pagar suas dívidas atrasadas.

Fatigado, Carlos deixou de ir aos Bertaux. Heloísa fizera-o jurar com a mão sobre um livro de missa, que não voltaria lá; isto depois de muitos soluços e de muitos beijos, numa grande explosão de amor. Ele obedeceu, mas a violência do seu desejo protestou contra o servilismo da sua conduta e, por uma espécie de hipocrisia ingênua, entendeu que aquela proibição de vê-la era para ele como que um direito de amá-la. E, depois, a viúva era magra; tinha os dentes muito compridos; usava em todas as estações um xalezinho preto, cuja ponta lhe ficava entre as omoplatas; o corpo, sem flexibilidade, andava metido em vestidos à maneira de bainhas, muito curtos, que lhe descobriam os tornozelos e as fitas dos sapatos, muito largas, trançadas sobre meias cinzentas.

A mãe de Carlos ia visitá-los de tempos a tempos; mas ao cabo de poucos dias parecia que a nora excitava-a à sua vontade; e então, como duas facas, não tratavam senão de o aborrecer com reflexões e observações. Ele fazia mal em comer tanto! Para que havia de sempre oferecer de beber ao primeiro que aparecia. Que teimosia em não querer usar flanela!

Aconteceu que, no princípio da primavera, um tabelião de Ingouville, depositário dos fundos da viúva Dubuc, embarcou e fugiu levando consigo todo o dinheiro. É verdade que Heloísa, além da parte de um navio avaliada em seis mil francos, possuía ainda a casa da rua de S. Francisco; mas afinal, de toda aquela riqueza com que tinham feito tanto barulho, nada aparecera no casamento, além de alguma mobília e roupa. Foi necessário, portanto, pôr as coisas às claras. A casa de Diepe estava carcomida de hipotecas até o telhado; do que ela depositara no cartório do tabelião, só Deus sabia; e o quinhão do navio não excedeu mil escudos. Enganara-os, portanto, a excelente senhora! No auge da exasperação, Bovary pai, quebrando uma cadeira contra as pedras, acusava a mulher de ter feito a desgraça do seu filho, ligando-o a uma tal criatura, cujos trapos não lhe valiam a pele. Foram a Tostes. Explicaram-se. Houve cenas. Heloísa, em prantos, lançou-se aos braços do marido, pedindo-lhe que a defendesse dos pais. Carlos quis falar por ela. Eles zangaram-se e foram-se embora.

Mas o golpe estava descarregado. Oito dias depois, estando ela estendendo roupa no pátio, escarrou sangue; e, no dia seguinte, enquanto Carlos voltara as costas para correr a cortina da janela, disse apenas: "Ai! meu Deus!", soltou um suspiro e perdeu os sentidos. Estava morta! Foi um espanto!

Quando tudo terminou, no cemitério, Carlos voltou para casa. Embaixo não achou ninguém; subiu ao primeiro andar, foi ao quarto e viu ainda um vestido pendurado ao lado da cama; então, apoiando-se na secretária, permaneceu por muito tempo perdido num devaneio doloroso. Ela, afinal, amara-o.

CAPÍTULO III

Uma manhã Rouault foi levar a Carlos o pagamento da cura de sua perna: setenta e cinco francos em moedas de quarenta soldos, e um peru. Soubera do seu desgosto e tratou de o consolar como pôde.

— Eu sei o que é isso! — disse, batendo-lhe no ombro. — Também já me vi como o senhor. Quando perdi a minha pobre defunta, ia para os campos a fim de estar só; deixava-me ficar ao pé de uma árvore, chorava, chamava por Deus e dizia-lhe tolices; quisera ser como as toupeiras, que eu via espetadas nas canas, com bichos a devorar-lhes as entranhas. Enfim, queria rebentar, quando me lembrava de que outros, naquele instante, se achavam abraçados; batia grandes pancadas no chão, com o cajado; andava quase doido e nem comia; talvez não creia, mas só a ideia de ir a um café me enchia de desgosto. Pois, calmamente, um dia depois do outro, uma primavera atrás de um inverno, um outono em cima de um verão, a coisa foi-se passando, pouco a pouco, gota a gota; tudo sumiu, tudo fugiu, tudo desceu, como se diz, porque no fundo sempre resta alguma coisa, assim... um peso aqui, no peito! Mas, visto que é a sorte que nos espera, não deve uma pessoa desanimar e, porque outros morram, querer morrer também... É preciso criar ânimo, senhor Bovary, isso há de passar! Vá visitar-nos; minha filha fala sempre no senhor; e diz que o senhor se esqueceu dela. Temos a primavera bem próxima e ainda havemos de vê-lo atirar num coelho na charneca, para se distrair um pouco.

Carlos seguiu o conselho. Voltou aos Bertaux; achou tudo como na véspera, quer dizer, como há cinco meses. As pereiras já estavam floridas e o velhote andava sempre girando de um lado para outro, o que dava mais animação à quinta.

Julgando que era do seu dever prodigalizar ao médico a maior soma de atenções possível, em razão do seu estado ainda dolorido, pediu-lhe que não tirasse o chapéu, falava-lhe em voz baixa, como se ele estivesse doente e mostrou-se até zangado por não lhe terem preparado alguma coisa um pouco mais leve, como potinhos de creme ou peras cozidas. Contou-lhe histórias; e Carlos surpreendeu-se a rir, mas, recordando-se repentinamente da mulher, tornou-se novamente sério. Trouxeram o café e não pensou mais em tal.

Ia passando cada vez melhor, à medida que se acostumara a viver só. O novo prazer da liberdade em breve lhe tornou a solidão mais suportável. Já podia mudar as horas das refeições, entrar e sair sem dar motivos e quando estava realmente fatigado, estendia-se ao comprido na cama. Cuidou, pois, de tratar apenas de si e aceitou as consolações que lhe davam. Além disso, a morte da mulher não o prejudicara na sua profissão, porque, durante um mês, por toda a parte se dizia: “Aquele pobre moço! Que desgraça!”. O seu nome tornara-se conhecido, a clientela aumentara; e depois ia aos Bertaux muito à sua vontade. Tinha uma esperança indecisa, um vago deleite; achava-se com fisionomia mais agradável ao pentear as suíças em frente do espelho.

Ora, um dia, pelas três horas da tarde, todos estavam no campo, quando Carlos entrou na cozinha; não reparou logo em Ema; as portas de vidraça estavam fechadas. Pelas fendas da madeira o sol estendia no sobrado grandes fitas delgadas, que se quebravam no ângulo dos móveis e vacilavam no teto. Em cima da mesa, as moscas passeavam pelos copos que tinham servido e zumbiam afogando-se no fundo, nos restos da cidra. A claridade que descia pela chaminé, aveludando a fuligem, azulava um pouco as cinzas apagadas. Ema estava cosendo, entre a janela e a lareira; como não trazia lenço no pescoço, viam-se-lhe nos ombros pequeninas gotas de suor.

De acordo com os costumes do campo, ofereceu de beber a Carlos. Este recusou, ela insistiu, e enfim convidou-o, rindo, a tomar um licor com ela. Foi então buscar no armário uma garrafa de Curaçau, pegou dois cálices, encheu um até à boca, pôs um pouquinho no outro, e, depois de ter tocado o seu no de Carlos, levou-o aos lábios. Como estava quase vazio, dobrou-se um pouco para trás; e, com a cabeça inclinada, os lábios e o pescoço estendidos, ria de não sentir nada, e com a ponta da língua, passando-lhe por entre os dentes finíssimos, dava pequenas lambidas no fundo do cálice.

Depois sentou-se e continuou com a costura, que era umas meias de algodão branco, que ela estava serzindo. Trabalhava com a cabeça baixa, em silêncio. Carlos também nada dizia. O vento, passando por debaixo da porta, levantava um pouco de pó pelo sobrado. Ele pôs-se a vê-lo correr e só ouvia do próprio cérebro, juntamente com o cacarejar de uma galinha ao longe, que botara no pátio. De espaço a espaço, Ema refrescava as faces aplicando-lhes a palma das mãos que em seguida esfriava na pinha de ferro da enorme chaminé.

Queixava-se de sentir atordoamentos, desde o começo da estação; perguntou-lhe se banhos de mar lhe fariam bem; e começou a conversar do convento e Carlos do colégio. As frases acudiram. Mostrou-lhe os seus antigos cadernos de música, os livros que lhe tinham dado por prêmio e as coroas de folhas de carvalho, esquecidas no fundo do armário. Falou-lhe também de sua mãe, do cemitério, e mostrou-lhe até, no jardim, o canteiro onde colhia flores, todas as primeiras sextas-feiras de cada mês, para ir lhe pôr na sepultura. Mas o jardineiro da quinta nada entendia daquilo; estavam mal servidos! O seu desejo era residir na cidade, ainda que fosse apenas durante o inverno, apesar de a extensão dos dias bonitos tornar o campo mais enfadonho ainda durante o verão; e, segundo o que dizia, a sua voz era clara, aguda, ou velada de repentina languidez, arrastando-se em modulações, que terminavam quase em murmúrios, como que falando só para si: ora alegre, abrindo olhos ingênuos, ora com as pálpebras meio cerradas e o olhar afogado em tédio, o pensamento vagabundo.

À noite, regressando, Carlos repetiu uma a uma as palavras que ela dissera, tentando recordá-las e completar-lhes o sentido, para reconstruir o período de existência que ela vivera durante o tempo que ele não a conhecia. Mas não conseguia nunca vê-la, em imaginação, diferente do que a vira a primeira vez, ou tal como a deixara há poucos instantes. Em seguida indagou de si mesmo o que seria ela se se casasse, e com quem se casaria! Rouault era rico e ela... tão bonita! Mas a figura de Ema voltava sempre a se pôr diante dos seus olhos e aos ouvidos zumbia-lhe alguma coisa de muito monótono, como o zunir de um pião: "E se tu te casasses! Se tu te casasses!" À noite não dormiu, com a garganta comprimida e morto de sede; levantou-se para beber água e abriu a janela; o céu estava cheio de estrelas, passava um vento quente e ao longe ladravam cães. Insensivelmente, voltou a cabeça para o lado dos Bertaux. Pensando que, afinal, não arriscava coisa alguma, Carlos tencionou fazer o pedido logo que se apresentasse ocasião; mas cada vez que a ocasião se lhe oferecia, tapava-lhe a boca o receio de não achar palavras apropriadas.

O velho Rouault não se desgostaria de o livrarem da filha, que de nada lhe servia em casa. Intimamente desculpava-a, concordando ter ela demasiada inteligência para a agricultura, mister amaldiçoado pelo céu, pois que nunca fizera enriquecer a ninguém. Longe de aumentar seus haveres, o pobre homem perdia o seu dinheiro todos os anos , porque, se caprichava nas vendas, onde se comprazia com as astúcias da profissão,em compensação a cultura propriamente dita e a direção interna da casa convinham-lhe menos que a ninguém. Não gostava de tirar as mãos dos bolsos e não poupava as despesas em tudo que se referisse ao seu conforto, porque queria alimentar-se bem, ter bom aquecimento e boa cama. Gostava de boa cidra, de perna de carneiro em sangue e de glórias bem batidas. Tomava as refeições na cozinha, sozinho, em frente à lareira, numa mesinha que lhe levavam já servida, como no teatro.

Quando notou que Carlos corava junto da sua filha, o que significava que qualquer dia a pediria em casamento, examinou previamente, a perspectiva; o rapaz parecia-lhe um pouco afeminado e não o achava genro do seu tipo; mas diziam que se portava bem, que era econômico, muito instruído e, sem dúvida, não discutiria muito sobre o dote. Assunto realmente importante para o velho Rouault, porque se via obrigado a vender vinte e dois acres de suas terras para pagar o muito que devia aos pedreiros, ao albardeiro, além do conserto da trave do lugar.

— Se ele ma pedir — disse Rouault — dou-a.

Na época de S. Miguel, Carlos tinha ido passar três dias nos Bertaux. O último ele vira passar como os antecedentes, adiando a coisa de quarto em quarto de hora. O velho Rouault facilitou-lhe a oportunidade. Caminhavam ambos por uma estrada funda e iam despedir-se; era, por conseguinte o momento. Carlos resolveu falar no extremo da sebe, e enfim, depois de a ter passado, murmurou:

— Senhor Rouault, eu tinha uma coisa a dizer-lhe.

Pararam. Carlos calou-se.

— Mas então me conte a sua história! Pensa que já não sei de tudo? — disse Rouault sorrindo.

— Tio Rouault... tio Rouault... — balbuciou Carlos.

— O meu desejo não é outro — continuou o lavrador. Embora a pequena seja da minha opinião, sempre é bom ouvi-la. Vá embora o senhor, que eu também vou para casa, e ouça: se ela lhe der o sim, não venha aqui por causa do falatório; além do que, isso a intimidaria. Mas, para que o senhor não fique triste, escancaro a janela, e a deixarei de modo que o senhor, debruçando-se sobre a sebe, possa vê-la por trás.

E foi-se embora.

Carlos prendeu o cavalo a uma árvore, correu ao atalho e esperou. Decorreu meia hora; Carlos contou mais dezenove minutos no seu relógio. De repente ouviu uma pancada na parede; fora a janela abrindo-se para trás; o fecho ficou a tremer.

No dia seguinte, logo às nove horas, Carlos estava na quinta. Ema corou quando o viu, procurando rir, por delicadeza. Rouault abraçou seu futuro genro. Adiaram a combinação dos interesses; tinham muito tempo diante de si, uma vez que o casamento não se poderia efetuar sem ter acabado o luto de Carlos, ou seja, somente na primavera do ano seguinte.

O inverno passou-se nesta expectativa. Mademoiselle Rouault foi cuidando do seu enxoval. Parte foi encomendado em Ruão; ela, entretanto, ia fazendo, por si mesma, camisas e toucas de dormir, segundo moldes que pediu emprestados. Nas visitas que Carlos fazia à quinta, conversavam dos preparativos da boda; discutiam em que casa dariam o jantar e calculavam o número de pratos que seriam precisos, e quais deviam ser os primeiros.

Ema, pelo contrário, desejava casar-se à meia-noite, *aux-flambeaux;* mas o velho Rouault é que não concordou com semelhante ideia. Houve, pois, um casamento em que tomaram parte quarenta e três pessoas; demoraram-se dezesseis horas à mesa, recomeçando no outro dia e se prolongando ainda por alguns dos seguintes.

CAPÍTULO IV

Os convidados chegaram muito cedo em carruagens, carros puxados por um cavalo, ônibus, velhos cabriolés sem capota, ou com cortinas de couro e os rapazes das aldeias mais próximas em carretas, nas quais se conservavam de pé, enfileirados, com as mãos apoiadas nas beiradas para não cair, porque iam trotando sob fortes solavancos. Vinham de dez léguas de distância, de Goderville, de Normanville e de Cany. Foram convidados todos os parentes de ambas as famílias, haviam feito as pazes com os que estavam mal e escrito a amigos perdidos de vista há muito tempo.

De quando em quando ouviam-se estalos de chicote por trás da sebe. Pouco depois se abria a porteira e uma carruagem entrava a galope até o primeiro degrau do vestíbulo, onde estacava. Do seu bordo descia, por todos os lados, esfregando os joelhos e espreguiçando os braços, nova leva de convidados. Eram damas de touca, vestidas à moda da cidade, cadeados de ouro, romeiras com as pontas trançadas na cintura e lencinhos de cor presos nas costas com alfinete, o que lhes deixava o pescoço a descoberto na parte de trás. Eram crianças, vestidas como gente grande, parecendo desconfortáveis com a roupa nova (muitos até estreavam, naquele dia, o primeiro par de sapatos da sua vida); ao lado delas, não dizendo uma única palavra, com a roupa branca da primeira comunhão viam-se algumas mocinhas, dos seus quatorze ou dezesseis anos, talvez primas ou irmãs mais velhas, todas muito coradas, esbaforidas, os cabelos lustrosos de pomada de rosa e com muito medo de sujar as luvas. Como não havia moços de cavalariça suficientes para desatrelar os cavalos de todos os veículos, os próprios donos arregaçavam as mangas e se encarregavam disso pessoalmente. De acordo com as diferentes posições sociais, tinham vindo de casaca, sobrecasaca, jaqueta ou paletó: casacas de estimação veneradas por toda a família e que não saíam do armário senão nas ocasiões solenes; sobrecasacas de grandes abas flutuantes, gola cilíndrica e com bolsos largos como sacos; jaquetas de pano grosseiro, acompanhadas quase sempre de bonés, orlados de latão nas palas; paletós curtíssimos, tendo nas costas dois botões muito juntos, como se fossem dois olhos, e cujas abas pareciam ter sido cortadas de um só golpe pelo machado de um carpinteiro. Alguns (que, com certeza, deviam jantar no extremo da mesa), ainda traziam as blusas dos dias de cerimônia, isto é, de colarinhos voltados sobre os ombros, as costas com pregas e apertadas muito abaixo por um cinto.

Os peitilhos das camisas abaulavam-se como couraças! Todo mundo estava escanhoado; e mesmo alguns, que se levantaram antes do amanhecer, não tendo boa vista para se barbear, vinham com grandes arranhões diagonais por baixo do nariz e nos queixos pedaços de pele arrancada, do tamanho de moedas de três francos, os quais, inflamados pelo ar fresco, durante o caminho, marchetavam de nódoas rosadas aquelas caras brancas e alegres.

Como a *prefeitura* ficava a meia légua de distância, foram e voltaram a pé, depois de celebrada a cerimônia na igreja. O cortejo, a princípio unido como uma faixa de cor, ondulando pelo campo, ao longo do caminho estreito que se destacava por entre o trigo verdejante, em breve se alongou e se dividiu em grupos diferentes, que ficavam atrás, conversando. O menestrel ia na frente, com a rabeca enfeitada de fitas; depois iam os noivos, os parentes e os amigos, agrupados ao acaso e, atrás de todos, as crianças, divertindo-se em arrancar as campainhas da aveia ou brincando umas com as outras sem que as vissem. O vestido de Ema, muito comprido, arrastava um pouco; de vez em quando ela parava para o erguer e mesmo com as luvas calçadas arrancava-lhe as ervas e os cardos, enquanto Carlos esperava com as mãos abanando, que ela terminasse. Rouault, de chapéu de seda novo e as mangas da casaca preta quase lhe tapando as unhas, dava o braço a madame Bovary, mãe. Quanto a Bovary, pai, desprezando no íntimo toda aquela gente, fora modestamente trajado de sobrecasaca de talhe militar com uma carreira de botões, e ia dirigindo galanteios a uma jovem camponesa loura, que lhe fazia cortesias e corava sem saber o que responder. As outras pessoas conversavam sobre negócios ou faziam caretas nas costas dos que iam na frente, excitando-se antecipadamente para a alegria; e quem prestasse ouvido, distinguiria ainda os sons do menestrel, que continuava a tocar pelo campo afora. Quando ele percebia que estavam muito distantes, parava para tomar fôlego, novamente resinava o arco, a fim de arrancar às cordas melhor chiado, e continuava o caminho, levantando e abaixando alternadamente o braço da rabeca, para marcar o compasso. O ruído do instrumento fazia esvoaçar, mesmo de longe, os passarinhos.

Puseram a mesa debaixo do barracão. Havia quatro lombos, seis frangos guisados, bifes de caçarola, três pernas de carneiro, um belo leitão assado, guarnecido de quatro chouriços. Nos cantos viam-se garrafas de aguardente. A cidra doce espumava espessamente em torno das folhas e todos os copos tinham sido previamente cheios de vinho até às bordas. Grandes pratos de creme de leite, que oscilavam ao menor movimento da mesa, apresentavam, na superfície, as assinaturas dos noivos, em arabescos de confeitos. Para as tortas e para os *nougats* tinham contratado o pasteleiro de Yvetot, o qual, como estava começando a vida, esmerou-se o quanto pôde e apresentou, espontaneamente, à sobremesa, um prato enfeitado que provocou aplausos. Na base era um quadrado de cartão azul, figurando um templo com pórticos, colunatas e estatuetas em volta, em nichos constelados de lentejoulas; depois, formando um segundo andar, uma torre de bolo de Saboia, rodeado de fortificações de angélica, amêndoa, passas, quartos de laranja; e finalmente, na plataforma superior, que era uma campina verdejante, onde havia rochedos com lagos de doce e barcos feitos de casca de avelã, via-se um Cupido balouçando-se num trapézio de chocolate, cujos postes terminavam em dois botões de rosa naturais, à guiza de esferas, no cimo.

Comeram até à noite. Quando se cansavam de estar sentados, iam passear nos pátios ou jogar uma partida de bola na granja; depois voltavam para a mesa. Alguns, no fim, adormecendo ali mesmo, ressonavam. À hora do café, porém, tudo se reanimou; começaram então a cantar, demonstraram suas habilidades, levantaram pesos, chegando a fazer esforços para erguer as carroças com os ombros, diziam graçolas e abraçavam as damas. À noite, à hora da partida como os cavalos estavam atulhados de aveia até o nariz, foi um custo metê-los nos varais; além disso, escouceavam, empinavam-se, partiam os arreios e os donos riam ou praguejavam; toda a noite, ao luar, pelas estradas do sítio galoparam os carros, saltando valetas, passando por cima dos montes de seixos, roçando pelas escarpas, com mulheres debruçadas às portinholas para agarrarem as rédeas.

Os que ficaram nos Bertaux passaram a noite bebendo na cozinha. As crianças adormeceram debaixo dos bancos.

A noiva pedira ao pai que a poupassem das brincadeiras usuais. Apesar disso, um dos seus primos, vendedor de peixe (que até levara como presente de núpcias um par de linguados) começou a soprar água com a boca pelo buraco da fechadura, quando Rouault chegou, a tempo de impedir que ele continuasse explicando-lhe que a grave posição de seu genro não permitia tais inconveniências. O primo, entretanto, dificilmente cedeu a tais razões. Intimamente chamou Rouault de soberbo e foi juntar-se, a um canto, com mais quatro ou cinco convidados, os quais, tendo sido mal servidos à mesa, por acaso, mais de uma vez, também achavam que haviam sido mal recebidos, cochichavam a respeito do dono da festa e desejavam-lhe a ruína, com palavras sublinhadas.

Madame Bovary, mãe, não abrira a boca durante todo o dia. Não a tinham consultado nem sobre o traje da nora, nem sobre a ordem do banquete; por isso, retirou-se muito cedo. O esposo, ao invés de acompanhá-la, mandou buscar charutos em São Vitor e esteve fumando até de madrugada, bebendo grogs de kirsch, mistura desconhecida de todos os companheiros, e que lhe valeu acrescida consideração.

Carlos não era de temperamento brincalhão; não se sobressaiu durante a boda. Respondeu mediocremente aos gracejos, aos trocadilhos, às palavras de duplo sentido, cumprimentos e facécias que todos julgavam do seu dever dirigir-lhe logo à hora da sopa.

No dia seguinte, em compensação, parecia outro. Ele é que poderia ser tomado pela virgem da véspera, ao passo que a noiva nada deixava a descoberto, por onde se pudesse adivinhar qualquer coisa. Os maliciosos não sabiam o que responder e contemplavam-na, com atenção desmesurada quando ela passava junto deles. Carlos é que nada dissimulava. Chamava-a sua mulher, tratava-a por tu, perguntava a todos que tal a achavam, andava sempre à sua procura, e muitas vezes a levava consigo para os pátios, onde o avistavam de longe, no meio das árvores, cingindo-lhe a cintura com o braço e caminhando meio inclinado para ela, roçando-lhe com a cabeça a renda do decote.

Dois dias depois foram-se os noivos. Carlos, por causa dos seus clientes, não pudera estar ausente por muito tempo. Rouault pôs o seu carro à disposição deles e acompanhou-os até Vassonville. Ali, abraçou a filha mais uma vez, apeou-se e regressou pelo mesmo caminho. Depois de ter dado cem passos parou, e vendo o carro afastar-se, rodando no meio de uma nuvem de pó, soltou profundo suspiro. Em seguida recordou-se do seu casamento, do seu tempo de outrora, da primeira gravidez da sua mulher; também ele então se sentira satisfeito no dia em que a levara consigo da casa de seus pais para a sua, na garupa, a trotar pela neve, porque era véspera do Natal e o campo estava todo branco; ela dava-lhe um dos braços porque no outro levava um cesto; o vento agitava as compridas rendas do seu toucado de Caux, que lhe passavam às vezes pela boca, e quando ele voltava a cabeça, via-a a seu lado, encostada ao seu ombro, com a carinha rosada, sorrindo silenciosamente, sob a pala dourada do seu chapéu. Para aquecer os dedos, enfiava-os de vez em quando no seio! Como isso ia longe! O filho, se vivesse, teria agora trinta anos! Olhou mais uma vez para trás e não viu nada no caminho. Sentiu-se triste como uma casa vazia; e as recordações ternas, misturando-se aos pensamentos negros, no cérebro um tanto obscurecido pelos vapores do banquete, deram-lhe por momentos o desejo de ir dar uma volta perto da igreja. Como receasse, contudo, que aquela visita o deixasse mais triste ainda, foi direito para casa.

Carlos e a esposa chegaram a Tostes pelas seis horas. Os vizinhos apareceram todos à janela para ver a nova esposa do médico.

A velha criada apresentou-se, fez-lhe os cumprimentos, desculpou-se de não ter ainda aprontado o jantar, convidando entretanto a senhora a conhecer a casa.

CAPÍTULO V

A fachada de tijolo era perfeitamente alinhada à beirada da rua, ou melhor, da estrada. Atrás da porta estavam pendurados uma capa de gola curta, um freio, um boné de oleado e, a um canto, no chão, um par de polainas ainda cobertas de lama seca. À direita era a sala, isto é, o lugar onde comiam e onde sempre ficavam. Um papel cor de canário, com cercadura de flores descoradas, tremia sobre o pano em que estava colado; cortinas de chita branca, orladas de galão vermelho, entrecruzavam-se nas janelas e na estreita pedra do fogão resplandecia um relógio com a cabeça de Hipócrates, entre dois castiçais de prata lavrada, debaixo de redomas ovais. Do outro lado do corredor estava o gabinete de Carlos, pequena peça de dois metros de largura, mais ou menos, com uma mesa, três cadeiras e uma poltrona. Os tomos do *Dicionário das ciências médicas,* ainda fechados, mas com a brochura estragada por causa das vendas sucessivas de que foram objeto, guarneciam quase por si só as seis prateleiras da estante de pinho. O cheiro da comida penetrava através da parede durante as consultas, assim como da cozinha se ouviam os clientes tossir no gabinete e contar as suas doenças. Abrindo para o pátio, onde era a cavalariça, seguia-se um casarão desmantelado, onde havia um forno, que servia de depósito de lenha, de celeiro, de dispensa, atulhado de ferros velhos, de barris vazios, de instrumentos agrícolas inutilizados, e grande quantidade de outras coisas empoeiradas, cujo uso era impossível adivinhar.

O jardim amplo, de comprimento igual à largura, era fechado dos lados por muros cobertos de pessegueiros, e, ao fundo, por uma sebe de silvas que o separava dos campos. No centro havia um quadrante solar de ardósia, num pedestal de cal e areia; quatro platibandas de magras roseiras rodeavam, simetricamente, o quadro mais útil das vegetações sérias. Ao fundo, debaixo duns pinheirinhos, havia um padre de gesso lendo o seu breviário.

Ema subiu aos quartos. O primeiro não estava mobiliado; mas o segundo, que era o quarto conjugal, tinha um leito de acaju com cortinas vermelhas. Uma caixa de conchas enfeitava a cômoda; e, debaixo da secretária, junto à janela, numa garrafa, havia um ramo de flores de laranjeiras atado com fitas de cetim branco. Era um buquê de noiva, o buquê da outra! Ema pôs-se a mirá-lo. Carlos voltou-se, apanhou-o e foi levá-lo para o sótão, ao passo que Ema, sentada numa poltrona (estavam pondo em torno dela o que lhe pertencia), pensava no futuro destino do seu buquê de noiva, que estava numa caixa de papelão, e perguntava a si mesma, devaneando, o que fariam dele, se acaso morresse.

Logo nos primeiros dias, começou a pensar em operar modificações na casa. Tirou as redomas dos castiçais, mandou forrar as paredes com papel novo, pintar a escada e fazer bancos para o jardim, em volta do quadrante solar; perguntou, mesmo, como havia de arranjar um tanque com repuxo e peixinhos. Enfim, o marido, sabendo que ela gostava de passear de carro, achou um cabriolé de ocasião, o qual, com lanternas novas e guarda-lama de couro acolchoado, parecia quase um tílburi.

Carlos vivia, pois, feliz, e sem se importar com coisa alguma do mundo. Uma refeição a sós, um passeio à tarde pela estrada principal, um afago nos cabelos, a vista do seu chapéu de palha pendurado no fecho da janela, e muitas outras coisas ainda, que Carlos nunca suspeitara pudesse dar prazer, formavam agora a continuidade do seu bem-estar. De manhã, na cama, juntinhos um do outro, com a cabeça no travesseiro, ele via a luz do sol acariciar-lhe o aveludado das róseas faces, meio cobertas pelas madeixas que lhe saíam da touca. Vistos assim de perto, os olhos dela pareciam maiores ainda, principalmente quando, ao acordar, ela abria as pálpebras muitas vezes; pretos na sombra e azuis-escuros à luz do dia, pareciam ter camadas de cores sobrepostas, as quais, mais densas no fundo, iam-se aclarando para a superfície do esmalte. Os olhos de Carlos perdiam-se naquela profundidade, vendo refletida neles, em ponto pequeno, a sua imagem até os ombros, com o lenço de seda atado à cabeça e o peito da camisa entreaberto. Carlos levantava-se; ela ia à janela para o ver partir e ali permanecia, encostada ao peitoril, entre dois vasos de gerânios, vestida apenas com um penteador muito largo. Ele já fora da porta, afivelava as esporas no degrau de pedra; Ema continuava a falar-lhe da janela, ao mesmo tempo que, com a boca, ia arrancando pedacinhos de flor ou de folhas, que depois soprava para ele. As petalazinhas voltejavam pairadas no ar, descreviam semicírculos como um passarinho, e iam, antes de cair, prender-se às crinas descabeladas da velha égua branca, plantada imóvel à porta. Carlos, já montado, atirava-lhe um beijo ao qual ela correspondia com um gesto e fechava a janela; ele, então, punha-se a caminho. E na estrada principal, que estendia sem fim a sua extensa fita de pó, nos caminhos estreitos onde as árvores se entrelaçavam formando caramanchão, com o sol nas costas e o ar da manhã nas narinas, o coração transbordando dos prazeres da noite, o espírito tranquilo, a carne satisfeita, — ia ele ruminando a sua felicidade, como quem fica ainda mastigando, depois do jantar, o gosto das trufas que está digerindo.

Até ali, que sabor tivera ele na vida? O tempo de colégio, quando esteve encerrado entre aqueles grandes muros, sozinho no meio de companheiros mais ricos ou mais adiantados do que ele, provocando-lhes a hilaridade com a sua pronúncia, ou tolerando-lhes a caçoada pela sua roupa, ou, ainda, vendo-lhes as mamães procurá-los no parlatório com os regalos repletos de bolos? Teria sido mais tarde, quando estudava medicina, e nunca tinha o bolso suficientemente recheado para levar a um divertimento qualquer costureirinha que viesse a ser sua amante? Depois, vivera quatorze meses com uma viúva, cujos pés, na cama, eram frios como o gelo. Entretanto, agora, possuía, para toda a vida, aquela mulher bonita, a quem adorava. Para ele o mundo não ia além da sedosa circunferência das suas saias; e exprobrava-se de não a amar, e sentia-se morto por tornar a vê-la. O resultado era ele voltar logo para casa, subir a escada com o coração palpitante, surpreendê-la no quarto arrumando-se ao espelho, chegar perto dela na ponta dos pés e arrancar-lhe um grito de sobressalto com um beijo de surpresa no pescoço.

Não podia deixar de lhe mexer continuamente nos adornos do cabelo, nos cachinhos, no lenço do pescoço; às vezes lhe imprimia nas faces retumbantes beijocas, ou então era uma série de beijinhos pelo braço nu, desde a ponta dos dedos até o ombro; e ela repelia-o, meio risonha, meio enfadada, como fazemos a uma criança que nos assedia.

Antes de se casar, julgara sentir amor; mas, como a ventura resultante desse amor não aparecia, com certeza se enganara, pensava ela. E procurava saber qual era, afinal, o significado certo, nesta vida, das palavras felicidade, paixão e embriaguês, que nos livros lhe pareciam tão belas.

CAPÍTULO VI

Ema lera *Paulo e Virgínia*, sonhara com a cabana de bambus, com o preto Domingos, com o cão Fiel, e, principalmente, com a doce amizade de algum irmãozinho, que lhe colhesse frutos maduros em árvores mais altas que campanários ou que corresse descalço pela areia, para lhe trazer um ninho.

Quando tinha treze anos, seu pai a levara à cidade, para pô-la no convento. Hospedaram-se numa estalagem do bairro Saint-Gervais, onde lhes serviram a ceia, em pratos pintados que representavam a história de mademoiselle de la Vallière. As explicações das legendas, cortadas num e noutro ponto pelas arranhaduras das facas, glorificavam a religião, as delicadezas do coração e as pompas da corte.

Nos primeiros tempos, longe de se enfastiar no convento, alegrava-se com a companhia das bondosas freiras, que, para distraí-la, levavam-na à capela, onde se entrava pelo refeitório, por um corredor muito comprido. Brincava muito pouco nas horas do recreio, entendia perfeitamente o catecismo e era ela quem sempre respondia ao capelão as perguntas mais difíceis. Vivendo, pois, sem nunca sair da tépida atmosfera das aulas, entre aquelas mulheres de cútis muito brancas e de grandes rosários com cruzes de latão, foi descaindo docemente para a languidez mística que se exala dos perfumes do altar, da frescura da água-benta e do flamejar dos círios. Em vez de atender à missa, contemplava no seu livro as vinhetas piedosas, bordadas de azul, e amava a ovelhinha enferma, o sagrado coração trespassado de frechas agudas, o pobre Jesus que no caminho caiu sob a cruz. Diligenciou, por penitência, conservar-se um dia inteiro sem comer e procurava na ideia algum voto a cumprir.

Quando ia confessar-se, inventava pecadinhos, para se demorar mais tempo de joelhos, na sombra, com as mãos postas e o rosto colado ao confessionário, ouvindo o cochichar do padre. As comparações de noivo, de esposo, de amante celeste e de consórcio eterno, que constantemente aparecem nos sermões, suscitavam-lhe no íntimo da alma inesperadas doçuras.

À tarde, antes da oração, fazia-se na aula uma leitura religiosa. Durante a semana, era algum resumo de História Sagrada ou as *Conferências* do abade Frayssinous, e aos domingos, para recreio, trechos do *Gênio do Cristianismo*. Como ela ouvia, nas primeiras vezes, a lamentação sonora das melancolias românticas repercutir em todos os ecos da terra e da eternidade! Se a sua infância tivesse transcorrido no fundo de alguma loja de bairro comercial, ter-se-ia talvez aberto às invasões líricas da natureza, que comumente não chegam ao nosso conhecimento senão pela tradução dos escritores. Conhecia, porém, perfeitamente, o campo; conhecia o balar dos rebanhos, as queijarias, as charruas. Acostumada aos aspectos serenos, voltava-se, pelo contrário, para os acidentados. Não gostava do mar senão pelas suas tempestades e da relva unicamente quando era alternada com ruínas. Sentia necessidade de poder tirar das coisas uma espécie de proveito próprio, e repelir como inútil tudo que não contribuísse para a alegria imediata do coração, — porque tinha um temperamento mais sentimental que artístico, procurando emoções e não paisagens.

No convento havia uma senhora idosa, que ia oito dias em cada mês trabalhar na rouparia. Protegida pelo arcebispo, pertencente a uma família de fidalgos empobrecidos na Revolução, comia no refeitório à mesa com as freiras, e depois da refeição conversava um bocadinho com elas, antes de voltar para o trabalho. Muitas vezes as educandas escapavam da aula para encontrá-la. Sabia de cor canções galantes do século passado, que cantava a meia voz, mesmo quando costurava. Contava histórias, trazia novidades, levava recadinhos para fora e, em segredo, emprestava às mais crescidas algum romance que levava sempre no bolso do avental, e do qual ela própria devorava capítulos inteiros nas horas vagas. Era só amores, amantes, damas perseguidas, que desmaiavam em pavilhões solitários, postilhões assassinados nas estações de muda, cavalos rebentados em todas as páginas, florestas sombrias, perturbações do coração, juramentos, soluços, lágrimas e beijos, barquinhos ao luar, rouxinóis no arvoredo, cavalheiros bravos como leões e mansos como cordeiros, virtuosos como já não há, sempre bem postos e chorando como chafarizes. Durante seis meses, aos quinze anos, Ema sujou as mãos no pó dos velhos gabinetes de leitura. Mais tarde, com Walter Scott, apaixonou-se por coisas históricas, sonhou com armários, salas de guardas e menestréis. Quisera viver nalgum velho solar, como aquelas castelãs de corpetes compridos que, sob os ornatos das ogivas, passavam os dias com o cotovelo apoiado ao peitoril e o queixo na mão, à espera de ver surgir do extremo horizonte algum cavaleiro de pluma branca, galopando num cavalo preto. Por esse tempo teve verdadeiro culto por Maria Stuart e veneração entusiástica pelas mulheres ilustres ou infelizes. Joana d'Arc, Heloísa, Inês Sorel, a bela Ferronnière e Clemência Isaura surgiam-lhe como meteoros, da imensidade tenebrosa da história, onde sobressaíram aqui e acolá, porém mais perdidas na sombra, e sem a menor relação entre si; S. Luís com o seu carvalho, Bayard moribundo, algumas atrocidades de Luís XI, um pouco de Saint Barthelemy, o penacho do Bearnês e sempre a recordação dos pratos pintados em que era exaltado Luís XIV.

Na aula de música, nas romanças que ela cantava, não havia senão anjinhos com asas de ouro, madonas, lagoas, gondoleiros, pacíficas composições que lhe deixavam entrever, através da simplicidade do estilo e das imprudências da nota, a atraente fantasmagoria das realidades sentimentais. Algumas das suas companheiras levavam para o convento álbuns de lembranças que tinham recebido de festas. Precisavam escondê-los, pois era caso grave, e os liam no dormitório. Folheando delicadamente as belas encadernações de cetim, Ema fitava, com os olhos deslumbrados, o nome dos autores desconhecidos na maioria condes ou viscondes, que haviam posto a assinatura no fim das composições.

Ema estremecia, levantando com um sopro o papel de seda das gravuras, que se erguia meio dobrado, e tornava a cair vagarosamente sobre as páginas. Era, por detrás da balaustrada de um varandim, um mancebo de capa curta, cingindo nos braços uma jovem vestida de branco e de bolsinha pendente do cinto; ou então retratos anônimos de damas inglesas de cachos louros, que, sob o chapéu de palha de grandes abas, pareciam olhar com os seus grandes olhos claros. Estavam reclinadas em carruagens, deslizando pelos parques, com um galgo a pular adiante dos cavalos guiados a trote por dois postilhões de calções brancos. Outras, estendidas em sofás, meditando junto a uma carta desdobrada, contemplavam a lua pela janela semi-cerrada e meio encoberta por uma cortina escura. As ingênuas, com uma lágrima a correr pela face, beijavam uma rolinha, através das grades de uma gaiola, ou, sorrindo com a cabeça inclinada para o ombro, desfolhavam um malmequer com os dedinhos pontiagudos e revirados como os bicos das chinelas. E também lá estáveis vós, sultões de grandes cachimbos, extáticos debaixo de caramanchões, nos braços de bailarinas, com flechas, sabres turcos, barretes gregos; e sobretudo vós, paisagens lívidas das regiões ditirâmbicas, que muitas vezes nos mostrais, ao mesmo tempo, palmeiras, pinheiros, tigres à direita, um leão à esquerda, minaretes tártaros no horizonte, ruínas romanas no primeiro plano e em seguida um grupo de camelos acocorados; — tudo emoldurado por uma floresta virgem muito bem tratada e com um raio de sol perpendicular tremendo na superfície da água, na qual se destacam, de longe em longe, num fundo cinzento, alguns cisnes a nadar.

O abajur do candeeiro pendurado à parede sobre a cabeça de Ema, iluminava todas aquelas cenas mundanas, que passavam diante dela, umas após outras, no silêncio do dormitório e o rumor longínquo de alguma carruagem que ainda rodava pelos bulevares.

Quando sua mãe morreu, chorou muito nos primeiros dias. Mandou fazer um quadro fúnebre com os cabelos da defunta e, numa carta que mandara aos Bertaux, toda cheia de reflexões sobre a vida, pediu que, quando morresse, a enterrassem na mesma sepultura. O pobre homem julgou-a doente e foi visitá-la. Ema ficou intimamente satisfeita de se sentir chegada ao raro ideal das existências pálidas, nunca atingido pelos corações medíocres. Deixou-se, pois, deslizar pelos meandros lamartinianos, escutou as harpas nos lagos, os cantos dos cisnes moribundos, o cair das folhas, as virgens puras que sobem ao céu, e a voz do Eterno discorrendo nos vales. Enfastiou-se disso tudo; mas não o querendo confessar, continuou por hábito e depois por vaidade; afinal, ficou surpreendida por se sentir apaziguada e sem ter mais tristezas no coração do que rugas na testa.

As bondosas freiras, que com tanta certeza supunham ter-lhe adivinhado a vocação, perceberam, com grande espanto, que mademoiselle Rouault parecia fugir aos seus cuidados. Tinham-lhe realmente prodigalizado tão grande soma de rezas, de meditações, de sermões e novenas, tanto lhe haviam pregado o respeito devido aos santos e aos mártires, e dado tão bons conselhos em relação ao recato do corpo e à salvação da alma, que ela afinal fez como os cavalos que são puxados pela rédea: estacou de repente e o freio saiu-lhe dos dentes. Aquele espírito, positivo no meio dos seus entusiasmos, que amava a igreja por causa das suas flores, a música pela letra das romanzas e a literatura pelas suas excitações apaixonadas, insurgia-se ante os mistérios da fé, assim como se irritava contra a disciplina, que era antipática à sua constituição. Quando o pai a tirou do colégio, não deixou nele saudades. A superiora era mesmo de opinião que ela, nos últimos tempos, se tornara pouco reverente para com a comunidade.

Ema, voltando para casa, regozijava-se com dar ordens aos criados; depois se desgostou do campo, e teve saudade do convento. Quando Carlos foi aos Bertaux pela primeira vez, Ema supunha-se muito desiludida, certa de não ter mais nada que aprender ou sentir.

Mas a ansiedade de um novo estado, ou talvez a excitação causada pela presença daquele homem, tinham-lhe sido o bastante para convencer-se tocada, enfim, por aquela paixão maravilhosa que até então estivera pairando como uma grande ave de plumagens rosadas, nos esplendores dos céus poéticos; e não podia convencer-se agora de que aquela tranquilidade em que vivia fosse a felicidade com que havia sonhado.

CAPÍTULO VII

Mas, às vezes, pensava que afinal aqueles eram os mais belos dias da sua vida, a lua de mel, como diziam. Para lhe saborear a doçura, teria sido preciso, sem dúvida, viajar-se por países de nomes sonoros, onde as manhãs das noites nupciais são cheias das mais suaves indolências! Em carruagens, sob cortinas de seda azul, sobem-se a passo, caminhos íngremes e escarpados, ouvindo o cantarolar do cocheiro repercutindo na montanha com o chocalhar das cabras e o ruído surdo das cascatas. Depois do pôr-do-sol, respira-se à beira dos golfos o perfume dos limoeiros; e à noite, nos terraços das vilas, sozinhos, e com os dedos entrelaçados, olham para as estrelas, fazendo projetos. E parecia-lhe que certos lugares da terra deviam dar a felicidade, como planta peculiar ao solo que não se dá bem noutra parte. Não poder ela encostar-se ao balcão dos chalés suíços ou encerrar a tristeza num *chalé* escocês, com um marido de casaca de veludo preto com abas grandes, botas, chapéu pontiagudo e punhos compridos!

Desejava talvez fazer a alguém a confidência de todas estas coisas. Mas, explicar um inexplicável mal-estar, que muda de aspecto como as nuvens e que se move em turbilhão como o vento? Faltavam-lhe, pois, palavras, ocasião e coragem.

Se, entretanto, Carlos quisesse, se ele suspeitasse de semelhante coisa, se o seu olhar, uma única vez, fosse ao encontro do seu pensamento, talvez que uma súbita riqueza se lhe destacasse do coração, como caem os frutos de uma árvore que se sacode. Mas, à proporção que mais se apertava a intimidade da sua vida, mais aumentava essa espécie de desapego interior que a desligava dele.

A conversa de Carlos era plana como o passeio da rua, e as ideias de toda a gente desfilavam nela com o seu feitio vulgar, sem provocar comoção, riso ou devaneio. Carlos nunca tivera curiosidade, dizia ele, enquanto residira em Ruão, de ir ao teatro ver os atores de Paris. Não sabia nadar, nem esgrimir, nem atirar, e não pôde um dia explicar-lhe certo termo de equitação que ela encontrara num romance.

Um homem não devia, ao contrário, primar em múltiplas atividades, saber iniciar uma mulher nos embates da paixão, nos requintes da vida, enfim, em todos os mistérios? Mas aquele não ensinava, nada sabia, nada desejava. Supunha-a feliz; e ela não lhe podia perdoar aquela tranquilidade tão bem assente, aquela gravidade serena, nem a própria felicidade que ele lhe dava.

Ela às vezes desenhava; e era para Carlos uma grande distração permanecer de pé, vendo-a curvada sobre o cartão piscando os olhos a fim de melhor ver o esboço ou fazendo distraidamente bolinhas de miolo de pão. Com relação ao piano, quanto mais velozes corriam os dedos no teclado, mais ele se maravilhava. Ema batia nas teclas com elegância e percorria o teclado de alto a baixo sem interrupção. Assim sacudido por ela, o velho instrumento, cujas cordas já tinham perdido a elasticidade, era ouvido até no fim da aldeia se a janela estivesse aberta, e muitas vezes o ajudante do oficial de justiça, que passava pela estrada, sem chapéu e de chinelos, parava para ouvi-lo, com a folha de papel na mão.

Por outro lado, Ema sabia governar a casa. Mandava aos doentes as contas das visitas, em cartas muito bem escritas, e que não tinham aspecto de fatura. Quando, aos domingos, tinham algum vizinho para jantar, achava sempre meio de apresentar um prato bonito; era exímia em dispor sobre folhas de parra, pirâmides de rainhas-Cláudia e servia os potes de doce invertidos sobre um prato; dizia até que havia de comprar, para a sobremesa, tigelas de lavar a boca. De tudo isto resultava muita consideração para Bovary.

Carlos sentia crescer a estima de si próprio por ter tal esposa. Mostrava com orgulho, na sala, dois pequenos esboços dela, a lápis, e que ele mandara pôr em molduras muito largas e tinha pendurado na parede com grandes cordões verdes. Ao saírem da missa, viam-no à porta, com os seus belos chinelos bordados.

Recolhia-se às dez horas, às vezes à meia-noite. Queria então cear e como a criada já estava deitada, era Ema quem o servia. Ele despia a sobrecasaca para comer mais à vontade. Enumerava sucessivamente todas as pessoas que encontrara, as aldeias aonde fora e as receitas que dera; e, satisfeito consigo mesmo, comia o resto do guisado, cortava uma fatia de queijo, trincava uma pera, esvaziava a garrafa e depois ia para a cama, deitava-se de costas e punha-se a ressonar.

Como usara muito tempo barrete de dormir, o lenço de seda que estava na cabeça não lhe tapava as orelhas; por isso, de manhã, tinha os cabelos emaranhados, caídos na testa e esbranquiçados pela penugem do travesseiro, cujos cordões se desatavam durante a noite. Usava sempre botas bem fortes, que tinham no peito do pé duas grandes rugas oblíquas na direção dos artelhos, ao passo que o resto se conservava liso e tenso como se tivesse dentro um pé de madeira. Dizia ele que eram boas assim para o campo.

Sua mãe aplaudia-lhe essa economia; porque ia visitá-lo como antigamente, sempre que em casa dela havia alguma borrasca um tanto violenta; e contudo madame Bovary, mãe, parecia prevenida contra sua nora. Achava-lhe um feitio realçado demais para os seus haveres; a lenha, o açúcar e a luz eram gastos como em casa de rico e a quantidade de carvão consumido na cozinha seria suficiente para vinte e cinco pratos! Arrumava-lhe a roupa nos armários e ensinava-lhe a fiscalizar o peso da carne quando o portador a levava. Ema recebia essas lições, de que a sua sogra era pródiga; e as palavras minha filha e minha mãe, eram constantemente trocadas desde manhã até à noite, acompanhadas de um pequeno frêmito de lábios, soltando ambas palavras meigas com a voz trêmula de cólera.

No tempo de madame Dubuc ainda a velhota se sentia preferida; mas agora, o amor de Carlos a Ema parecia-lhe uma deserção da sua ternura, uma invasão no que lhe pertencia; e observava a felicidade do filho num silêncio triste, como pessoa empobrecida, que olha através das vidraças para as pessoas sentadas à mesa na casa que foi sua. Recordava-se, à maneira de lembrança, dos seus esforços e sacrifícios, e comparando-os com as negligências de Ema, concluía não ser razoável que ele a adorasse de um modo exclusivo.

Carlos não sabia o que responder; respeitava sua mãe e amava infinitamente sua mulher; considerava o juízo de uma como infalível e entretanto achava a outra irrepreensível. Depois que a mãe se retirava, arriscava timidamente, e nos mesmos termos, duas ou mais das insignificantes observações que ouvira dela; Ema provava-lhe com uma só palavra que se enganava, e terminava dizendo-lhe que tratasse dos seus doentes.

Contudo, segundo teorias que ela tinha por boas, quis entregar-se ao amor. Ao luar, no jardim, recitava em rimas apaixonadas tudo que sabia de cor e cantava-lhe suspirando adágios melancólicos; mas, depois, sentia-se tão tranquila como dantes e Carlos já não lhe parecia mais amoroso nem agitado.

Depois de ter assim batido com o fuzil no coração sem lhe arrancar uma faísca, incapaz afinal de compreender o que não sentia, como de acreditar em tudo que não se manifestasse sob formas convencionais, persuadia-se sem dificuldade de que a paixão de Carlos já nada tinha de excessiva. As suas expansões haviam-se tornado regulares; beijava-a em horas certas. Era um hábito como os outros e como que uma sobremesa prevista com antecipação, após a monotonia do jantar.

Um guarda-floresta, curado de um defluxo, pelo médico, presenteara Ema com uma galgazinha da Itália; ela levava-a sempre consigo a passeio, pois saía às vezes a fim de estar um pouco sozinha e não ter diante dos olhos o eterno jardim com a sua poeira.

Ia até às faias de Bannneville, junto do pavilhão abandonado que fica à esquina do muro, do lado dos campos. Na valeta, entre as ervas, há compridas canas de folha cortante.

Ema começava por olhar em torno, verificando se havia alguma mudança desde que fora ali a última vez. Achava no mesmo lugar as digitais, as boninas, as moitas de urtiga em volta dos grandes calhaus e as manchas de musgo ao longo das três janelas, cujas portas, sempre fechadas, caíam de podre sobre barras de ferro enferrujadas. O seu pensamento, primeiro sem ponto fixo, vagabundeava ao acaso, como a sua galgazinha, que dava corridas pelo campo, ladrava para as borboletas amarelas, caçava as aranhas, mordia as papoulas à beira dos montes de trigo. Depois as suas ideias se fixavam, pouco a pouco e, sentada na relva castigava-a com a ponteira da sombrinha, repetindo para consigo: — Mas, meu Deus! para que me casei? — E perguntava a si mesma se não haveria um meio, por quaisquer combinações do acaso, de encontrar outro homem; e diligenciava em imaginar quais teriam sido os acontecimentos não sobrevindos, a vida diferente, esse marido que ela não conhecia. Com efeito, nem todos se assemelhavam àquele. Teria podido ser belo, inteligente, distinto, atraente, tal como eram, sem dúvida, os que se tinham casado com as suas companheiras de convento. Que fariam elas agora? Na cidade, com o bulício das ruas, o rumor dos teatros, e a iluminação dos bailes, levavam a existência que dilata o coração e desabrocha os sentidos. Ela, porém, tinha a vida fria de um celeiro aberto para o norte; e o tédio, aranha silenciosa ia tecendo a sua teia na sombra de todos os cantos do seu coração. Recordava-se dos dias da distribuição dos prêmios quando subia a um estrado para receber o seu laurel. Com os cabelos em duas tranças, o vestido branco e os sapatos abertos no peito do pé, tinha um aspecto gentil e os cavalheiros, quando ela voltava para o seu lugar, inclinavam-se-lhe em reverências; o pátio estava cheio de carruagens, todos lhe atiravam adeus pelas portinholas, e o maestro, que ia passando, acenava-lhe cortesias com a caixa do violino. Tudo aquilo ia já longe, oh! tão longe!...

Chamava Djali, punha-a ao colo, passava-lhe os dedos pela cabeça fina e longa dizendo-lhe: — Vamos, dê um beijo à sua dona, você que não tem aflições! — Depois, contemplando a cabeça melancólica do esbelto animal que bocejava com lentidão, enternecia-se dele e, comparando-o consigo, dirigia-lhe a fala, como a alguém que estivesse aflito e ela desejasse consolar.

Surgiam de vez em quando rajadas de vento, brisas do mar que, rolando num ímpeto sobre o planalto da região de Caux, levavam até os campos distantes uma espécie de salgado frescor. Os juncos sibilavam rente ao chão, e as folhas das faias rumorejavam num rápido frêmito, ao passo que os cimos, ondulando sempre, continuavam o seu grande murmúrio. Ema aconchegava o xale aos ombros e levantava-se.

Na avenida, um reflexo esverdeado da folhagem alumiava o gramado, que estalava brandamente sob as suas pisadas. O sol chegara ao ocaso; o céu enrubescido surgia por entre os ramos das árvores, cujos troncos uniformes plantados em linha reta pareciam uma colunata cinzenta destacando-se do fundo de ouro; vinha-lhe um medo súbito, chamava por Djali e voltava apressadamente a Tostes pela estrada principal. Ali chegava, atirava-se a uma poltrona e emudecia para o resto da noite.

Mas, em fins de setembro aconteceu-lhe uma coisa notável. Foi convidada à casa do marquês de Andervilliers, em Vaubyessard.

Secretário de Estado no tempo da Restauração, o marquês procurava entrar de novo na vida política, e fazia com toda a antecedência a propaganda da sua candidatura à Câmara dos Deputados. Fazia, durante o inverno, farta distribuição de lenha e, no Conselho Geral, reclamava sempre e com exaltação a abertura de estradas no seu distrito. Durante o verão tivera um abscesso na boca, do qual se livrou quando Carlos lhe aplicou uma lancetada milagrosa, no momento exato. O homem que fora a Tostes pagar a operação, contou, na volta, que vira lindas cerejas no jardinzinho do médico. Ora, as cerejeiras davam-se mal em Vaubyessard, e o sr. Marquês, tendo pedido algumas mudas a Bovary, julgou do seu dever agradecer-lhas pessoalmente. Vendo Ema, achou-a esbelta, e notou que não cumprimentava à maneira dos camponeses; e achou que no castelo não iriam julgar como expressiva condescendência, um convite aos novos vizinhos.

Assim, uma quarta-feira, às três horas, Bovary e a mulher subiram para o seu cabriolé e partiram para Vaubyessard, com uma grande mala presa na traseira e uma chapeleira na frente. Carlos, além disto, levava sobre os joelhos uma caixa de papelão.

Chegaram à noitinha, quando começavam a acender os lampiões do parque, para alumiarem as carruagens.

CAPÍTULO VIII

O palácio, de construção moderna, à italiana, com duas alas salientes e três escadarias, surgia do meio de um extenso prado, onde pastava algum gado, entre grupos de grandes árvores espaçadas, ao mesmo tempo que canteiros de arbustos, rododentros e bolas-de-neve arredondavam as suas massas de verdura desigual na linha curva dos caminhos areados. Sob a ponte passava um ribeiro; através a bruma distinguiam-se casinholas colmadas, espalhadas pelo prado e rodeadas em suave declive por duas encostas cobertas de arvoredo; por detrás, nas moitas, erguiam-se em dois renques paralelos, as cocheiras e cavalariças, reminiscências do antigo palácio demolido.

O cabriolé de Carlos parou junto do vestíbulo central, e logo surgiram criados; o marquês adiantou-se e, oferecendo o braço à mulher do médico, introduziu-a no vestíbulo.

Este era lajeado de mármore, muito alto, onde o ruído dos passos e das vozes, ecoava como numa igreja. Em frente via-se uma escadaria reta e à esquerda uma galeria, que, dando para o jardim, conduzia ao salão de bilhar, onde se ouviam, desde a porta, o carambolar das bolas de marfim. Ema, atravessando a galeria em direção ao salão, viu, em volta da mesa de bilhar, homens de aspecto grave, com os queixos sumidos em largas gravatas brancas, todos condecorados e que sorriam silenciosamente ao darem suas tacadas. Acima do ornato sombrio do rodapé de madeira, viam-se grandes quadros de molduras douradas, na base das quais havia vários nomes, em letras pretas. Ema leu: "João Antônio d'Andervilliers d'Yverbonville, conde de la Vaubeyssard e barão de la Fresnav, morto na batalha de Coutras, a 20 de outubro de 1587". E noutra: "João-Antônio-Henry-Guy d'Andervilliers de la Vaubyessard, almirante de França e cavaleiro da ordem de S. Miguel, ferido no combate de La Hougue-SaintVaast, a 29 de maio de 1692, falecido em Vaubyessard a 23 de janeiro de 1693". Os outros mal se distinguiam, porque a luz dos candeeiros, focalizada sobre o pano verde do bilhar, deixava todo o resto do recinto numa sombra indecisa. Escurecendo as telas horizontais, quebrava-se contra elas em finas arestas, segundo as fendas do verniz; e de todos aqueles quadrados negros, orlados de ouro, apenas sobressaíam, num ponto ou noutro, alguma parte mais clara da pintura, um rosto pálido, dois olhos que fitavam o observador, cabeleiras que caíam sobre os ombros empoados das casacas vermelhas, ou então a fivela de uma liga, no alto de uma perna roliça.

O marquês abriu a porta do salão; uma das damas se levantou (a marquesa em pessoa), foi ao encontro de Ema e a fez sentar-se numa cadeira ao seu lado, onde esteve conversando amistosamente, como se a conhecesse há muito tempo. Era uma senhora de cerca de quarenta anos, de belos ombros, nariz arqueado, voz arrastada; trazia, naquela noite, sobre os cabelos castanhos, um simples enfeite de renda, que lhe caía por detrás, em triângulo. Ao lado dela estava uma menina loura, numa cadeira de espaldar; e vários cavalheiros, todos com uma pequena flor na lapela da casaca, conversavam com as senhoras em torno da lareira.

Às sete horas o jantar foi servido. Os homens, em maior número, sentaram-se à primeira mesa, no vestíbulo, e as senhoras à segunda, na sala de jantar, com o marquês e a marquesa.

Ema, ao entrar, sentiu-se envolta numa atmosfera tépida, misto de perfume de flores e de boa roupa, de odor de iguarias e de cheiro de trufas. As velas dos candelabros punham reflexos na baixela de prata; os cristais facetados, embaciados pelos vapores, lançavam uns aos outros pálidas radiações; em toda a extensão da mesa havia uma fileira de ramalhetes e nos pratos de larga cercadura os guardanapos, dobrados em forma de mitra, mostravam pela abertura das dobras um pãozinho de forma oval. As pernas vermelhas das lagostas projetavam-se fora das travessas; magníficas frutas em açafates rendados, acastelavam-se acamadas sobre musgo; as codornizes conservavam as penas; vapores subiam; de calção e meia de seda, gravata branca em tufos, grave como um desembargador, o mordomo passava por entre os ombros dos convivas os pratos já trinchados, e com um movimento de colher servia a cada um o bocado escolhido. Na grande estufa de porcelana com varões de cobre, uma estátua de mulher, vestida até o queixo, olhava fixamente para a sala repleta.

Madame Bovary reparou que algumas senhoras não tinham colocado as luvas em seus copos.

Entretanto, à cabeceira da mesa, sozinho entre todas aquelas damas, curvado sobre o prato cheio, o guardanapo no pescoço, como qualquer criança, estava um ancião comendo e deixando cair da boca pingos de molho. Tinha os olhos inflamados e um rabichinho com um laço de fita preta. Era o sogro do marquês, o velho duque de Laverdière, outrora favorito do conde de Artois no tempo das caçadas em Vandreuil, nas propriedades do marquês de Conflans, que fora, segundo se dizia, amante da rainha Maria Antonieta, entre os senhores de Coigny e de Lauzun. Levara uma vida desregrada, cheia de duelos, de apostas e raptos de mulher, gastara toda a fortuna e assustara toda a família. Um criado, imóvel atrás da sua cadeira, dizia-lhe em voz alta, ao ouvido, os pratos para os quais ele apontava balbuciando; os olhos de Ema voltavam-se sem cessar, involuntariamente, para aquele velho de lábios pendentes, como para alguma coisa extraordinária e majestosa. Vivera na Corte e deitara-se em leito de rainhas!

Serviram champanha gelada. Ema estremeceu até a medula ao sentir aquela frialdade na boca. Nunca tinha visto romãs nem provado ananás. O açúcar pareceu-lhe mais branco e mais fino do que em outros lugares.

Em seguida as damas subiram aos seus aposentos, a fim de se preparar para o baile.

Ema fez sua *toalete* com a meticulosa consciência de uma atriz na noite da estreia. Arranjou o penteado de acordo com as recomendações do cabeleireiro, e vestiu o seu vestido de *barège,* estendido em cima da cama. As calças de Carlos estavam-lhe apertadas na barriga.

— As presilhas vão-me estorvar na dança, disse ele.

— Dança? — perguntou Ema.

— Sim!

— Mas tu enlouqueceste! Todos vão rir-se de ti. É melhor ficares sentado. De resto, é mais próprio para um médico, — acrescentou ela.

Carlos calou-se. Passeava pelo quarto, à espera de que Ema se vestisse.

Via-a pelas costas, no espelho, entre dois castiçais. Os seus olhos negros pareciam mais negros ainda. Seus bandós, curvando-se suavemente para as orelhas, tinham reflexos azulados; a rosa que pusera nos cabelos tremia numa haste móvel, com gotas de orvalho artificiais nas folhas. Levava um vestido cor de açafrão pálido, realçado por três ramos de rosas e verdura.

Carlos foi abraçá-la pelo ombro.

— Largue-me, que me estás amarrotando! — disse ela.

Ouviram-se acordes de violino e sons de uma trompa. Ema desceu a escada contendo-se para não correr.

Tinham começado as quadrilhas. Gente ia chegando. Empurravam-se. Ema sentou-se mesmo ao pé da porta.

Ao final da contradança a sala ficou desobstruída para os grupos de homens, que conversavam de pé, e para os criados de libré que chegavam carregando grandes bandejas. Na fila das senhoras sentadas, agitavam-se os leques, os buquês ocultavam o sorriso e frascos com tampas de ouro volteavam em mãos entreabertas, cujas luvas brancas marcavam a forma das unhas e apertavam a carne nos pulsos. Os enfeites de renda, os broches de diamante, os braceletes de medalhão agitavam-se nos decotes, cintilavam nos colos, tilintavam nos braços nus. Os penteados, muito colados à testa e enrolados na nuca, ostentavam em coroa, em cachos ou em ramos, miosótis, jasmins, flores de romã, espigas ou centáureas. Muito sossegadas em seus lugares, senhoras de fisionomia austera, traziam toucados vermelhos.

O coração de Ema palpitou, quando o seu cavalheiro lhe pegou a mão, pela ponta dos dedos, e colocou-se em linha, esperando o sinal de partida. Logo, porém desapareceu-lhe a comoção; e, balouçando-se ao ritmo da orquestra, deslizou para a frente, com ligeiros movimentos de pescoço. O sorriso assomava-lhe aos lábios ao ouvir certas suavidades do violino, tocando por vezes um solo, quando os outros instrumentos silenciavam; ouvia-se o tinir dos luíses de ouro nas mesas de jogo, ao lado; depois tudo começava a um tempo, o pistão marcava o compasso, as saias roçavam, as mãos entrelaçavam-se e soltavam-se; os olhares desviavam-se agora para de novo se encontrarem.

Alguns homens (uns quinze), de vinte e cinco a quarenta anos, espalhados por entre os pares, ou conversando na entrada das portas, distinguiam-se dos restantes por certo aspecto grave, apesar das diferenças da idade ou do traje.

As suas casacas, mais bem feitas, pareciam de melhor tecido, e os cabelos, puxados em caracóis para a fronte, lustrados com pomadas mais finas. Tinham o aspecto da riqueza, brancos, realçados pela palidez das porcelanas, as ondulações do cetim, o polimento dos belos móveis e conservados por um regime discreto de alimentos esquisitos. Os pescoços se moviam, sem esforço, nas gravatas baixas; as suíças compridas caíam-lhes sobre os colarinhos de pontas; limpavam os lábios em lenços com vistosos monogramas bordados e dos quais se desprendia um aroma suave. Os que começavam a envelhecer pareciam jovens, ao passo que na fisionomia dos mais novos notava-se alguma coisa de maduro. No olhar indiferente flutuava a quietude de paixões diariamente saciadas; e através das maneiras discretas, transparecia a brutalidade peculiar ao domínio de coisas fáceis, nas quais a força se exercita e a vaidade se satisfaz: governar cavalos de raça e conviver com mulheres perdidas.

Perto de Ema estava um cavalheiro de casaca azul, conversando sobre a Itália com uma senhora moça, pálida, e que tinha um adereço de pérolas. Elogiavam a espessura dos pilares de S. Pedro, Tivoli, o Vesúvio, Castellamare e as Cassines, as rosas de Gênova e o Coliseu visto ao luar. Ema ouvia com o outro ouvido uma conversa cheia de palavras que não entendia. Um jovem, que na semana anterior batera *Miss Arabelle* e *Romulus,* e ganhara dois mil luíses saltando uma vala, na Inglaterra, via-se rodeado. Um se queixava de que os seus animais estavam engordando; outro, dos erros tipográficos que tinham empastelado o nome do seu cavalo.

A atmosfera estava pesada; as luzes amorteciam. Iam todos encaminhando-se para a sala de bilhar. Um criado subindo a uma cadeira quebrou duas vidraças; ao ruído dos vidros quebrados, madame Bovary voltou a cabeça e viu no jardim, encostados às janelas, caras de camponeses espiando. Vieram-lhe então à lembrança os Bertaux. Viu a quinta, o charco lodoso, seu pai de blusa sob as macieiras, e via-se a si própria, como outrora, desnatando o leite, com o dedo, nas terrinas da queijaria. Mas, ante a fulguração daquele momento, a sua vida passada, tão clara até então, desvanecia-se-lhe inteiramente a ponto de chegar a duvidar de que realmente a tivesse vivido. Achava-se ali; e além do baile não havia senão sombra, estendida por sobre o resto. Tomava então um sorvete de marrasquino, que segurava com a mão esquerda numa concha de prata dourada, fechando os olhos quase de todo, com a colher entre os dentes.

Uma jovem, perto dela, deixou cair o leque. Um cavalheiro passava.

— Se tivesse a bondade — disse-lhe a dama — de apanhar o meu leque que caiu atrás do canapé...

O cavalheiro inclinou-se e, enquanto estendia o braço, Ema viu a mão da jovem dama jogar-lhe no chapéu qualquer coisa branca, dobrada em triângulo. O cavalheiro, levantando o leque, ofereceu-o respeitosamente à dama, que agradeceu com uma inclinação de cabeça e passou logo a aspirar o perfume do seu buquê.

Depois da ceia, em que abundaram os vinhos da Espanha e do Reno, caldos de lagostim e ao leite de amêndoas, pudins à Trafalgar, e toda a qualidade de carnes frias envoltas em geleias que tremiam nos pratos, começaram as carruagens a partir, umas após outras. Afastando-se um canto das cortinas de musselina, viam-se brilhar na sombra as luzes das lanternas. Os bancos da sala iam ficando vazios; alguns jogadores se demoravam ainda; os músicos refrescavam com a língua as pontas dos dedos. Carlos estava meio adormecido, encostado a uma porta.

Às três horas da manhã começou o *cotillon*. Ema não sabia valsar. Todos valsavam, inclusive mademoiselle d'Andervilliers e a marquesa; não estavam lá senão os hóspedes do palácio, uma dúzia de pessoas, no máximo.

Entretanto, um dos valsantes, a quem chamavam familiarmente visconde, e cujo colete muito aberto parecia ter sido moldado no seu próprio peito, foi pela segunda vez convidar madame Bovary, afirmando-lhe que a guiaria e que ela havia de sair-se bem.

Começaram lentamente, e depois mais rápido. Giravam; tudo girava em torno deles: os candeeiros, os móveis, as paredes e o sobrado, como um disco sobre um eixo. Junto das portas, o vestido de Ema colava-se pela orla à calça do par; as pernas de ambos cruzavam-se reciprocamente; ele baixava o olhar para ela, ela erguia o olhar para ele; cheia de languidez, parou. Recomeçaram e, com um movimento mais rápido, o visconde, arrebatando-a, desapareceu com ela até o fim da galeria onde Ema, ofegante, esteve a ponto de cair, pelo que, por um momento, apoiou a cabeça no peito dele. Depois, continuando a rodopiar, porém mais calmamente, reconduziu-a ao seu lugar; Ema então se inclinou para a parede e pôs a mão diante dos olhos.

Quando os abriu de novo, estava no meio da sala uma dama, sentada num banco, com três valsistas ajoelhados a seus pés. A dama escolheu o visconde, e o violino recomeçou.

Todos olhavam para eles. Passavam e repassavam, ela com o corpo imóvel, a face inclinada, e ele sempre na mesma atitude, com o busto curvado, o braço arqueado e a boca para frente. Aquela sim, sabia valsar! Continuaram por tanto tempo que cansaram todos os outros.

Conversou-se ainda por algum tempo, e depois das despedidas, ou melhor, dos bons dias, os hóspedes do castelo foram-se deitar.

Carlos apoiava-se no corrimão da escada e as pernas entravam-lhe pelo corpo. Estivera em pé cinco horas seguidas diante das mesas de whist, sem nada entender do jogo. Por isso soltou um grande suspiro de alívio logo que descalçou as botas.

Ema pôs um xale nos ombros, abriu a janela e encostou-se.

A noite estava escura; caíam algumas gotas de chuva. Ela aspirou o vento úmido que lhe refrescava as pálpebras. A música do baile ressoava-lhe ainda nos ouvidos; fazia esforços para se conservar acordada, a fim de prolongar a ilusão daquela vida luxuosa, que em breve teria de abandonar.

Amanhecia. Ema olhou demoradamente para as janelas do palácio, tentando adivinhar onde seriam os quartos de todos em quem reparara na véspera. Quisera conhecer-lhes a existência, penetrá-la, confundir-se com ela.

Tiritava de frio. Afinal despiu-se e enfiou-se entre os lençóis, encostada a Carlos, que dormia.

Havia muita gente ao almoço. A refeição durou dez minutos e não serviram nenhum licor, o que deixou o médico admirado. Em seguida, mademoiselle d'Andervilliers juntou migalhas de bolachas numa cestinha para levá-las aos cisnes do tanque; e foram passear na estufa, onde plantas extravagantes, eriçadas de felpas, se ostentavam em pirâmides sob vasos suspensos, que, parecendo ninhos de serpentes a transbordar, deixavam cair das bordas, compridos e entrelaçados cordões verdes. O laranjal, situado no extremo, conduzia, como uma coberta, até às dependências do castelo. O marquês, para distrair Ema, levou-a para ver as cavalariças. Acima das manjedouras, em forma de açafates, havia placas de porcelana com os nomes dos cavalos em letras pretas. Cada animal se agitava no seu estábulo, quando alguém passava perto, dando estalinhos com a língua. O assoalho da selaria estava limpo como o de uma sala. Os arreios de carruagem estavam pendurados ao centro, em cabides giratórios, e os freios, os chicotes, os estribos, enfileirados ao longo da parede.

Carlos, entretanto, foi pedir a um criado que lhe aparelhasse o cabriolé. Conduziram-no para junto do vestíbulo, levando já na mala todos os pacotes pertencentes aos Bovary, que se despediram do marquês e da marquesa, e regressaram a Tostes.

Ema, silenciosa, não cessava de olhar para as rodas. Carlos, sentado na beira da almofada, guiava o carro, com ambos os braços afastados do corpo e o cavalo ia a trote curto entre os varais, que eram largos demais para ele. As rédeas bambas batiam-lhe nas ancas, molhando-se de espuma, e a mala, afivelada na traseira do *boc* batia na caixa com pancadas periódicas.

Tinham chegado às alturas de Thibourville, quando pela sua frente passaram uns cavaleiros, rindo, de charutos na boca. Ema julgou reconhecer o visconde; olhou para trás, mas não viu no horizonte senão o movimento das cabeças abaixando-se e levantando-se, seguindo a cadência desigual do trote ou do galope.

Um quarto de légua mais adiante precisaram parar, para consertar, com uma corda, a retranca que se partira.

Nessa hora Carlos, dando aos arreios uma última vista de olhos, reparou num objeto caído entre as patas do cavalo; era uma charuteira bordada a seda verde e que tinha no centro um brasão, com a portinhola de uma carruagem.

— E ainda tem dois charutos, — disse ele — ficarão para a tarde, para depois do jantar.

— Então fumas? — perguntou ela.

— Às vezes, quando há ocasião.

Carlos enfiou no bolso o achado e chicoteou o cavalo.

Quando chegaram em casa, não acharam o jantar pronto. Madame zangou-se. Nastásia respondeu insolentemente.

— Suma-se! — exclamou Ema. — Isto é querer brincar conosco; está despedida!

Para o jantar havia sopa de cebola e um pedaço de vitela com azedas. Carlos, sentado defronte a Ema, esfregava as mãos, dizendo com ar satisfeito:

— É muito agradável a gente achar-se em casa!

Nisto ouviram Nastásia chorar. Carlos tinha certa estima à pobre moça. Durante a solidão da viuvez, havia-lhe feito companhia por muitas noites. Fora a sua primeira doente, era o seu mais antigo conhecimento naqueles sítios.

— Então a mandaste mesmo embora? — disse ele, enfim.

— Mandei. Quem me impede? — respondeu ela.

Depois se aqueceram na cozinha, enquanto lhes aprontavam o quarto. Carlos pôs-se a fumar. E fumava estendendo os beiços, cuspindo a cada instante, recuando sempre que expelia a fumaça.

— Isso te vai fazer mal, — disse ela, com desdém.

Carlos pôs de lado o charuto e correu à bomba beber um copo de água fresca. Ema apoderou-se rapidamente da charuteira e atirou-a para o fundo de um armário.

O dia seguinte pareceu-lhe sem fim. Passeou no quintal, indo e vindo pelas mesmas aleias, parando diante das latadas e caniçados, olhando admirada para todas aquelas coisas que conhecia tão bem. Como o baile lhe parecia distante! O que é que separava tanto a manhã de anteontem da noite de hoje? A sua viagem a Vaubyessard abrira-lhe uma brecha na vida, à maneira das grandes fendas que uma tempestade, numa só noite, rasga às vezes nas montanhas. Resignou-se, porém; e fechou cuidadosamente na cômoda a sua bela toalete, incluindo os sapatos de cetim, cuja sola se amarelara na cera escorregadia do assoalho. O seu coração era como eles: o roçar da riqueza deixara-lhe vestígios que nunca mais se apagariam.

Foi, pois, uma distração para Ema, a recordação daquele baile. Todas as quartas-feiras, dizia consigo ao acordar: — Ah! faz oito dias... faz quinze dias... faz três semanas, que eu estive lá! — E pouco a pouco as fisionomias foram se confundindo na sua memória; esqueceu a música das contradanças, deixou de ver com tanta nitidez as librés e as salas; alguns detalhes se desvaneceram, mas a saudade permaneceu.

CAPÍTULO IX

Muitas vezes, depois de Carlos sair, Ema tirava do armário, entre a roupa onde a deixara, a charuteira de seda verde.

Olhava-a abria-a e chegava mesmo a aspirar-lhe o perfume do forro, misto de verbena e de fumo. A quem pertenceria?... Ao visconde. Era talvez presente da amante. Fora bordada nalgum bastidor de jacarandá, trabalho de muitas horas, sobre o qual tinham pendido os cabelos da pensativa bordadeira. Um bafo de amor perpassara as malhas da tela; cada picada da agulha fixara ali uma esperança ou uma recordação, e todos aqueles fios de seda entrelaçados, não eram senão a continuidade da mesma paixão silenciosa. Depois, numa madrugada, o visconde levara-a consigo. O que teriam conversado, enquanto ele se conservava junto dos fogões majestosos, entre os vasos de flores e os relógios Pompadour? Ela estava em Tostes. Ele, agora, em Paris, muito longe! Como seria aquela Paris? Que nome imenso! Ema sentia prazer em repeti-lo a meia-voz, ecoava-lhe nos ouvidos como um sino de catedral, flamejava-lhe diante dos olhos até mesmo nos rótulos dos potes de cosmético.

De noite, quando os peixeiros, nas suas carroças, passavam por baixo da janela cantando a *Marjolaine,* ela acordava, e escutando o ruído do aro de ferro das rodas, que fora da povoação se amortecia na terra, dizia:

— Amanhã estarão lá!

E seguia-os com o pensamento, subindo e descendo encostas, atravessando aldeias, caminhando pela estrada, à luz das estrelas. Ao fim de uma distância indeterminada havia sempre um ponto confuso onde o seu sonho se extinguia.

Comprou um mapa de Paris e, com o dedo, percorria a capital. Subia os bulevares, parava em todas as esquinas, entre as linhas das ruas, e diante dos quadrados brancos que representavam as casas. Os olhos se fatigavam, afinal; fechava então as pálpebras e via, nas trevas, torcerem-se com o vento os bicos de gaz, ouvia o ruído dos estribos das caleças, desdobrando-se diante do peristilo os teatros.

Assinou *A Corbeille,* jornal de senhoras, e o *Silfo dos salões*. Devorava, sem perder uma palavra todas as notícias das primeiras representações, das corridas e das *soirées,* interessando-se pela estreia de uma cantora e pela abertura de uma casa de modas. Estava a par do último figurino sabia o endereço dos melhores costureiros e quais os dias de Bosque ou de ópera. Estudou, em Eugênio Sue, descrições de mobiliário; leu Balzac e George Sand, procurando satisfações imaginárias para os seus apetites pessoais. Até para a mesa levava o livro do qual ia virando as folhas, enquanto Carlos comia e conversava. A lembrança do visconde voltava-lhe sempre durante as suas leituras: Entre o marido e os personagens inventados, punha-se a estabelecer confrontos. Mas o círculo de que ele era centro, ia-se alargando em torno e a auréola que lhe via, afastando-se da fronte, ia ostentar-se mais longe, para iluminar outros sonhos.

Paris, mais vasta que o oceano, resplandecia, pois, aos olhos de Ema, numa atmosfera vermelha. A onda enorme que se agitava naquele tumulto dividia-se contudo em partes, classificadas em quadros distintos. Ema não via senão dois ou três que lhe ocultavam os demais, e representavam, só por si, toda a humanidade. O mundo dos embaixadores caminhava por assoalhos luzidios, em salões forrados de espelhos, ao redor de mesas cobertas de tapetes de veludo com franjas de ouro. Havia ali vestidos de cauda, grandes mistérios, angústias disfarçadas em sorrisos. Seguia-se a sociedade das duquesas; eram todas pálidas; levantavam-se às quatro horas da tarde; as mulheres, pobres anjos! usavam rendas da Inglaterra na fímbria das saias, e os homens, capacidades ignoradas sob fúteis exteriores, rebentavam cavalos por divertimento, iam veranear em Bade e, quando chegavam aos quarenta anos, casavam-se com herdeiras ricas. Nos reservados dos restaurantes, onde há ceia depois da meia-noite, via-se, à luz das velas, a turba bizarra de homens de letras e de atrizes. Aqueles mostravam-se pródigos como reis, cheios de ambições, de ideais e de delírios fantásticos. Era uma existência superior às outras, entre o céu e a terra, nas tempestades, alguma coisa de sublime. Quanto ao resto do mundo, desaparecia, sem lugar determinado, e como se não existisse.

Quanto mais próximas lhe ficavam as coisas, mais o seu pensamento se afastava delas. Tudo o que a rodeava de perto, os campos enfadonhos, os burguesinhos imbecis, a mediocridade da existência, parecia-lhe uma exceção no mundo, um caso particular em que se achava envolvida, ao passo que para além se estendia, a perder de vista, o imenso país da felicidade e das paixões. Confundia, no desejo, a sensualidade do luxo com as alegrias do coração, a elegância dos hábitos com a delicadeza dos sentimentos. Acaso não necessita o amor, como as plantas indianas requerem terreno preparado, temperatura especial? Os suspiros ao luar, os abraços prolongados que se abandonam, todas as fibras da carne e as lágrimas da ternura não se podiam separar, pois, do balcão dos grandes castelos cheios de ociosidade, de um *boudoir* com estores de seda e tapetes muito espessos, de jardineiras carregadas de flores, de um leito sobre um estrado, nem da cintilação das pedras preciosas e das agulhetas das librés.

O moço das cocheiras, que ia todas as manhãs cuidar da égua, atravessava o corredor, de sapatões grosseiros, blusa rota e pés sem meias. Era aquele o criado de calção curto com que se tinha de contentar! Terminada a sua tarefa, não voltava mais durante o dia, porque Carlos, quando regressava, levava pessoalmente o animal para a cavalariça, desaparelhava-o, punha-lhe a arreata, enquanto a criada ia buscar um feixe de palha e o deitava, conforme podia, na manjedoura.

Para substituir Nastásia (que afinal se fora de Tostes derramando rios de lágrimas), Ema arranjou para o serviço uma rapariguinha de quatorze anos, órfã, e de fisionomia meiga. Proibiu-lhe o uso de toucas de algodão, ensinou-lhe o emprego do tratamento na terceira pessoa, servir um copo de água numa salva, bater na porta antes de entrar, engomar, vesti-la, e quis fazer dela sua criada de quarto. A pequena obedecia, sem reclamar, para não ser despedida; e como a senhora habitualmente deixava a chave no bufete, Felicidade todas as noites se provia de uma porçãozinha de açúcar, que comia sozinha, na cama, depois de ter rezado.

De tarde, às vezes, ia para defronte conversar com os postilhões. A senhora conservava-se em cima, no quarto.

Ema usava um quimono aberto de alto a baixo que deixava ver, por entre as aberturas do corpete, uma camisola plissada, com três botões dourados. O cinto era um cordão de grandes borlas, e as chinelinhas grená tinham laços de fita larga no peito do pé. Comprara um bloco de papel, uma caneta e envelopes, apesar de não ter ninguém a quem escrever; sacudia o pó da prateleira, olhava-se no espelho, pegava num livro, depois, devaneando nas entrelinhas, deixava-o cair no colo. Tinha desejos de viajar, de voltar para o convento. Ambicionava, ao mesmo tempo morrer e residir em Paris.

Carlos, exposto à chuva e à neve, cavalgava por caminhos e atalhos. Comia omeletes à mesa das herdades, metia os braços em camas úmidas, recebia no rosto o tépido jato das sangrias, ouvia os estertores, examinava bacias e erguia muita roupa suja; mas achava, todas as noites, um excelente lume, a mesa servida, assentos macios e uma mulher com roupas finas, encantadora, exalando frescura, a ponto de não saber de onde provinha aquele aroma, ou se não seria a pele que lhe perfumava a camisa.

Ema encantava-o com muitas delicadezas; ora um novo feitio de arandelas de papel, um babado que mudava no vestido ou o nome esquisito de um prato simples, que a criada estragava, mas que Carlos engolia até o fim com grande prazer.

Em Ruão, viu que as senhoras usavam grande quantidade de berloques no relógio; por conseguinte comprou berloques. Quis ter sobre o fogão duas grandes jarras de vidro azul e depois de pouco tempo quis também uma bolsinha de marfim e um dado de prata dourada. Quanto menos Carlos compreendia aquelas elegâncias, mais o dominava a sedução delas. Acrescentavam-lhe qualquer coisa ao prazer dos sentidos e à doçura do lar. Eram como que um pó dourado que lhe cobria, o caminho da vida, em toda a extensão.

Carlos tinha boa saúde e ótimo aspecto; a sua reputação estava definitivamente firmada. Os campônios gostavam dele porque não era orgulhoso. Agradava as crianças, não entrava nunca nas tabernas e, além disso, inspirava confiança pela sua conduta. Era sobretudo bom médico para as doenças do peito. Com medo de matar os clientes, não receitava senão poções calmantes; de quando em quando um vomitório, um banho nos pés ou sanguessugas. Isto não era porque a cirurgia lhe metesse medo; sangrava os seus doentes livremente, como se fossem cavalos, e para a extração dos dentes tinha um pulso de ferro.

Enfim, para estar em dia, assinara a *Colmeia médica,* nova publicação de que lhe tinham mandado o prospecto. Lia-a um pouco, depois do jantar, mas o calor da sala e a digestão, faziam-no cabecear de sono ao cabo de cinco minutos; e ficava dormindo, com o queixo apoiado às mãos e os cabelos espalhados como uma crina, quase até junto do candeeiro. Ema olhava para ele e encolhia os ombros. Por que não tivera ela, ao menos, por marido um desses homens cheios de entusiasmo, desses que trabalham toda a noite nos livros e ostentam, aos sessenta anos, quando chega a idade dos reumatismos, uma condecoração na casaca preta e mal feita? Quisera que aquele nome de Bovary, que era seu, fosse ilustre; quisera vê-lo nas vitrinas das livrarias, repetido nos jornais, conhecido em toda a França. Carlos, porém, não tinha ambições! Um médico de Yvetot, com quem se encontrara em conferência, humilhara-o um pouco, na própria cabeceira do doente e na presença dos parentes reunidos. Quando Carlos contou, à noite, esse fato, Ema exaltou-se em voz alta contra o colega. Carlos sentiu-se enternecido com isso e deu-lhe um beijo acompanhado de uma lágrima. Ela, porém, estava exasperada de vergonha; a vontade dela era espancá-lo, mas levantou-se, dirigiu-se ao corredor, abriu a janela e aspirou o ar fresco, para se acalmar.

— Que pobre diabo! que pobre diabo! — dizia ela em voz baixa, mordendo os lábios.

Sentia-se, de resto, cada vez mais irritada. A idade ia-o tornando pesadão; à sobremesa divertia-se em cortar as rolhas das garrafas vazias, e, depois de comer, passava a língua pelos dentes; ao engolir a sopa fazia um gorgolejo em cada gole e, como começasse a engordar, os olhos, já por si tão pequenos, pareciam ter subido para as fontes, empurrados pelas bochechas.

Ema, às vezes, metia-lhe para dentro do colete a fralda vermelha da camiseta, arrumava-lhe a gravata ou punha fora as luvas desbotadas, que ele ainda pretendia calçar; e isto não era por ele, como Carlos pensava, mas por ela mesma, por expansão de egoísmo, por irritação nervosa. Às vezes falava-lhe também de coisas que tinha lido, da passagem de um romance, de uma peça nova, ou da anedota da alta sociedade que o jornal contava; porque, enfim, Carlos era alguém, tinha um ouvido sempre alerta, uma aprovação sempre pronta. Se mesmo à sua galgazinha ela fazia confidências! E as fazia à lenha do fogão e ao pêndulo do relógio.

Bem no íntimo, contudo, esperava um acontecimento qualquer. Como os marinheiros em perigo, relanceava olhos desesperados, pela solidão da sua vida, procurando, ao longe, alguma vela nas brumas do horizonte. Não sabia qual o acaso, o vento que a impeliria para ela, e qual a praia para onde se sentiria levada; seria chalupa ou nau de três pontes, carregada de angústias ou cheia de felicidade até às bordas? Todas as manhãs, ao acordar, preparava-se para esperar o dia inteiro e aplicava o ouvido a todos os rumores; levantava-se em sobressalto, admirando-se de que tal acaso não surgisse; depois, ao pôr-do-sol, cada vez mais triste, desejava encontrar-se já no dia seguinte.

A primavera voltou, e Ema sentiu-se afrontada com os primeiros calores, quando as pereiras floriram.

Logo no começo de julho, passou a contar nos dedos as semanas que faltavam para chegar o mês de outubro, pensando que o marquês d'Andervilliers, daria outro baile em Vaubyessard; mas todo o mês de setembro decorreu sem cartas nem visitas.

Após o aborrecimento desta decepção, seu coração ficou de novo vazio, recomeçando a série dos dias monótonos.

Iam, pois, continuar assim, uns após outros, sempre os mesmos, incontáveis, sem surpresas! As outras existências, por mais insípidas que fossem, tinham, pelo menos, a possibilidade do inesperado. Uma aventura trazia consigo, às vezes, peripécias sem fim, o cenário transformava-se. Mas para ela nada surgia, era a vontade de Deus! O futuro era um corredor escuro, que tinha, no extremo, a porta bem fechada.

Ema abandonou a música. Para que havia de tocar? Quem é que a ouvia? E como nunca lhe seria possível, de vestido de veludo com manga curta, em um piano de Érard, tocar, num concerto, com os dedos ligeiros nas teclas de marfim e sentir, como uma brisa, passar-lhe em torno um murmúrio de êxtase, não valia a pena aborrecer-se com o estudo. Deixou no armário as suas pastas de desenho e os bordados. Para que aquilo tudo? De que serviria? A costura irritava-a. — Tenho lido tudo, — dizia para consigo; e punha-se a fazer esbrasear as tenazes ou a ver a chuva cair.

Que tristeza a sua quando, aos domingos, tocavam as vésperas! Ficava ouvindo, numa languidez atenta, soar, uma a uma, as badaladas doidas do sino. Algum gato, nos telhados, caminhava pausadamente, arqueando o lombo sob os frouxos raios do sol. O vento, na estrada, levantava nuvens de pó. Ao longe ouvia-se, às vezes, ladrar um cão; e o sino continuava, pausadamente, o seu badalar monótono, que se perdia nos campos.

Entretanto, o povo ia saindo da igreja. As mulheres com os sapatos engraxados; os campônios, de blusas novas; as crianças, de cabeças descobertas, pulando adiante deles; todos voltavam para suas casas. E até à noite, cinco ou seis homens, sempre os mesmos, permaneciam a jogar algum dos seus jogos habituais, à porta da estalagem.

O inverno foi rigoroso. As vidraças apareciam, todas as manhãs, cobertas de geada, e a luz, que se coava alvacenta, como se atravessasse vidros foscos, não mudava, por vezes, de aspecto em todo o dia. Às quatro horas da tarde já era necessário acender-se o candeeiro.

Nos dias bonitos Ema descia ao quintal. O orvalho deixava nas couves orlas de prata, com grandes fios cristalinos que se estendiam de umas às outras. Não se ouvia o chilrear dos pássaros; tudo parecia dormir, a latada coberta de palha e a videira, como uma cobra doente, sob o alpendre do muro, onde, quem se aproximasse, via correr as inúmeras patas de certos bichinhos. No caramanchão, junto da sebe, o cura, de tricórnio, lendo o seu breviário, perdera o pé direito, e até o gesso, lascando-se com a geada, lhe tinha posto na cara manchas esbranquiçadas.

Ema tornava a subir, fechava a porta, remexia as brasas e entorpecendo-se ao calor do fogão, sentia o aborrecimento cair de novo sobre ela, mais pesado ainda. De bom grado teria ido conversar com a criada, mas continha-se ante certo pudor.

Todos os dias, à mesma hora, o mestre-escola, de boné de seda preta, abria as janelas da casa e o guarda campestre passava, com o sabre à cinta. De tarde e de manhã, os cavalos da posta, três a três, atravessavam a rua para ir ao bebedouro. De tempos a tempos ouvia-se tocar a campainha de alguma taberna e, quando havia vento, sentiam-se ranger nos ganchos da porta as baciazinhas de lata do cabeleireiro, que lhe serviam de tabuleta no estabelecimento. Tinha este, por decoração, uma velha gravura de modas, colada num vidro, e um busto de mulher, de cera e cabelos amarelos. O cabeleireiro, também se lamentava de ter errado a vocação, perdido o seu futuro, e sonhando com uma loja em alguma grande cidade, como Ruão, por exemplo, à beira do rio, perto do teatro, levava o dia inteiro a passear, desde a *maire* até à igreja, triste, esperando os fregueses. Quando madame Bovary erguia os olhos, via-o sempre ali, como sentinela com o seu barrete grego sobre a orelha e a jaqueta de linho cru.

Uma vez ou outra, durante a tarde, aparecia uma cabeça de homem por detrás das vidraças da loja, cara trigueira, de suíças pretas, e que sorria tranquilamente um sorriso de bondade, mostrando os dentes brancos. Começava então uma valsa no realejo, e num pequeno salão, dançarinos do tamanho de uma polegada, mulheres de turbante cor de rosa, tiroleses de jaqueta, macacos de casaca preta, indivíduos de calção e meia, giravam, giravam por entre as cadeiras, os canapés e os consolos, refletindo-se nos pedaços do espelho colocado nas arestas por tiras de papel dourado. O homem não cessava de virar a manivela, olhando para ambos os lados, para as janelas. De vez em quando, lançava para a valeta um grande jato de saliva escura e suspendia do joelho o instrumento, cuja correia dura lhe fatigava o ombro; e, ora plangente e arrastada, ora alegre e vivaz, a música da caixa saía zumbindo através de uma cortina de tafetá cor de rosa, sob uma grade de latão em arabescos. Eram músicas então em voga nos teatros, que se cantavam nas salas, que se dançavam à noite, sob lustres acesos, ecos do mundo que chegavam assim aos ouvidos de Ema. Desenrolavam-se na sua imaginação danças sem fim, e o seu pensamento, como bailadeira sobre as flores de um tapete, balouçava-se de sonho em sonho e de tristeza em tristeza. Quando o homem recebia a esmola no boné, baixava uma velha cobertura de baeta verde, e em seguida passava, de realejo às costas, afastando-se com andar pesado. Ema seguia-o com a vista.

Mas era principalmente à hora das refeições que ela já não suportava mais, naquela salinha do rés-do-chão, com o fogão a fumegar, a porta a ranger, as paredes salitrosas, as lajes úmidas; toda a amargura da existência se lhe afigurava servida no prato e ao fumegar do cozido, saíam-lhe do fundo da alma outros suspiros de tédio. Carlos era vagaroso para comer; Ema distraía-se mordendo avelãs, ou então, apoiada ao cotovelo, entretinha-se, com a ponta da faca, a fazer riscos no oleado da mesa.

Agora ela deixava tudo em casa ir ao léu, de modo que, quando sua sogra foi passar parte da quaresma em Tostes, não pôde ocultar a admiração. Com efeito, sendo ela outrora tão cuidadosa e delicada, passava agora dias inteiros sem se vestir, usava meias de algodão cor de cinza e alumiava-se com velas de sebo. Não cessava de dizer que era necessário fazer economia, porque não eram ricos, acrescentando que se sentia contentíssima e muito feliz, que Tostes lhe dava imenso agrado e outras coisas que tapavam a boca da sogra. De resto, Ema já não parecia resolvida a seguir os seus conselhos; uma vez até, tendo a velha se lembrado de dizer que os patrões deviam olhar pela religião de seus criados, respondeu-lhe Ema com tal olhar de cólera e um sorriso tão frio, que a pobre mulher não quis dizer mais nada.

Ema tornava-se difícil, caprichosa. Mandava fazer pratos só para ela e nem os tocava; um dia bebia apenas leite simples e no seguinte chávenas de chá às dúzias. Muitas vezes teimava em não sair, depois sentia-se sufocada, abria as janelas, vestia uma roupa leve. Depois de ralhar muito com a criada, dava-lhe presentes ou mandava-a passear com as vizinhas; assim também às vezes dava aos pobres todo o dinheiro em prata que levava na bolsa, não obstante não ser sensível nem fácil de comover-se com infelicidades alheias, como sucede à maior parte das pessoas que descendem de campônios, e que conservam sempre na alma alguma coisa da calosidade das mãos paternas.

Em fins de fevereiro, o velho Rouault, comemorando o seu restabelecimento, levando pessoalmente ao genro um soberbo peru, demorou-se três dias em Tostes. Como Carlos tivesse de ir visitar os seus doentes, foi Ema quem lhe fez companhia. Assim, pois, fumou no quarto dela, cuspiu nos varais do fogão, falou de lavoura, de vitelas, de vacas, de criação e do conselho municipal; de modo que, quando ele se foi embora, Ema fechou a porta com um suspiro de satisfação que chegou a surpreendê-la. Além disso, já não ocultava o seu desprezo por tudo e por todos; e expressava às vezes opiniões singulares, censurando o que outros aprovavam e aprovando coisas perversas ou imorais, o que fazia com que o marido abrisse os olhos espantado.

Duraria eternamente aquela miséria? Nunca lhe sairia das garras? Ela, contudo, valia tanto como as que viviam felizes! Vira duquesas em Vaubyessard, com cinturas mais grossas e maneiras mais vulgares, e praguejava contra a injustiça de Deus; encostava a cabeça às paredes para chorar; invejava as existências tumultuosas, as noites mascaradas, os prazeres insolentes, com todos os desvairamentos que não conhecia e que eles deviam provocar.

Empalidecia e tinha sobressaltos de coração. Carlos ministrou-lhe valeriana e banhos canforados, mas tudo quanto lhe davam parecia irritá-la ainda mais.

Às vezes tagarelava com uma abundância febril; a estas exaltações sucediam, torpores repentinos, em que permanecia sem falar e sem se mover. Para reanimar-se derramava então, nos braços, um frasco de água de Colônia.

Como continuamente se queixasse de Tostes, Carlos imaginou que a causa da doença residia em alguma influência local e, apoiando-se nessa ideia, pensou seriamente em mudar a residência para outra parte.

Desde então Ema começou a beber vinagre para emagrecer, adquiriu uma tossezinha seca e perdeu totalmente o apetite.

Custava muito a Carlos sair de Tostes depois de quatro anos de residência, e justamente quando começava a tomar pé. Mas, assim faria, se fosse necessário! Contudo levou-a a Ruão para consultar o seu antigo mestre. Era uma doença nervosa, convinha-lhe mudar de ar.

Depois de ter indagado de um lado e de outro, Carlos soube que havia nas redondezas de Neufchâtel, uma adiantada vila chamada Yonville-l'Abbaye, cujo médico, um refugiado polonês, tinha se mudado na semana anterior. Escreveu então ao farmacêutico do lugar a fim de saber qual era o número de habitantes, a distância a que se achava o colega mais próximo, quanto ganhava por ano o seu predecessor, etc.; e como as respostas fossem satisfatórias, resolveu mudar-se na primavera, se a saúde de Ema não tivesse melhorado.

Um dia em que, prevendo a partida, arrumava uma gaveta, Ema picou-se nos dedos. Era um arame da sua grinalda de noiva. As flores de laranjeira estavam amarelas de pó e as fitas de cetim, de orlas prateadas, desfaziam-se. Pegou na grinalda e jogou-a ao fogo, onde queimou rapidamente, como se fosse palha seca. Depois ficou como que uma moitazinha avermelhada sobre as cinzas, que se desfez lentamente. Pôs-se a vê-la arder. As pequeninas bagas de papelão estouravam, os arames se torciam, o galão derretia-se e as corolas de papel oscilavam como borboletas pretas, voando afinal pela chaminé.

Quando partiram de Tostes, no mês de março, madame Bovary estava grávida.

Segunda Parte

CAPÍTULO I

Yonville-L'abbay (assim chamada em virtude de uma antiga abadia de capuchinhos, da qual nem as ruínas existem mais) é um burgo a oito léguas de Ruão, entre a estrada d'Abbeville e a de Beauvais, ao fundo de um vale atravessado pelo Rieule, pequeno rio que deságua no Andelle, após fazer girar três moinhos perto da embocadura e onde aparecem algumas trutas que os rapazes, aos domingos, se divertem pescando.

Ao sair-se da estrada principal em Boissière, prossegue-se em caminho reto até o alto da costa dos Leux, de onde se descobre o vale. O riacho que o atravessa faz dele assim como que duas regiões de aspectos distintos: o que está à esquerda é pastagem, o que está à direita é lavoura. A campina se alonga entre uma cinta de colinas baixas e vai ligar-se, do outro lado, às pastagens da região de Bray, ao mesmo tempo que, do lado de leste, a planície, numa subida suave, vai-se alargando e desenrolando até perder-se de vista as suas louras searas de trigo. A água, que corre à beira da erva, separa com uma faixa branca, a cor dos prados e da terra lavrada, e o campo, assim, assemelha-se a um grande manto estendido, com gola de veludo verde agaloada de prata.

Veem-se no extremo do horizonte, logo ao chegar-se, os carvalhos da floresta d'Argueil e as escarpas da encosta de S. João, riscadas, de alto a baixo, por grandes sulcos vermelhos e desiguais; são os vestígios das chuvas e aquelas tonalidades de tijolo, destacando-se, em traços delgados, da cor pardacenta da montanha, provém da grande quantidade de fontes ferruginosas que correm do lado de lá, nas regiões vizinhas.

Situa-se nos confins da Normandia, da Picardia e da Ilha de França, região bastarda, onde a linguagem não tem acentuação assim como a paisagem é sem característica. É o lugar onde se fazem os piores queijos de Neufchâtel, sendo, além disso, a cultura, ali, dispendiosa, pois é necessário muito adubo para aquelas terras, friáveis e cheias de areia e calhaus.

Até 1835 não havia estrada transitável para Yonville; mas posteriormente abriram um caminho vicinal que liga a estrada de Abbeville à de Amiens e que serve aos carreteiros que vão de Ruão a Flandres. Contudo, Yonville-l'Abbaye estacionou, apesar de seus meios de comunicação. Em vez de melhorar a lavoura, permaneciam ainda nos pastos, apesar de depreciadíssimos; e o burgo rotineiro, afastando-se da planície, continuou naturalmente a alargar-se para a ribeira. Avista-se de longe, estendido ao longo da margem, um guardador de vacas fazendo a sesta à beira da água.

Na base da encosta, depois da ponte, começa uma calçada orlada de pequenos álamos, que conduz, em linha reta, às primeiras casas da região. São estas rodeadas de sebes, em meio de pátios cheios de construções dispersas, telheiros para carroças e alambiques, espalhados por entre as árvores espessas, com escadas de mão, varas ou foices dependuradas nos ramos. Os tetos de colmo, como bonés de pele puxados para os olhos, descem até quase o meio das janelas baixas, cujos vidros, grossos e abaulados, têm um nó no centro, o que os faz parecerem fundos de garrafa. Sobre o muro de alvenaria, que atravessa em diagonal por traves negras, cresce às vezes alguma pereira raquítica e os pavimentos do rés-do-chão, têm à porta uma pequena porteira girante para os defender dos pintinhos que correm às soleiras para debicar migalhas de pão de centeio molhado na cidra. Adiante, os pátios vão-se tornando menores, as habitações vão-se aproximando, as sebes desaparecendo; um feixe de mato balouça-se por baixo de uma janela, no extremo de um pau de vassoura; vê-se a forja de um ferrador e em seguida um marceneiro, com duas ou três carroças novas, do lado de fora, impedindo a passagem. Depois, além de uma clareira, aparece uma casa branca, ao fundo de um canteiro de relva, ornada com um "Cupido" de dedo nos lábios; em cada lado do portão veem-se dois vasos de ferro fundido; escudos brilham na porta; esta é a casa do tabelião, a mais bonita do lugar.

A igreja fica do outro lado da rua, vinte passos adiante no começo da praça. O pequeno cemitério que a rodeia, fechado por um muro baixo, está tão cheio de túmulos que as velhas lousas formam uma laje contínua onde a erva espontânea desenhou quadrilongos verdes e regulares. A igreja foi reconstruída nos últimos anos do reinado de Carlos X. A abóbada de madeira começa a apodrecer no alto e, de espaço a espaço, apresenta depressões negras dentro da sua cor azul. Por cima da porta, onde devia estar o coro há uma tribuna para homens, com uma escadinha de caracol em que ressoam os tamancos.

A luz, entrando pelas vidraças lisas, clareia obliquamente os bancos alinhados no assoalho, alguns dos quais com capachos pregados e tendo por baixo, em grandes letras: "Banco do sr. Fulano". Mais além onde a nave se estreita, o confessionário forma simetria com uma estatueta da Virgem, vestida de cetim, de véu de tule recamado de estrelas prateadas e as faces tão avermelhadas como um ídolo das ilhas Sanduíches; finalmente uma cópia da *Sagrada Família,* oferta do ministro do Interior, domina o altar-mor entre quatro castiçais e limita ao fundo a perspectiva. Os bancos do coro, de pinho, ficaram por pintar.

O mercado, ou seja, um telheiro sustentado por uns vinte postes, ocupa por si só quase metade da grande praça de Yonville. A prefeitura, construída segundo o desenho de um arquiteto de Paris, é uma espécie de templo grego, que faz esquina, ao lado da casa do farmacêutico. Tem, ao rés-do-chão, três colunas jônicas, no primeiro andar uma galeria em abóbada, e o frontão que a termina é ornado com um galo gaulês, que apoia um dos pés na Carta e segura, no outro, as balanças da justiça.

Mas, o que mais chama a atenção é a farmácia do sr. Homais, em frente à estalagem do *Leão de Ouro*. À noite, principalmente quando o candeeiro está aceso e os frascos vermelhos e verdes que lhe enfeitam a fachada, projetam no chão, à distância, os seus reflexos coloridos, então, através deles, como no meio de fogos de Bengala, entrevê-se o vulto do farmacêutico, encostado à sua secretária. Tem a casa cheia de alto a baixo, de letreiros em tipo manuscrito, redondo, em relevo: "Águas de Vichy, de Seltz e de Barèges, xaropes depurativos, remédios Raspail, *recahout* nos Árabes; pastilhas Darcet, massa Regnault, ligaduras, banhos, chocolates de saúde, etc." E na tabuleta que preenche toda a largura da loja, está escrito, em letras douradas: *Homais farmacêutico*. Ao fundo, por detrás das grandes balanças presas ao balcão, lê-se ainda a palavra laboratório, numa porta envidraçada, que na metade da sua altura repete outra vez *Homais,* em letras douradas, sobre um fundo negro.

Nada mais há para ver-se em Yonville. A rua (a única) da distância de um tiro de espingarda e pontilhada de algumas lojas, termina bruscamente no cotovelo da estrada. Deixando-o à direita e seguindo-se pela base da encosta São João, em breve se chega ao cemitério.

Para o tornarem maior, por ocasião da epidemia de cólera, demoliram uma porção do muro e compraram três acres de terra vizinha; mas esta parte nova está quase desocupada, porque as campas continuam, como antigamente, a acumular-se ao pé da porta. O guarda, que é ao tempo coveiro e sacristão da igreja (tirando assim provento dos cadáveres da paróquia), aproveitou o terreno vazio para semear batatas. De ano para ano, porém, diminuindo o seu campo de cultura; e quando sobrevém uma epidemia, ele já não sabe se há de alegrar-se com os óbitos ou afligir-se com as sepulturas.

— Você é um homem que engorda com os defuntos, Lestiboudois — disse-lhe afinal um dia o cura.

Estas palavras sombrias fizeram-no refletir e detiveram-no por algum tempo; mas o fato é que até hoje continua com a sua cultura de tubérculos e até afirma, com arrogância, que nascem espontaneamente.

Desde os acontecimentos que se vão narrar, nada, com efeito, mudou em Yonville. A bandeira tricolor de lata continua a girar no alto do campanário da igreja; a loja do vendedor de novidades agita ainda ao vento as suas bandeirolas de chita; os *foetus* do farmacêutico, como pacotes de isca branca, apodrecem cada vez mais no seu álcool turvo e, sobre o portão da estalagem, o velho leão de ouro, desbotado pelas chuvas, continua a mostrar aos transeuntes o seu pelo de cão d'água.

Na noite em que os Bovary deviam chegar a Yonville a viúva Lefrançois, dona da estalagem, andava tão atarefada que suava em bicas a mexer as caçarolas. O dia seguinte era de feira na povoação. Era necessário, com tempo, cortar carnes, matar frangos, fazer a sopa e o café. Além disso, tinha de preparar a refeição dos hóspedes, a do médico, de sua mulher e da criada; no bilhar ouviam-se gargalhadas; três moleiros, na sala de entrada, chamavam para que lhes dessem aguardente; a lenha flamejava, as brasas crepitavam e sobre a comprida mesa da cozinha, no meio dos pedaços de carneiro cru, erguiam-se pilhas de pratos, que tremiam com a vibração do cepo sobre o qual estavam picando espinafres. No pátio ouvia-se o gritar das aves, que a moça perseguia para cortar-lhes o pescoço.

Um homem, de chinelos verdes, um tanto bexigoso e de boné de veludo com borla dourada, aquecia-se encostado à chaminé. No seu rosto lia-se nada mais que a satisfação de si próprio: tinha um ar tão calmo como o pintassilgo que estava pendurado acima da sua cabeça, numa gaiola de junco: era o farmacêutico.

— Artemisa! — gritava a dona da estalagem, — racha lenha miúda, enche as garrafas de água, traze aguardente, apressa-te! Se eu soubesse ao menos que sobremesa oferecer às pessoas que o senhor espera! Bondade divina! Voltam os carroceiros a fazer barulho no bilhar! E deixaram a carroça ficar atravessada mesmo no portão! A *Andorinha* é capaz de parti-la quando chegar. Chama Polyte para que a vá recolher!... E dizer-se, senhor Homais, que desde manhã eles já jogaram talvez quinze partidas e beberam oito garrafas de cidra!... Mas o pior é que são capazes de me rasgar o pano... — continuava ela espiando-os de longe com a escumadeira na mão.

— O mal também não seria grande, — retorquiu Homais, — comprava-se outro.

— Outro bilhar! — exclamou a viúva.

— É que aquele já não presta, senhora Lefrançois; olhe que a senhora está fazendo mal a si própria, muito mal! E depois, os amadores, atualmente, querem apostas pequenas e tacadas difíceis. Já não se joga como antigamente; está tudo mudado! E não há remédio senão marcharmos com o século. Veja o Tellier.

A hospedeira corou despeitada. O farmacêutico ajuntou:

— O bilhar dele, por mais que a senhora diga, é mais frequentado que o seu; e se houver quem se lembre, por exemplo, de organizar uma *poule* patriótica em benefício da Polônia ou dos inundados de Lyon...

— Não são maltrapilhos como ele que nos metem medo! — interrompeu a hospedeira, encolhendo os ombros largos. Não se incomode, senhor Homais, enquanto o *Leão de Ouro existir,* há de ter sempre freguesia. Não que tenhamos feixes de feno. Mas não tardará muito para que veja fechado o *Café francês,* e com um belo anúncio no toldo!... Trocar o meu bilhar, — continuou ela falando consigo, — sendo-me tão cômodo estender em cima dele as barrelas, e agora que já chegou mesmo, o tempo das caçadas, quando pode servir de cama a seis hóspedes!... E aquela lesma do Hivert que não chega!

— Espera, então, por ele para o jantar dos seus hóspedes? — perguntou o farmacêutico.

— Esperá-lo! E o senhor Binet? Às seis horas em ponto o senhor o vê entrar, porque neste mundo não há ninguém tão pontual como ele. Nunca prescinde do seu lugar na sala pequena! Seria mais fácil matarem-no do que obrigá-lo a jantar em outro lugar! E como é enfastiado! É difícil haver cidra que o agrade! Não é como o senhor Léon; esse chega às vezes às sete horas, sete e meia; nem sequer repara no que come. Que moço excelente! Jamais diz uma palavra mais alta que a outra.

— É que sempre há diferença entre uma pessoa educada e um ex-carabineiro que chegou a preceptor.

Bateram seis horas. Binet entrou.

Trajava sobrecasaca azul, que lhe caía direita em torno do corpo magro; o seu boné de couro, de orelheiras atadas em cordões, no alto da cabeça, deixava ver, sob a pala levantada, uma fronte calva, deprimida pelo uso do capacete. Usava um colete de pano preto, colarinho de crina, calça cor de cinza e, com qualquer tempo, botas bem engraxadas, com duas dilatações paralelas por causa da saliência dos tornozelos. Nem um só fio de cabelo ultrapassava a linha da sua barba em colar e a qual, contornando-lhe o queixo, emoldurava-lhe o rosto comprido e macilento, de olhos pequenos e nariz achatado. Fortíssimo em todos os jogos de cartas, bom caçador, tinha magnífica letra e, em casa, um torno, no qual se entretinha a tornear argolas para guardanapos, do que enchia a casa, com ciúmes de artista e egoísmo de burguês.

Dirigiu-se para a saleta; mas primeiro foi preciso fazer sair de lá os três moleiros; e durante o tempo que gastaram em arrumar-lhe a mesa, Binet conservou-se silencioso em seu lugar, junto do fogão; depois fechou a porta e tirou o boné, como de costume.

— Não há de ser com cumprimentos que ele há de gastar a língua! — disse o farmacêutico, assim que ficou a sós com a hospedeira.

— Nunca falou mais do que agora — respondeu ela; — estiveram aqui, na semana passada, dois negociantes de fazendas, muito engraçados, que à noite contavam uma série de anedotas que me faziam morrer de riso; pois bem: ele permanecia como um poste, sem dizer uma só palavra.

— Sim; — disse o farmacêutico — sem imaginação não há espírito, nada do que constitui o homem de sociedade!

— Dizem, contudo, que tem meios — observou a hospedeira.

— Meios? — replicou Homais; — Meios? Ele? Na sua terra é possível — acrescentou em tom mais calmo.

E prosseguiu:

— Que um negociante de relações consideráveis, que um jurisconsulto, um médico, um farmacêutico, andem de tal modo absortos, que pareçam lunáticos e mostrem mesmo maus modos, compreendo; citam-se até casos desses na história! Mas ao menos pensam em alguma coisa. Eu, por exemplo, quantas vezes me acontece andar à procura da pena para escrever um rótulo, e a encontro afinal na orelha!

Entretanto, a senhora Lefrançois ia até à porta, verificar se chegava a *Andorinha*. Nisto, estremeceu. Um homem vestido de preto entrou, subitamente, na cozinha. Às últimas claridades do crepúsculo distinguia-se o seu rosto rubicundo e um corpo robusto.

— Em que lhe posso ser útil, senhor cura? — perguntou a dona da estalagem, ao mesmo tempo que apagava, em cima do fogão, um dos castiçais de cobre que ali se achavam enfileirados, com as suas velas. — Quer tomar alguma coisa? Um dedo de aguardente, um copo de vinho?

O eclesiástico recusou, cortesmente. Fora buscar o seu guarda-chuva, que esquecera outro dia no convento de Ernemont; e, depois de ter pedido à senhora Lefrançois que lho mandasse ao presbitério, à noite, saiu em direção à igreja, onde estavam tocando o *Angelus*.

Quando o farmacêutico não ouviu mais na praça o ruído dos passos, disse que achara inconveniente o procedimento dele. Aquela recusa em aceitar um refresco parecia-lhe uma hipocrisia das mais odiosas; todos os padres se refestelavam às escondidas e procuravam fazer-nos voltar à época dos dízimos.

A hospedeira tomou a defesa do cura.

— Pois sim, mas ele era capaz de dobrar quatro como o senhor, debaixo do joelho. No ano passado, ajudou a nossa gente a recolher a palha; e era tão forte que não carregava menos de seis feixes de cada vez.

— Bravo! — disse o farmacêutico. — Enviem suas filhas para confessarem-se a frascários dessa têmpera! Eu, se fosse governo, havia de fazer com que os padres fossem sangrados uma vez por mês. Sim, senhora Lefrançois, todos os meses, uma larga flebotomia, no interesse da polícia e dos costumes!

— Cale-se, senhor Homais! O senhor é um herege! O senhor não tem religião!

O farmacêutico retorquiu:

— Eu tenho uma religião, a minha religião, e mesmo até mais do que todos eles, com as suas momices e charlatanices. Eu creio em Deus! Creio no Ente Supremo, num Criador, qualquer que seja, pouco importa, que nos pôs neste mundo para desempenharmos os nossos deveres de cidadãos e de pais de família; mas o que não preciso é ir a uma igreja beijar salvas de prata, engordar com a minha algibeira uma súcia de farsantes que vivem muito melhor do que nós! Porque O podemos venerar de qualquer maneira, num bosque, num campo, ou mesmo contemplando a abóbada celeste, como os antigos. O meu Deus é o Deus de Sócrates, de Franklin, de Voltaire e de Béranger! Eu sou pela *profissão de fé do vigário saboiano* e pelos princípios imortais de 89! Por isso não admito um Deus que passeie no seu jardim de bengala na mão, aloje os amigos no ventre das baleias, morra soltando um grito e ressuscite no fim de três dias: coisas absurdas por si mesmas e completamente opostas, além disso, a todas as leis da física; o que nos demonstra, de resto, que os padres têm sempre permanecido numa ignorância torpe, na qual se esforçam por mergulhar as populações.

Em seguida calou-se, procurando, com os olhos, auditório em torno de si, porque, no meio da sua efervescência, o farmacêutico julgou-se, por um momento, em pleno conselho municipal. Mas a hospedeira já não o escutava, pois estava aplicando o ouvido a um rumor longínquo. Passado pouco tempo, sentiu-se o rodar de um veículo, o tinir de ferros soltos batendo na terra; e a *Andorinha* enfim aparecia à porta.

Era uma caixa amarela, assente sobre duas grandes rodas, as quais, subindo até à altura da coberta, tiravam aos viajantes a vista da estrada, salpicando-lhes de lama os ombros. Os vidros dos pequenos postigos tremiam nos caixilhos, quando o veículo viajava fechado, e conservavam manchas de lama num e noutro ponto, sobre a velha camada de pó que os cobria e que nem as chuvas torrenciais conseguiam lavar. Era puxada por três cavalos, o primeiro dos quais na dianteira, e, quando descia alguma encosta, tocava no chão, dando solavancos.

Alguns burgueses de Yonville apareceram então na praça; falavam todos ao mesmo tempo, pedindo explicações, notícias e encomendas: Hivert não sabia a qual deles atender. Era ele quem dava na cidade, os recados da localidade. Ia às lojas, trazia rolos de sola para o sapateiro, ferragem para o ferrador, uma barrica de arenques para a mulher, toucas da modista, tranças do cabeleireiro; e, pelo caminho, de regresso, ia distribuindo os embrulhos, atirando-os por cima dos muros dos pátios, em pé na almofada, e gritando a plenos pulmões, enquanto os cavalos continuavam a caminhar sem governo.

Um incidente o havia retardado; a galga de madame Bovary fugira através dos campos e tinham andado, durante um quarto de hora, assobiando para ver se ela aparecia. O próprio Hivert retrocedera meia légua, porque julgava vê-la a todo instante: mas, afinal, tivera de continuar o caminho. Ema chorara, se desesperara e acusou Carlos daquela desgraça. O sr. L'Heureux, negociante de fazendas, que se achava com ela na carruagem, procurou consolá-la citando-lhe muitos exemplos de cães perdidos, que tinham reconhecido os donos ao fim de muitos anos. Contava-se de um, dizia ele, que voltara de Constantinopla a Paris. Outro percorrera cinquenta léguas em linha reta e atravessara quatro rios a nado; o próprio pai dele tivera um cãozinho que, ao fim de doze anos de ausência, lhe saltara bruscamente às costas, certa noite, na rua, quando ele ia jantar.

CAPÍTULO II

Ema desceu primeiro, depois Felicidade, o sr. L'Heureux e uma ama de leite; foram obrigados a acordar Carlos no seu lugar, pois ele adormecera profundamente desde que anoitecera.

Homais apresentou-se, cumprimentando o médico e a senhora, dizendo-lhes ter grande prazer em ser-lhes útil, acrescentando, em tom cordial, que ousara convidar-se a si mesmo porque, de mais a mais, sua mulher estava ausente.

Madame Bovary, quando chegou à cozinha, aproximou-se da lareira. Com as pontas dos dedos segurou o vestido na altura do joelho e levantando-o assim até o tornozelo, estendeu para o lume, sobre a perna de carneiro que girava no espeto, o pé calçado em botinha preta. A labareda iluminava-a em cheio, penetrando com a sua luz crua o pano do vestido, os poros iguais da pele branca e até as pálpebras, que ela piscava de vez em quando. Estava toda corada, com o passar da aragem que penetrava pela porta entreaberta.

Do outro lado do fogão, um rapaz de cabelos loiros a olhava silenciosamente.

Como se sentia muito aborrecido em Yonville, onde era escrevente do tabelião Guillaumin, muitas vezes o sr. Léon Dupuis (ele era o segundo frequentador do *Leão de Ouro)* prolongava a hora da refeição, esperando até entrar na estalagem algum viajante com quem pudesse passar a noite conversando. Nos dias em que concluía o trabalho mais cedo, não tinha remédio, por não ter ocupação, senão apresentar-se à hora exata e suportar o jantar todo, desde a sopa até à sobremesa, a sós com Binet. Foi portanto muito satisfeito que aceitou a proposta que a estalajadeira lhe fez de jantar em companhia dos recém-chegados; e ato contínuo passaram para a sala grande, onde a senhora Lefrançois, por ostentação, mandara pôr os quatro talheres.

Homais pediu permissão para conservar na cabeça o seu barrete grego, com medo das corizas.

Depois, voltando-se para sua vizinha:

— Madame, sem dúvida, está um pouco cansada; tantos solavancos a nossa *Andorinha!*

— É verdade, — respondeu Ema; — mas a mim divertem as mudanças; gosto muito de variar de lugar.

— Não há nada mais aborrecido — murmurou o escrevente — do que viver sempre pregado no mesmo lugar!

— Se o senhor fosse como eu — disse Carlos — que tenho de andar continuamente a cavalo...

— Pois a mim — retorquiu Léon, dirigindo-se a madame Bovary — parece-me que não há nada mais agradável, quando se pode.

— Afinal — dizia o boticário — o exercício da medicina não é muito penoso nestas paragens; pois o estado das estradas permite o uso do cabriolé e, em geral, como os lavradores são abastados, a paga é muito boa. Nós temos, sob o ponto de vista clínico, à parte os casos ordinários de enterite, bronquite, afecções biliares, etc., de vez em quando, algumas febres intermitentes, na época das colheitas; mas, em suma, poucos casos graves, nada digno de nota, à exceção de tumores frios, que dependem sem dúvida das precárias condições de higiene dos nossos alojamentos campesinos. Há de encontrar muitos preconceitos a combater, senhor Bovary; muita teimosia de rotina, contra a qual se hão de chocar diariamente os esforços da sua ciência; porque ainda há muita gente que recorre às novenas, às relíquias, ao cura, em vez de ir, como era natural, à casa do médico ou do farmacêutico. Falando a verdade, o clima não é mau, e até contamos na comuna com alguns nonagenários. O termômetro (tenho observado) desce no inverno até quatro graus e, no verão forte, chega aos vinte e cinco, trinta centígrados quando muito, o que nos dá vinte e quatro Réaumur no máximo, ou por outra, cinquenta e quatro Fahrenheit (medida inglesa), — não mais! Com efeito, estamos abrigados do vento norte pela floresta d'Argueil, de um lado; dos ventos do oeste, pela encosta São João, do outro. Contudo, por causa do vapor de água originado pela ribeira, e da presença considerável de animais nos campos, que exalam, como se sabe, muito amoníaco, quer dizer, azoto, hidrogênio e oxigênio (não, azoto e hidrogênio apenas) e que, atraindo o humo da terra, misturando todas estas diferentes emanações, reunindo-as num feixe, por assim dizer, e combinando-se esta a si mesmo com a eletricidade espalhada pela atmosfera, quando esta a contém, este calor poderia, com o tempo, como nos países tropicais, originar miasmas insalubres; — este calor, digo eu, acha-se justamente temperado do lado de onde vem, ou antes, de onde viria, quer dizer, do sul, pelos ventos do sudoeste, os quais, tendo-se refrescado na sua passagem pelo Sena, chegam às vezes inopinadamente como brisas da Rússia!

— Haverá ao menos alguns passeios por estes arredores? — continuava madame Bovary, conversando com o moço.

— Oh! muito poucos, — respondeu ele. Há um lugar, chamado Pasto no cimo da encosta e na orla da floresta. Às vezes, aos domingos, vou até lá e demoro-me muito tempo a ler e a ver o pôr-do-sol.

— Para mim não há nada que se compare ao pôr-do-sol — prosseguiu ela — principalmente à beira-mar.

— Oh! eu adoro o mar — disse Léon.

— E depois, não lhe parece — continuou Madame Bovary — que o espírito vagueia mais livremente por aquela extensão sem limites, cuja contemplação nos eleva a alma, e nos dá ideias do infinito, do ideal?

— Sucede como nas paisagens das montanhas — prosseguiu Léon. — Eu tenho um primo que viajou pela Suíça, o ano passado, e dizia não se poder imaginar a poesia dos lagos, o encanto das cascatas e o efeito gigantesco das geleiras. Veem-se ali, pinheiros duma grandeza incalculável, atravessados nas torrentes; cabanas suspensas sobre precipícios, e, quando as nuvens se entreabrem, avistam-se vales inteiros, mil pés abaixo de nós. Espetáculos como esses devem entusiasmar, predispor para a oração e para o êxtase! Por isso já não me admira aquele célebre músico que, para excitar melhor a imaginação, tinha o costume de ir tocar piano em algum lugar majestoso.

— O senhor cultiva a música? — perguntou ela.

— Não, mas aprecio-a imensamente, — respondeu ele.

— Não acredite nele, madame Bovary — interrompeu Homais, inclinando-se sobre o prato — ele é a modéstia em pessoa.

Então pensa que não o vi um dia destes cantar no seu quarto admiravelmente o *Anjo da guarda?* Estava ouvindo-o do laboratório; e o senhor saiu-se como um verdadeiro ator.

Léon estava, realmente alojado em casa do farmacêutico, onde ocupava um pequeno quarto no segundo andar, que dava para a praça. Corou, portanto, ouvindo os elogios do senhorio, que, então, já se voltara para o médico enumerando-lhe, uns após outros, os principais habitantes de Yonville. Contava anedotas e dava informações; não se sabia ao certo a quanto subia a fortuna do tabelião, e havia também a casa Tuvache, que estava bastante atrapalhada.

Ema prosseguia:

— E que música prefere o senhor?

— A música alemã, que é a que mais nos predispõe ao devaneio.

— Conhece os italianos?

— Ainda não; mas tenciono frequentá-los no ano que vem, quando for residir em Paris, para completar o meu curso de direito.

— Como eu tinha a honra de explicar ao senhor seu esposo — disse o farmacêutico — a propósito daquele pobre Yanoda que fugiu, o caso é que os senhores, graças às loucuras que ele fez, vão gozar de uma das casas mais confortáveis de Yonville. O que ela tem principalmente de cômodo para um médico, é uma porta que dá para a Alameda e que permite entrar e sair sem se ser visto. Além disso, tem tudo quanto possa ser agradável a um casal: lavadouro, cozinha com dispensa, sala de trabalho, copa, etc. Ele era um folgazão, que não olhava despesas! Na extremidade do jardim mandou construir, à beira do lago, uma espécie de pavilhão, expressamente destinado a se tomar cerveja no verão, e se Madame gostar de jardinagem poderá...

Minha mulher não dá importância a isso, disse Carlos; apesar de lhe recomendarem exercício, prefere estar sempre no quarto, lendo.

— É como eu, — replicou Léon; — realmente, não há melhor coisa do que passar-se a noite ao pé da lareira, com um livro, enquanto o vento bate nas vidraças e a luz vai alumiando.

— Tenho razão, não é verdade? — disse ela — fitando-o com os grandes olhos negros muito abertos.

— É que não se pensa em nada — continuou ele — e as horas passam. Sem se sair do lugar, passeia-se por países imaginários e o pensamento, enlaçando-se com a ficção, demora-se em detalhes, segue o contorno das aventuras. A gente roça pelos personagens e até parece que se palpita sob os seus trajos.

— É verdade! É verdade! — disse ela.

— Já não lhe tem sucedido muitas vezes — prosseguiu Léon — encontrar nalgum livro uma ideia vaga que já tivesse tido, alguma imagem meio desvanecida, que vem de longe e parece ser como que a exposição inteira do nosso sentimento mais sutil?

— Tenho, sim — respondeu ela.

— Eis porque gosto dos poetas — continuou ele. — Acho os versos mais emotivos que a prosa, e mais capazes de nos arrancar lágrimas.

— Contudo, fatigam com a continuação — prosseguiu Ema — e hoje ao contrário, adoro as histórias que caminham de um jato e que dão medo. Detesto os heróis comuns e os sentimentos temperados como se encontram na natureza.

— Com efeito — observou o escrevente — as obras que não nos abalam o coração, afastam-se, segundo me parece, da verdadeira finalidade da Arte. É sempre muito agradável, no meio das desilusões da vida, podermos nos reportar pelo espírito a nobres caracteres, a afeições puras, a quadros de ventura. Para mim, que vivo aqui, separado do mundo, é a única distração; mas Yonville oferece tão poucos recursos!

— Como Tostes, com certeza — retorquiu Ema — por isso eu era sempre assinante do gabinete de leitura.

— Se madame quiser fazer-me a honra, — disse o farmacêutico, que ouvira as últimas palavras — tenho à sua disposição uma biblioteca composta dos melhores autores: Voltaire, Rousseau, Delille, Walter Scott, o *Eco dos folhetins,* etc. e recebo, além disso, diferentes folhas periódicas, entre as quais o *Farol de Ruão,* diário do qual sou correspondente nas circunscrições de Buchy, Forges, Neufchâtel, Yonville e arredores.

Havia duas horas e meia que estavam à mesa, porque a criada Artemisa, arrastando indolentemente pelo ladrilho os seus chinelos, trazia um prato de cada vez, esquecia-se de tudo, não atendia a coisa alguma e, a cada instante, deixava entreaberta a porta do bilhar, que batia contra a parede com o fecho.

Insensivelmente e enquanto conversava, Léon pousara o pé numa das travessas da cadeira em que estava sentada a mulher do médico. Madame Bovary usava então uma gravatinha de seda azul que mantinha direita como uma gargantilha, um colarinho de cambraia encanudado, de modo que a parte inferior do rosto, segundo os movimentos que ela fazia com a cabeça, ora se ocultava dentro da cambraia, ora saía dela suavemente. Foi assim, um junto do outro, enquanto Carlos conversava com o farmacêutico, que eles entraram numa dessas vagas conversações em que o acaso das frases nos conduz a todo instante ao centro fixo de uma simpatia comum. Espetáculos de Paris, nomes de romances, novas quadrilhas, o mundo que eles não conheciam, Tostes de onde ela viera, e Yonville onde se achavam, tudo examinaram e de tudo falaram até o fim do jantar.

Servido o café, Felicidade foi preparar o quarto da nova habitação e todos em breve se levantaram. A senhora Lefrançois dormia ao pé da lareira, enquanto o moço da cavalariça, de lanterna na mão, esperava Bovary e sua mulher para os conduzir à casa. O moço tinha os cabelos ruivos, cheios de palha miúda, e coxeava da perna esquerda; apenas pegou com a outra mão no guarda-chuva do cura, puseram-se a caminho.

A aldeia dormia. Os pilares do mercado alongavam grandes sombras. A terra era cinzenta como numa noite de verão.

Como, porém, a casa do médico ficasse a cinquenta passos da estalagem, despediram-se logo, e o bando se dispersou.

Ema, no vestíbulo, sentiu cair-lhe nos ombros, alguma coisa como se fosse um pano úmido; era o frio do estuque. As paredes eram novas e os degraus de madeira rangeram. No quarto do primeiro andar entrava pelas janelas sem cortinas uma claridade lívida. Entreviam-se cimos de árvores e ao longe os campos, meio velados pela neblina, que se esbatia ao luar, seguindo o curso do rio. No meio da casa viam-se, em montão, gavetas de cômodas, garrafas, varões de ferro, varetas douradas, colchões em cima das cadeiras e bacias no assoalho; os dois homens que trouxeram os móveis, haviam deixado tudo ali, negligentemente.

Era a quarta vez que ela dormia num lugar desconhecido. A primeira fora no dia da sua entrada para o convento; a segunda no dia da sua chegada a Tostes, a terceira em Vaubyessard, a quarta era ali; e em todas ela sentira, como que o começo de uma fase nova na sua vida. Ela não podia acreditar que as coisas pudessem surgir sempre iguais em lugares diferentes; e uma vez que a parte já vivida fora má, tinha esperanças de que a que lhe restava viver havia de ser melhor.

CAPÍTULO III

No dia seguinte, quando se levantou, viu o escrevente na praça. Ema estava de penhoar. Ele ergueu a cabeça e cumprimentou-a. Ela fez uma inclinação rápida e fechou a janela.

Léon esteve o dia todo esperando o soar das seis horas da tarde, mas chegando à estalagem, não achou ninguém, além de Binet, que já estava sentado.

O jantar da véspera fora para ele um sucesso considerável; jamais, até então, conversara durante duas horas seguidas com uma dama. Como pudera ele expor-lhe, e em tal linguagem, uma quantidade de coisas que antes não teria dito tão bem? Léon era habitualmente tímido e conservava a reserva de que participam, ao mesmo tempo, o pudor e a dissimulação. Achavam em Yonville que tinha maneiras distintas. Ouvia os mais velhos raciocinarem e não se mostrava exaltado em política, coisa rara num rapaz. Além disso, era dotado de certas habilidades: pintava aquarelas, sabia ler a clave de sol e de bom grado conversava sobre literatura, depois do jantar, quando não jogava qualquer jogo de cartas. Homais respeitava-o pela sua instrução; a senhora Homais gostava muito dele pela sua condescendência, pois várias vezes lhe levava os pequenos ao jardim, apesar de as crianças andarem sempre sujas, serem mal educadas e um tanto linfáticas como a mãe. Tinham para cuidar delas, além da criada, o Justino, prático de farmácia, primo afastado de Homais, que haviam levado para casa por caridade e que lhes servia também de criado.

O farmacêutico mostrou-se o melhor dos vizinhos. Deu informações a madame Bovary a respeito dos fornecedores, mandou chamar expressamente o seu freguês de cidra, provou ele próprio a bebida e examinou se as vasilhas ficavam bem acomodadas na adega; indicou ainda a maneira de conseguirem a preço barato uma provisão de manteiga e fez uma combinação com Lestiboudois, o sacristão, o qual, além das funções sacerdotais e mortuárias, cuidava dos principais jardins de Yonville, por hora ou por ano, conforme a vontade das pessoas.

Não era só pelo desejo de obsequiar que o boticário se mostrava tão serviçal; o homem tinha certo plano.

Ele infringira a lei de 19 Ventôse, ano XI, artigo 1°, que proíbe a qualquer indivíduo, sem o respectivo diploma, exercer a medicina; de modo que, em virtude de denúncias secretas, fora Homais chamado a Ruão, à presença do procurador régio, no seu gabinete particular. O magistrado recebera-o de pé, com a sua toga de arminho e barrete na cabeça. No corredor ouviam-se passos das botas grossas dos gendarmes e como que um ranger longínquo de enormes fechaduras. Os ouvidos do boticário zumbiam como se ele fosse cair com uma apoplexia; entreviu os quartos do calabouço, a família em lágrimas, a farmácia vendida, todos os frascos dispersos; e foi obrigado a entrar num café e tomar um copo de rum com água de Seltz para restabelecer o equilíbrio do espírito.

Pouco a pouco foi-se desvanecendo a lembrança da repreensão e ele voltou, como outrora, a dar consultas no fundo da loja. Mas o *maire* não o podia ver, tinha colegas invejosos e, portanto, razões para temer; atraindo Bovary a si, por meio de obséquios, ganhava-lhe a gratidão e impedia que ele, no futuro, falasse, se acaso percebesse alguma coisa. Por isso todas as manhãs Homais lhe levava o jornal e muitas vezes, de tarde, saía por um instante da farmácia a fim de ir prosear na casa do médico.

Carlos andava triste; os clientes não apareciam. Permanecia horas inteiras sem falar, dormia no seu gabinete ou entretinha-se vendo a mulher costurar. Para se distrair, começou a trabalhar em casa, como qualquer operário, e chegou a pintar o sótão com um pouco de tinta que os pintores haviam deixado. Preocupava-o, porém, a questão de dinheiro. Gastara tanto nas reparações em Tostes, com as roupas da mulher e com a mudança, que todo o dote, mais de três mil escudos, desapareceram em dois anos. Além disso, quantas coisas se estragaram ou se perderam no transporte de Tostes para Yonville, não se falando no padre de gesso, que, caindo da carroça por causa de um solavanco maior, se fizera em mil pedaços nas pedras de Quincampoix!

Uma preocupação maior veio distraí-lo: a gravidez da mulher. À proporção que se aproximava o termo, crescia o seu afeto por ela. Era outro laço da carne que se estabelecia e como que o sentimento contínuo de uma união mais complexa. Quando a via de longe, o andar vagaroso, a cintura alargando-se molemente sobre as ancas, sem colete; quando, a sós com ela, contemplava-a à vontade e a via tomar atitudes de fadiga na poltrona, então não podia ocultar a satisfação; levantava-se, beijava-a, passava-lhe as mãos pelo rosto, chamava-lhe mamãezinha, queria fazê-la dançar e dizia-lhe meio risonho, meio comovido, toda espécie de gracejos acariciadores que lhe ocorriam ao espírito. A ideia de ser pai deleitava-o. Agora, nada lhe faltava. Conhecia a existência humana em todas as suas fases, e encostava-se a ela com ambos os cotovelos e a máxima serenidade.

Ema, no começo, sentiu grande surpresa; depois teve desejo de se ver livre, para saber o que era ser mãe. Mas, não podendo fazer as despesas que desejava, ter um berço em forma de barquinha com cortinados de seda cor de rosa e touquinhas bordadas, renunciou ao enxoval com um pouco de amargura e encomendou-o, completo, a uma costureira de aldeia, sem nada escolher nem discutir. Não se deliciou com esses preparativos em que a ternura das mães se estimula, e a sua afeição, no começo, foi talvez por isso um pouco atenuada.

Entretanto, como Carlos, em toda as refeições falava da criança, em breve Ema tornou a pensar nela com mais persistência.

Desejava que fosse um menino; havia de ser forte e moreno e chamar-se-ia Jorge; esta ideia de ter um filho varão, era como que a desforra, em esperança, de todas as suas impotências passadas. Um homem, ao menos, é livre; pode percorrer as paixões e os países, saltar obstáculos e gozar dos prazeres mais raros. Uma mulher anda continuamente rodeada de empecilhos. Inerte e ao mesmo tempo flexível, tem contra si as molezas da carne, e as dependências da lei. A sua vontade, como o véu de um chapéu preso pelo cordão, flutua a todos os ventos; e há sempre algum desejo que arrasta e alguma conveniência que detém.

Deu à luz num domingo, pelas seis horas da manhã, ao nascer do sol.

— É uma menina! — disse Carlos.

Ela virou a cabeça para o outro lado e desmaiou.

Quase no mesmo instante, acudiu a senhora Homais e beijou-a, bem como a viúva Lefrançois, do *Leão de Ouro*. O boticário, como homem discreto, apenas lhe dirigiu algumas felicitações provisórias, pela porta entreaberta. Quis ver a criança e achou-a bem robusta.

Durante a convalescença Ema entreteve-se procurando um nome para a filha. Primeiro examinou todos os que tinham terminações italianas, tais como Clara, Luísa, Amanda, Atala; gostava muito de Galsuinda e mais ainda de Yseult ou Leocádia. Carlos queria que dessem à criança o nome da mãe; Ema se opôs. Percorreram o calendário de ponta a ponta e consultaram até folhinhas estrangeiras.

— O senhor Léon — disse o farmacêutico — com quem estive outro dia conversando, admira-se de que os senhores não escolham o nome de Madalena, que está agora muito em moda.

Mas a mãe de Carlos protestou energicamente contra esse nome de pecadora. Quanto a Homais, tinha grande predileção por todos os que recordassem um grande homem, um fato ilustre ou uma concepção nobre, e fora dentro desse princípio que batizara os seus quatro filhos. Assim, Napoleão representava a glória e Franklin a liberdade; Irma era talvez uma concessão ao romantismo; mas Atália uma homenagem à mais célebre obra-prima da cena francesa. Porque as suas convicções filosóficas não impediam suas admirações artísticas; nele, o pensador não subjugava o homem sensível; sabia estabelecer diferenças, separar a imaginação do fanatismo. Daquela tragédia, por exemplo, censurava as ideias, mas admirava o estilo; maldizia a concepção, mas aplaudia os pormenores e exasperava-se contra os personagens, entusiasmando-se com o que eles diziam. Quando lia os trechos famosos, sentia-se arrebatado; mas quando pensava em que os padrecos tiravam dali vantagens para os seus arranjos, ficava desolado; e no meio desta confusão de sentimentos que o embaraçava, quisera ao mesmo tempo coroar Racine com ambas as mãos e discutir com ele durante um bom quarto de hora.

Afinal, Ema lembrou-se de que no castelo de Vaubyessard ouvira a marquesa chamar uma jovem de Berta; no mesmo instante ficou escolhido esse nome, e como Rouault não podia comparecer, pediram a Homais que fosse o padrinho. Ele deu, como presente, todos os produtos do seu estabelecimento, a saber: seis caixas de açafrão, um frasco inteiro de *racachout,* três pacotes de massa de alteia e três pães de açúcar cândi, que ele encontrara num armário. No dia do batismo houve um grande jantar, ao qual compareceu o cura; todos ficaram um pouco excitados. Homais quando serviram os licores, entoou o *Dieu des bonnes gens*. Léon cantou uma barcarola e a velha Bovary, que era a madrinha, uma romanza do tempo do Império; finalmente o pai de Carlos exigiu que trouxessem a criança e começou a batizá-la despejando-lhe um copo de champanha na cabeça. Esta brincadeira com o primeiro dos sacramentos indignou o cura Bournisien; Bovary replicou com uma citação da *Guerra dos deuses* e o cura quis retirar-se; as damas, porém, suplicaram; Homais interferiu e conseguiram que o padre tornasse a sentar-se, continuando tranquilamente a pôr no pires o resto do café que tinha na xícara.

Bovary demorou-se ainda um mês em Yonville, onde deslumbrou os habitantes com um elegante boné de polícia agaloado de prata, que usava pela manhã, para fumar a sua cachimbada na praça. Como tinha também o hábito de beber muita aguardente, mandava com frequência a criada ao *Leão de Ouro* comprar uma garrafa, que era lançada à conta do filho; e, para perfumar o lenço, consumia toda a água de Colônia da nora.

A esta não desagradava a sua companhia. Bovary viajara muito, falava de Berlim, de Viena, de Strasburgo, do tempo em que era oficial, das amantes que tivera, dos grandes moços a que assistira; e depois se mostrava amável e até às vezes, na escada ou no jardim, agarrava-a pela cintura, exclamando:

— Carlos, toma cuidado contigo!

Então a mãe assustou-se pela felicidade do filho e receando que seu esposo, com o tempo, pudesse exercer má influência sobre as ideias da nora, tratou de apressar a partida. Era mesmo possível que tivesse preocupações mais sérias. Bovary talvez fosse capaz de não respeitar nada.

Um dia Ema foi acometida bruscamente do desejo de ver a sua filha, que estava em casa da ama, mulher do marceneiro; e sem ver primeiro no almanaque se as seis semanas da Virgem ainda duravam, pôs-se a caminho da casa dos Rollet, que ficava no fim da aldeia, no sopé da encosta, entre a estrada principal e os campos.

Era meio-dia; as casas tinham as janelas fechadas e os telhados de ardósia, que reluziam sob a luz intensa do céu azul, pareciam faiscar na aresta dos beirais. Soprava um vento pesado. Ema sentia-se fraca, as pedras do caminho magoavam-na; hesitou sobre se voltaria para casa ou se entraria em qualquer parte para descansar.

Neste momento, Léon saiu de uma porta próxima, com um rolo de papéis debaixo do braço. Adiantou-se para cumprimentá-la e pôs-se à sombra, debaixo do toldo cinzento da loja do L'Heureux.

Madame Bovary disse que ia visitar sua filha, mas que principiava a sentir-se cansada.

— Se... — disse Léon, não se atrevendo a prosseguir.

— Tem de ir a alguma parte? — perguntou ela.

E ouvindo a resposta do escrevente, pediu-lhe que a acompanhasse. À noite, todos em Yonville souberam do caso e a senhora Tuvache, mulher do *maire*, declarou diante da criada que *madame Bovary se comprometia*.

Para chegar à casa da ama era preciso, ao fim da rua, virar à esquerda, como quem vai ao cemitério, e seguir, por entre casinholas e pátios, um atalho orlado de sebes que estavam então todas floridas bem como as roseiras bravas, as urtigas, os silvados. Pelas clareiras via-se, nos pardieiros, algum porco forçando o chiqueiro ou então vacas esfregando o lombo pelos troncos das árvores. Caminhavam ambos, devagarzinho, lado a lado, Ema encostando-se a ele e fazendo-o demorar o passo que Léon media pelo dela; na sua frente volteava um enxame de moscas, zumbindo no ar cálido.

Reconheceram a casa por uma velha nogueira que a ensombreava. Baixa, coberta de telhas cinzentas, tinha da parte de fora, ao pé da fresta do sótão, uma réstia de cebolas pendurada; viam-se também feixes de lenha em pé, de encontro ao cerrado de silvas que circundava um canteiro de alfaces e alguns pés de alfazema e de ervilhas de cheiro. Água suja corria espalhando-se pela erva e, penduradas em torno, viam-se vários trapos, meias de tricô, uma camisola de chita vermelha e um grande lençol de estopa, estendido ao longo da sebe. Ao ruído da porteira apareceu a ama, trazendo nos braços uma criança mamando. Com a outra mão puxava um pobre garotinho raquítico, escrofuloso, filho de um chapeleiro de Ruão, cujos pais, muito ocupados em seu negócio, tinham-no mandado para o campo.

— Entre, disse ela — a sua menina está dormindo.

O quarto, no rés-do-chão, o único da casa, tinha ao fundo, encostada à parede, uma cama grande sem cortinas; enquanto que a masseira estava ao lado da janela, onde um vidro partido fora colado com uma rodela de papel azul. Ao canto, atrás da porta, viam-se umas botas com pregos reluzentes, em cima da laje de lavar, junto a uma garrafa cheia de azeite, com uma pena metida no gargalo; sobre a chaminé poeirenta estava um *Mathieu Laensberg,* no meio de uma porção de pederneiras, de cotos de vela de sebo e de pedaços de isca. Enfim, a última bugiganga do aposento era uma *Fama* soprando a trombeta, figura recortada, com certeza, de algum anúncio de perfumarias e pregada na parede com seis tachas.

A filha de Ema dormia num berço de vime. A mãe pegou-a, juntamente com a roupa que a envolvia, e pôs-se a cantarolar baixinho, embalando-a.

Léon passeava pelo quarto; parecia-lhe extraordinária a presença daquela formosa mulher, de vestido de ganga, no meio daquela miséria. Madame Bovary corou; Léon afastou-se, julgando que talvez tivesse revelado alguma impertinência no olhar. Em seguida Ema tornou a deitar a menina que acabara de lhe vomitar no colarinho. A ama correu logo limpando e esclarecendo que não ficaria nódoa.

— Ela me tem feito piores — dizia ela — e quase não faço outra coisa senão limpá-la continuamente! Se a senhora tivesse a bondade de encomendar na mercearia do Camus um pouco de sabão, de que preciso, seria até melhor para a senhora, porque escusa eu ir incomodá-la.

— Está bem, está bem! — disse Ema. — Até logo, tia Rollett!

E saiu, limpando os pés no limiar da porta.

A boa mulher acompanhou-a até ao fim do pátio, falando sempre, dizendo quanto lhe custava levantar-se de noite.

— Eu fico às vezes tão cansada que adormeço logo que me sento numa cadeira; por isso a senhora até devia dar-me um pouco de café moído, que me duraria um mês, para tomar com leite, pela manhã.

Depois de ter suportado os agradecimentos, madame Bovary retirou-se; e poucos passos tinha dado, quando ouviu atrás de si o ruído duns tamancos; olhou para trás: era a ama!

— O que é?

Então a campônia, puxando-a de lado, atrás de um olmeiro, começou a falar de seu marido, que com a profissão e seis francos por ano que o capitão...

— Acabe logo com isso, disse Ema.

— Pois sim, — disse a ama suspirando no meio das palavras — mas o que receio é que ele fique triste de me ver tomar café sozinha; a senhora sabe, os homens...

— Está bem, eu lhe darei; que aborrecimento!

— Tenha paciência, minha cara senhora; mas é que ele, por causa dos seus sofrimentos, tem terríveis câimbras no peito. Diz mesmo que a cidra o enfraquece.

— Mas, ande depressa com isso, tia Rollet!

— E então, — prosseguiu a ama, fazendo uma mesura — se não ficasse mal pedir-lhe tanto..., — fez nova mesura — quando a senhora quisesse, — e o seu olhar suplicava — um garrafão de aguardente, — disse ela enfim, — que me serviria também para esfregar os pezinhos da sua menina, que são tão moles como a língua.

Desembaraçada enfim da ama, Ema tomou o braço de Léon. Primeiro começou a andar depressa, mas depois retardou o passo e relanceando o olhar em volta encontrou os ombros do rapaz, cuja sobrecasaca tinha gola de veludo preto. Seus cabelos castanhos caíam sobre ela, muito lisos e bem penteados. Em seguida reparou-lhe as unhas, mais compridas do que se usava em Yonville. Era uma das grandes ocupações do escrevente tratar delas, e para isso trazia na carteira um canivete especial.

Regressaram a Yonville pela margem do rio, que, no tempo de verão, deixava descobertos, até à base, os muros dos jardins, de onde alguns degraus desciam até à água, que corria sem ruído, rápida e fria. Compridas ervas, delgadas, curvavam-se à mercê da corrente, parecendo cabeleiras verdes abandonadas na limpidez das águas. Por vezes, nas pontas dos juncos, nas folhas dos nenúfares, pousava ou caminhava algum inseto de patas finíssimas. Os raios do sol atravessavam as bolhazinhas azuis das ondas, que se sucediam, desfazendo-se; os velhos salgueiros, todos fendidos, refletiam na água a casca pardacenta, e em redor, até grande distância, o campo parecia completamente ermo. Era a hora do jantar, de modo que Ema e seu companheiro ouviam apenas, caminhando, o ruído dos próprios passos, as palavras que diziam um ao outro e o roçagar do vestido que fazia ruído em volta dela.

Os muros dos jardins, eriçados de fundos de garrafa, estavam quentes como as vidraças de uma estufa. Nas fendas dos tijolos nasciam goivos; e Madame Bovary, ao passar, com a orla da sombrinha aberta, espargia as flores murchas numa poeira amarela, ou então puxava algum galho de madressilva ou de clematite que roçava um momento a seda prendendo-se aos fios.

Puseram-se a conversar sobre uma companhia de dançarinos espanhóis, esperada para breve no teatro de Ruão.

— Vai vê-los? — perguntou ela.

— Se puder, — respondeu Léon.

Não teriam eles outra coisa a dizer? Os seus olhos, no entanto, transbordavam de palavras mais sérias; e ao passo que se esforçavam por achar frases banais, sentiam-se ambos invadidos pelo mesmo encantamento; era como que um murmúrio da alma, profundo, contínuo, que dominava o das vozes. Surpreendidos e admirados por aquela nova suavidade, não pensavam em descrever a sensação ou descobrir-lhe a causa. As felicidades futuras, como as praias dos trópicos, projetam, na imensidade que as precede, as suas molezas nativas, brisas perfumadas; e nós nos entorpecemos na sua languidez, sem mesmo nos importar com o horizonte que não avistamos ainda.

A terra, em certos lugares, estava toda perfurada de covas, da passagem dos animais, e era necessário então caminhar por cima de grandes pedras esverdeadas, lançadas de espaço a espaço na lama. Às vezes Ema detinha-se um momento a olhar, para ver onde pisava e oscilando sobre a pedra, com os cotovelos no ar, o corpo inclinado, o olhar indeciso, ria muito com medo de cair nas poças de água.

Quando chegaram ao jardim, madame Bovary abriu a porteirinha, subiu os degraus, começou a correr e desapareceu.

Léon voltou para o cartório. O patrão estava fora e o escrevente remexeu uns papéis, aparou uma pena, pegou no chapéu e saiu.

Foi até à Pastagem, no cimo da encosta de Argueil, à entrada da floresta; ali se deitou à sombra dos pinheiros, olhando para o sol por entre os dedos.

— Que aborrecimento! — dizia consigo, — como me aborreço!

Chegara a ponto de se lastimar por viver naquela aldeia, tendo Homais por amigo e Guillaumin por patrão. Este último, ocupadíssimo em negócios, com os seus óculos de aro de ouro e suíças ruivas sobre a gravata branca, nada entendia das delicadezas do espírito, não obstante afetar um gênio rígido e inglês, que nos primeiros tempos deslumbraram o escrevente. Quanto à mulher do boticário, era a melhor esposa da Normandia, mansa como um cordeiro, amiga dos filhos, do pai, da mãe, dos primos, muito sensível às desgraças alheias, deixava em casa tudo ao léu e detestava os espartilhos; mas, era tão vagarosa em mover-se, tão enfadonha de se ouvir, dum aspecto tão vulgar e duma conversação tão primária, que ele nunca pensara, apesar de ter ela trinta anos, que ele tinha vinte, que dormiam quase ao pé um do outro e que um dia viesse a lhe dizer alguma coisa; nem se lembrava de que pudesse ser mulher para alguém ou que tivesse do seu sexo outra coisa além das saias. E além disso, quem mais havia ali? Binet, alguns lojistas, dois ou três taberneiros, o cura, e, enfim, o sr. Tuvache, o *maire* com seus dois filhos, gente rica, áspera, obtusa, que cultivava a terra com as próprias mãos, dava banquetes em família, beatos e de maneiras inteiramente insuportáveis.

Mas, no fundo vulgar de todas aquelas caras humanas, a figura de Ema destacava-se isolada e contudo mais longínqua, porque o rapaz sentia entre os dois como que vagos abismos.

No princípio ele fora muitas vezes à sua casa em companhia do farmacêutico. Carlos não parecera muito ansioso de o receber; e Léon não sabia como portar-se entre o receio de ser indiscreto e o desejo de uma intimidade que supunha quase impossível.

CAPÍTULO IV

Logo que começou o inverno, Ema deixou o quarto e passou a habitar a sala, compartimento grande, de teto baixo, onde havia sobre o fogão um grande polipeiro que se refletia no espelho. Sentada na sua poltrona junto à janela, via a gente da aldeia que passava na rua.

Léon, duas vezes por dia, ia do cartório ao *Leão de Ouro*. Ema via-o de longe e inclinava-se, de ouvido atento; o rapaz deslizava por trás da cortina, sempre vestido da mesma maneira e sem se voltar. Mas ao crepúsculo, quando, com o queixo apoiado na mão esquerda, ela abandonava sobre os joelhos o bordado começado, muitas vezes estremecia com a aparição daquela sombra que se sumia de repente. Levantava-se então e mandava pôr a mesa.

Homais chegava durante o jantar. Com o barrete grego na mão, entrava nos bicos dos pés para não incomodar ninguém e repetia sempre a mesma frase: — Boa noite, senhores! — Depois, tendo tomado o seu lugar, encostado à mesa entre os dois esposos, pedia ao médico notícias dos seus doentes e este o consultava sobre a probabilidade dos honorários. Em seguida conversavam a respeito das notícias do jornal. Àquela hora Homais sabia tudo quase de cor e repetia-o integralmente, com as reflexões do jornalista, além da história das catástrofes individuais sucedidas na França ou no exterior. Mas, como o assunto se esgotasse, não tardava em fazer algumas observações sobre os pratos que via na mesa. Às vezes chegava mesmo a levantar-se um pouco e indicava delicadamente a madame o pedaço mais tenro ou, voltando-se para a criada, dava-lhe alguns conselhos sobre manipulação dos guisados e a higiene dos temperos; falava de aroma, de osmazoma, sucos e gelatina, de maneira encantadora. Além disso, com a cabeça muito mais cheia de receitas do que a sua farmácia de frascos, primando em fazer grande quantidade de doces, vinagres e licores, conhecia também todas as novas invenções de calefatores econômicos, a arte de conservar os queijos e de beneficiar os vinhos estragados.

Às oito horas Justino ia procurá-lo para fechar a farmácia. Então Homais lhe deitava uma olhadela de esguelha, principalmente se Felicidade se achava presente, porque descobrira que o seu prático gostava da casa do médico.

— Este rapaz — dizia ele — parece-me que começa a ter ideias; e o diabo me leve se ele não está enamorado da sua criada!

Mas um defeito mais grave, que ele sempre lhe exprobrava, era o de escutar continuamente as conversas. Aos domingos, por exemplo, não conseguia fazer com que ele saísse da sala, onde a senhora Homais o chamava para pegar as crianças que adormeciam nas poltronas, esticando-lhes com as costas as largas capas de chita.

Os serões do boticário eram pouco concorridos porque a sua maledicência e as suas opiniões políticas tinham, aos poucos, afugentado as pessoas respeitáveis. O escrevente nunca faltava. Apenas ouvia a campainha, corria ao encontro de madame Bovary, pegava-lhe o xale e ia colocar, debaixo da mesa da farmácia, as grossas galochas que ela trazia sobre as botinhas, quando havia neve.

Principiavam por algumas partidas de trinta-e-um; depois Homais ia jogar o *écarté* com Ema; Léon, colocado por trás dela, indicava-lhe o jogo. De pé e com as mãos apoiadas nas costas da sua cadeira, fitava-lhe os dentes do pente enfiado na trança. A cada movimento que fazia para jogar, erguia-se um pouco o vestido do lado direito. Dos cabelos trançados descia-lhe uma parte acastanhada para as costas e que, afrouxando pouco a pouco, se perdia no ombro. O vestido caía-lhe dos dois lados sobre a cadeira, formando grandes pregas, e estendia-se até o chão. Quando Léon, às vezes, sentia que o estava pisando, afastava-se rapidamente, como se tivesse pisado alguém.

Terminado o jogo de cartas, o boticário e o médico jogavam dominó e Ema, mudando de lugar, encostava-se à mesa para folhear a *Ilustração*. Levava consigo uma revista de modas. Léon sentava-se junto dela, examinavam juntos as gravuras e, no fim das páginas, um esperava que o outro terminasse de ver. Às vezes Ema pedia-lhe que lesse alguns versos; Léon declamava-os com voz lânguida, que fazia expirar propositalmente nas passagens amorosas. Mas o ruído do dominó contrariava-os. Homais era muito forte naquele jogo e derrotava Carlos com o doble de cena. Terminadas as três centenas, estendiam-se ambos defronte do fogão e não tardavam em adormecer. O lume esmorecia nas cinzas; a chaleira estava vazia. Léon ainda lia; Ema escutava-o fazendo girar maquinalmente o abajur em cuja gaze havia pinturas de pierrôs em carruagens e dançarinas na corda com as suas marombas. Léon calava-se, indicando com um gesto o auditório adormecido; punham-se então a falar em voz baixa e a conversa parecia-lhes assim mais doce, pelo seu recato.

Desta maneira estabelecia-se entre eles uma espécie de sociedade, um comércio contínuo de livros e romances; Bovary, que não era ciumento, em nada reparava.

Ele recebeu, no aniversário, uma bela cabeça frenológica, toda cheia de números até o tórax, pintada de azul. Era uma atenção do escrevente, que tinha para com ele muitas outras, chegando a dar-lhe recados em Ruão; e como o livro de um romancista lançara em moda certas plantas, Léon comprava-as para madame e levava-as sobre o joelho, na *Andorinha,* picando os dedos nos espinhos.

Ema mandara adaptar à janela uma prateleira, para ali ter os seus vasinhos. Léon arranjou também o seu jardinzinho suspenso; e avistavam-se das respectivas sacadas, cuidando das suas flores.

Mas entre as janelas do lugarejo havia uma ocupada com mais frequência; porque aos domingos, desde a manhã até à noite, e todas as tardes, se o tempo estava claro, via-se na fresta de um sótão o perfil magro de Binet, curvado sobre o seu torno, cujo ruído se ouvia até o *Leão de Ouro*.

Uma noite, quando se recolhia, Léon achou no seu quarto um tapete de veludo e lã, com folhagens sobre fundo pálido; e chamou logo Homais, a mulher, Justino, as crianças, a cozinheira, contando mesmo ao seu patrão, de modo que todos desejaram ver o tapete; mas por que razão tivera a mulher do médico amabilidades com o escrevente? Isto pareceu esquisito e concluiu-se, definitivamente, que madame Bovary era sua amiguinha.

Léon fazia com que se acreditasse, porque não cessava de falar dos seus encantos e da sua inteligência, com tal abundância, que Binet um dia lhe respondeu com brutalidade:

— Que me importa a mim, se não sou da roda deles!

Léon torturava-se para descobrir um meio de lhe fazer a declaração hesitando sempre entre o receio de desagradá-la e a vergonha de ser tão pusilânime; e, por isso, afligia-se de desânimo e desejo. Depois adotava resoluções enérgicas; escrevia cartas, que rasgava, adiando o caso para épocas que cada vez protelava mais. Muitas vezes punha-se a caminho com o propósito de se atrever a tudo; mas, na presença de Ema, a resolução desamparava-o rapidamente, e quando Carlos chegava e o convidava para o seu cabriolé afim de o acompanhar na visita a algum doente dos arredores, ele aceitava imediatamente o convite, despedia-se de Ema e partia. O marido não era também alguma coisa dela?

Quanto a Ema, não se interrogava para saber se o amava. O amor, no seu entender, devia surgir de repente, com ruídos e fulgurações, tempestade dos céus que cai sobre a vida e a revolve, arranca as vontades como folhas e arrebata para o abismo o coração inteiro. Ela não sabia que nos terraços das casas a chuva forma poças quando as calhas estão entupidas, de maneira que se pôs de sobreaviso, até que subitamente descobriu uma fenda no muro.

CAPÍTULO V

Foi por um domingo de fevereiro, numa tarde de nevada.

Tinham ido todos, Bovary e a mulher, Homais e Léon, a meia légua de Yonville, a um vale, ver uma fiação de linho que estava sendo montada. O farmacêutico levava consigo Napoleão e Atália, para fazerem exercício, e Justino acompanhava-os com os guarda-chuvas às costas.

Nada, porém, era menos curioso do que aquela curiosidade: um grande espaço de terreno vazio, onde havia, misturadas, no meio de montões de areias e calhaus, algumas rodas dentadas, já cobertas de ferrugem, rodeando o extenso edifício quadrangular, todo cheio de janelinhas. A construção não estava concluída e ainda se via o céu através do madeiramento do teto. Atado no extremo de um pau, via-se um feixe de palha, entremeado de espigas, deixando flutuar ao vento fitas tricolores.

Homais falava. Explicava aos outros a importância futura daquele estabelecimento; avaliava a força dos sobrados, a espessura das paredes e lamentou não ter uma fita métrica, como a que Binet possuía para seu uso particular.

Ema, que ia ao seu braço, apoiava-se um pouco ao seu ombro, olhando para o disco do sol, que irradiava ao longe no nevoeiro a sua palidez deslumbrante; mas voltou a cabeça e viu Carlos. Ele tinha o boné puxado até às sobrancelhas e os seus dois grossos lábios trêmulos acrescentavam ao seu rosto alguma coisa de estúpido; até as suas costas tranquilas eram irritantes de ver e Ema sentia visível, na sobrecasaca, toda a insipidez da sua figura.

Enquanto ela o considerava, saboreando assim, no meio da sua irritação, uma espécie de voluptuosidade depravada, Léon avançou um passo. O frio que o empalidecia parecia aumentar-lhe a suave languidez do rosto; entre a gravata e o pescoço, o colarinho da camisa, um pouco largo, deixava ver-lhe a pele; o lóbulo de uma das orelhas saía de sob os cabelos e os seus grandes olhos azuis erguidos para as nuvens, pareceram a Ema mais límpidos e mais belos que os lagos das montanhas em que o céu se reflete.

— Desgraçado! — exclamou de repente o boticário.

E correu para o filho, que se precipitara sobre um montão de cal para pintar os sapatos de branco. Sob as exprobrações que lhe caíam em cima, Napoleão desatou a berrar, enquanto Justino lhe limpava o calçado com a mão cheia de palha. Mas, como fosse preciso uma navalha, Carlos ofereceu a sua.

— Ora esta! — disse Ema consigo — ele traz navalha no bolso, como qualquer campônio!

A geada começou a cair e voltaram então para Yonville.

Madame Bovary, à noite, não foi à casa dos vizinhos, e quando Carlos saiu, ela ficou só, recomeçou o paralelo com toda a clareza de uma sensação quase imediata e o alongamento da perspectiva que a recordação dá aos objetos. Olhando da sua cama para o lume do fogão, via ainda à distância Léon em pé, fazendo dobrar a bengala com uma das mãos e com a outra segurando Atália, que chupava tranquilamente um pedaço de gelo. Ema achava-o encantador, não tirava os olhos dele; lembrava-se das suas várias atitudes, em outros dias; as frases que ele dissera, o som da sua voz, toda a sua pessoa, enfim; e repetia, estendendo os lábios como se fosse dar um beijo:

— É encantador! encantador!... Mas, não amará alguém? — perguntava a si mesma. — A quem? Ora a mim!

Como todas as provas desse fato surgissem simultaneamente, sentiu pular o coração. A chama do fogão fazia tremular no teto uma espécie de claridade alegre. Ema voltou-se de costas, espreguiçando-se.

Começou então a eterna lamentação: — Ah! se o destino tivesse querido! Mas, por que não é assim? Quem poderia impedir?...

Quando Carlos regressou à meia-noite, ela fingiu que acordava; e como ele fizesse ruído ao despir-se, Ema queixou-se de enxaqueca; depois lhe perguntou indolentemente o que ocorrera à noite.

— Léon — disse ele — recolheu-se muito cedo.

Ema não pôde deixar de sorrir e adormeceu com a alma repleta de um novo encanto.

No dia seguinte, ao cair da noite, recebeu a visita do sr. L'Heureux, negociante de novidades. Era um homem hábil, esse lojista.

Gascão de origem, mas normando, temperava a eloquência meridional com a parcimônia cauchense. A fisionomia rechonchuda, mole e imberbe, parecia untada com um cozimento de melaço claro, os seus cabelos brancos tornavam-lhe mais vivo ainda o brilho dos olhinhos pretos. Ignorava-se o que tinha sido outrora: moço de recados, diziam uns; banqueiro em Routot, segundo outros. O certo era que fazia de cabeça cálculos complicados, capazes de assombrar o próprio Binet. Cheio de mesuras, conservava a espinha dorsal sempre em meia curvatura, na posição de quem cumprimenta ou convida.

Depois de ter deixado na porta seu chapéu, com crepe, pousou em cima da mesa uma caixa verde e começou por se lamentar a Ema, com muitas amabilidades, de ter estado até aquele dia sem procurar obter a sua confiança. Um pobre estabelecimento como o seu não era realmente próprio para atrair uma *elegante;* e acentuou esta palavra. Ema, contudo, não tinha outro trabalho senão fazer a encomenda, porque ele se encarregaria de lhe fornecer o que ela quisesse, tanto em artigos de mercearia como roupraria ou novidades, pois que ia regularmente à cidade quatro vezes por mês.

Possuía relações entre as casas mais fortes. Podiam tomar informações a seu respeito no *Trois Frères,* na *Barbe d'Or* ou no *Grand Sauvage;* todos esses senhores o conheciam como a si mesmos. Hoje, pois, de passagem, vinha mostrar a Madame, diferentes artigos que por acaso tinha, graças a uma ocasião das mais raras. E tirou da caixa meia dúzia de golas bordadas.

Madame Bovary examinou-as.

— Não preciso de nada — disse.

L'Heureux mostrou, então, delicadamente, três xales argelinos, vários maços de agulhas inglesas, um par de chinelas de palha e, afinal, quatro estojos de coco, cinzelados por condenados. Depois, ambas as mãos sobre a mesa, o pescoço estendido, o busto inclinado, seguia, de boca aberta, o olhar de Ema, que passeava, indeciso, de uma a outra mercadoria. De vez em quando, como para tirar-lhe a poeira, sacudia a seda dos xales, languidamente desdobrados; e estes frufrulhavam, cintilando à luz esverdeada do crepúsculo, como pequenas estrelas, os fios de ouro do seu tecido.

— Quanto custam?

— Uma ninharia — respondeu ele — uma ninharia; nada de pressa, porém; pagará quando quiser; não somos judeus!

Ela pensou alguns momentos, e terminou por agradecer uma vez mais a L'Heureux, que retrucou, sem se perturbar:

— Está bem! Depois nos entenderemos; com senhoras sou sempre cordato, excetuando a minha!

Ema sorriu.

— Quero dizer com isto — acrescentou o negociante com ar condescendente, após o seu gracejo — que não é o dinheiro que me preocupa... Eu lho daria, se fosse preciso.

Ela teve um gesto de surpresa.

— Ah! — fez ele vivamente, e em voz baixa — eu não teria necessidade de ir muito longe para trazer-lho, acredite! E pôs-se a pedir notícias de Tio Tellier, dono do *Café Francês,* de quem então o senhor Bovary tratava.

— Que tem, afinal, Tio Tellier?... Tosse que sacode o prédio todo, e receio bem que muito em breve lhe seja mais adequado um paletó de pinho que uma camisola de flanela. Fez tanta extravagância quando moço! Aquela gente, minha senhora, não possuía a mínima noção da ordem! Esse então, se calcinou com aguardente! Mas assim mesmo é doloroso ver partir uma pessoa conhecida. — E, enquanto fechava a caixa, ia discorrendo sobre a clientela do médico.

— É sem dúvida o clima a causa dessas doenças — completou, olhando as vidraças, de cara franzida. — Eu também não me sinto muito bem; é mesmo preciso que venha, um destes dias, consultar seu marido, por causa de uma dor nas costas. Enfim, até logo, Madame Bovary. Ao seu dispor. Seu criado muito humilde! — E fechou a porta suavemente.

À hora do jantar, Ema fez que o servissem em seu quarto, ao pé do fogo, numa bandeja; levou muito tempo a comer; pareceu-lhe tudo bom.

— Como fui ajuizada! — dizia consigo mesma, lembrando-se dos xales.

Ouviu passos na escada; era Léon. Ergueu-se e tomou sobre a cômoda, entre panos para embainhar, o primeiro do maço. Quando o moço entrou, ela parecia muito ocupada.

A conversa foi frouxa, pois Madame Bovary a largava a cada instante e ele mesmo hesitava, como se estivesse muito embaraçado.

Acomodado numa cadeira baixa, perto da lareira, Léon girava entre os dedos o agulheiro de marfim; ela movia a agulha, ou, de vez em quando, marcava com a unha as dobras do tecido. Não falava, e Léon conservava-se mudo, tão cativado pelo seu silêncio como o estaria pelas suas palavras.

— Pobre rapaz! — pensava ela.

— Em que a desagradaria eu? — indagava ele de si mesmo.

Léon, entretanto, acabou por dizer que precisava ir a Ruão, um daqueles dias, a negócio.

— Sua assinatura de música terminou; quer que a renove?

— Não — respondeu ela.

— Por que?

— Porque...

E, mordendo os lábios, puxou lentamente um longo fio de linha cinzenta.

Tal trabalho irritava Léon; os dedos da moça pareciam ferir-se nele; veio-lhe ao espírito uma frase galante, mas ele não se arriscou a dizê-la.

— Vai abandoná-la, então? — insistiu ele.

— Que? — tornou ela, vivamente. — A música? Mas é claro! Não tenho minha casa de que me ocupar, meu marido para tratar, mil coisas, enfim, mil deveres que estão em primeiro lugar?... — Olhou o relógio. Carlos demorava. Ela se fez inquieta. E, duas ou três vezes, disse:

— Ele é tão bom!

O escrevente estimava Bovary. Mas aquela ternura para com o outro o desagradou; não obstante, continuou a elogiá-lo, como julgava dever fazer de todos, dizia, e mormente do farmacêutico.

— Ah! É um homem muito bom! — continuou Ema.

— Certamente — respondeu ele. E pôs-se a falar da senhora Homais, cujo desmazelo em vestir-se lhe dava, muitas vezes, vontade de rir.

— Que mal há nisso? — interrompeu a moça. — Uma boa dona de casa não se preocupa com a própria toalete. — E caiu no silêncio antigo.

Nos dias que se seguiram, foi a mesma coisa: suas palavras, suas maneiras, tudo mudou. Viram-na tomar a peito seus cuidados domésticos, voltar à igreja regularmente e vigiar a criada com mais severidade. Retirou Berta da casa da ama. Quando vinham visitas, Felicidade ia buscar a criança e Madame Bovary despia-a então para mostrá-la nuazinha. Dizia adorar as crianças: eram sua consolação, sua alegria, sua loucura; e fazia acompanhar suas carícias de expansões líricas, as quais a outros que não os de Yonville recordariam a *Sachette* da *Notre Dame*.

Quando Carlos voltava para casa, achava suas chinelas a aquecer perto do fogo. Já agora, não faltava mais forro em seus coletes, nem botões em suas camisas, e ele tinha, mesmo, prazer em ver, no armário, dispostos em pilhas iguais, todos os seus barretes. A mulher já não mostrava má vontade, como antigamente, em dar uma volta no jardim; o que ele propunha era sempre aceito, ainda que lhe não adivinhasse as vontades, às quais se submetia sem um murmúrio; e, quando Léon o via ao pé do fogo, depois do jantar, as mãos sobre o ventre, os pés nas grades do fogão, as faces coradas pela digestão, os olhos úmidos de felicidade, com a criança que rolava no tapete e aquela mulher de talhe esbelto que vinha beijá-lo na fronte, por cima do espaldar da poltrona, dizia consigo mesmo: — Que loucura! Como alcançá-la?

Ela lhe pareceu, então, de tal forma virtuosa e inacessível, que toda esperança, mesmo a mais vaga, o abandonou.

Mas, com tal renúncia, ele a colocava em condições extraordinárias. Para ele, ela se livrava das qualidades carnais, de que ele nada podia conseguir; a moça foi, em seu coração, subindo sempre e se fazendo cada vez mais nítida, à maneira portentosa duma apoteose que se eleva bem alto. Era um desses sentimentos puros que não embaraçam a marcha da vida, que se conservam porque são raros, e cuja perda ocasionaria dor maior que o regozijo da posse.

Ema emagreceu, empalideceram-lhe as faces, fez-se-lhe mais fino o rosto. Com seus bandós negros, seus grandes olhos, seu nariz correto, seu andar de ave, e sempre silenciosa, agora, não parecia ela atravessar a existência, tocando-a, apenas, e trazer na fronte o vago indício de alguma predestinação sublime? Andava tão triste e tão calma, tão doce e ao mesmo tempo tão reservada, que se sentia perto dela um encanto gélido como o das igrejas, entre o perfume das flores e o frio dos mármores.

Mesmo os outros não escapavam a essa sedução.

O farmacêutico dizia:

— É uma mulher de grandes recursos, e não estaria deslocada numa subprefeitura.

Os burgueses admiravam-lhe a economia, os clientes a polidez, os pobres a caridade.

Ela, porém, fremia de desejos, de raiva, de ódio. Aquele vestido de pregas simples escondia um coração revoltado, e aqueles lábios tão pudicos nada revelavam de seu íntimo tormento. Amava Léon e procurava a solidão para, mais livremente, deliciar-se com a lembrança de sua imagem. A presença dele interrompia-lhe a volúpia do recolhimento. Estremecia ao ruído de seus passos; depois, à sua presença, ia-se a emoção e nada mais lhe ficava que um grande espanto terminado em tristeza.

Não sabia Léon que, ao sair, desesperado, ela se erguia após ele para vê-lo na rua. Inquietava-se pelo que ele fazia, perscrutava-lhe o rosto e chegou mesmo a inventar uma história que justificasse uma visita sua ao quarto dele. Considerava feliz a mulher do farmacêutico, porque dormia sob o mesmo teto que ele; e seus pensamentos iam continuamente para aquela casa, qual os pombos do *Leão de Ouro* que lá iam molhar nas calhas os pés rosados e as asas brancas. Quanto mais, porém, ela sentia esse amor, tanto mais o recalcava, para que não transparecesse, para diminuí-lo. Quisera que Léon o percebesse, e imaginava, então, acasos, catástrofes que o permitissem. O que a sustava, sem dúvida, era a indolência ou o medo, e o pudor também. — Repeli-lo, — refletia ela — já não era mais tempo, que tudo estava perdido. — Ademais, o orgulho, a satisfação de dizer consigo mesma "Eu sou virtuosa", e de mirar-se ao espelho, assumindo atitudes resignadas, consolavam-na um pouco do sacrifício que acreditava estar fazendo.

Então, a concupiscência, a avidez do dinheiro, as melancolias da paixão, confundia-se tudo no mesmo sofrimento; e, em lugar de desviar do pensamento essa dor, mais e mais se agarrava a ela, torturando-se e aproveitando todas as ocasiões que se lhe ofereciam. Irritava-se com um prato mal servido ou uma porta entreaberta, deplorava-se pelo veludo que não tinha, pelo sossego que lhe faltava, pelos seus sonhos demasiadamente altos, pela sua casa demasiadamente acanhada.

O que a acerbava era Carlos não lhe dar o menor sinal de que suspeitasse da sua agonia. A convicção dele de que a fazia feliz parecia à moça um insulto imbecil, e sua segurança a maior das ingratidões. Para quem, pois, se conduzia ela ajuizadamente? Não era ele, Carlos, o obstáculo de toda a sua felicidade, a causa de toda a sua miséria, e como que a fivela pontuda dessa complexa correia que a prendia de todos os lados?

Voltou, por isso, contra ele todo o grande ódio que resultava de suas penas; cada esforço para minorar tal ódio servia apenas para aumentá-lo, pois esse trabalho inútil se reunia aos outros motivos de desespero e mais ainda contribuía para o afastamento. A própria doçura do marido lhe causava revolta. A mediocridade doméstica rojava-a a fantasias custosas, a ternura matrimonial a desejos adúlteros. Teria querido que Carlos a espancasse para poder com mais justiça detestá-lo, vingar-se dele. Às vezes, espantava-se das conjecturas cruéis que lhe ocorriam; e era preciso continuar a sorrir, ouvir repetir que ela era feliz, simular que o era, deixá-lo crer!

Repugnava-lhe, entretanto, essa hipocrisia. Tomavam-na tentações de fugir com Léon para qualquer parte, muito longe, e experimentar uma nova vida. Mas logo se abria em sua alma um abismo vago e cheio de trevas. — Ademais, ele já não me ama — pensava. — Que será de mim? Que socorro esperar, que consolação, que alívio? — E ficava prostrada, ofegante, inerte, soluçando baixinho, entre lágrimas.

— Por que a senhora não conta ao patrão? — perguntava-lhe a criada, vendo-a nessas crises.

— São nervos — explicava Ema. — Não lhe fales nisso, que o afligirias.

— Ah, sim — respondia Felicidade. — A senhora é exatamente como a Guérine, a filha do Tio Guérine, o pescador do Pollet, que eu conheci em Diepe, antes de vir para aqui. Ela andava triste, tão triste, que vê-la de pé à porta era ver um sudário ali estendido. Seu mal, ao que parecia, era uma espécie de nevoeiro na cabeça, e nem os médicos nem o padre podiam curá-la. Quando a crise era mais forte, ela saía sozinha a vagar pela praia, e mesmo o oficial da alfândega, fazendo sua ronda, encontrava-a muitas vezes estendida de bruços, chorando sobre os seixos. Pois dizem que, depois de casada, tudo isso passou.

— Mas em mim — redarguia Ema — foi depois do casamento que isto apareceu.

CAPÍTULO VI

Uma tarde em que a janela estava aberta e Ema se encostara ao peitoril, observando Lestiboudois, que podava o buxo, ouviu de repente soarem as Ave-Marias.

Era no início de abril, quando as primaveras desabrochavam. Um vento tépido soprava nas platibandas lavradas e os jardins, como se fossem mulheres, pareciam se preparar para as festas do verão. Pelas grades do caramanchão, e além, à volta toda, via-se a ribeira correr pela campina, desenhando sobre a relva sinuosidades descuidadas. Os vapores da tarde passavam sobre os olmos despidos de folhas, esfumando-lhes os contornos de um colorido violeta, mais pálido e transparente que uma gaza delicada pendida da ramagem.

Ao longe, o gado caminhava. Não se ouviam nem seus passos nem seus mugidos. E o sino, tocando sempre, continuava pelo espaço seus lamentos doces.

Àquele badalar contínuo, voltou-se o pensamento da moça para suas velhas lembranças da meninice e do colégio. Lembrou-se dos grandes castiçais sobre o altar, que dominavam os vasos cheios de flores e o tabernáculo de colunas. Quisera estar ainda, como antigamente, confundida entre a linha extensa dos véus brancos que os hirtos capuzes das freiras, inclinadas sobre o genuflexório, assinalavam de negro, aqui e acolá. No domingo, à missa, quando erguia a cabeça, ela encontrava o doce olhar da Virgem, em meio da nuvem de incenso que subia.

Tomou-a, então, um enternecimento; sentiu-se fraca e desamparada como se fora uma pluma de ave a voltear na tempestade. E foi sem dar por tal que ela tomou o caminho da igreja, disposta a qualquer devoção, contanto que nisso absorvesse o espírito, que nisso ocultasse a existência inteira.

Na praça, encontrou Lestiboudois, que voltava. Pois que, para melhor aproveitar as horas, ele preferia interromper suas ocupações, retomadas mais tarde; desse modo, tocava as Ave-Marias quando lhe convinha. Depois, o repique dos sinos, mais cedo, advertia os garotos da hora do catecismo. Já alguns deles, que haviam chegado, jogavam bolinha sobre as lajes do cemitério. Outros, montados no muro, agitavam as pernas, devastando com os tamancos as urtigas nascidas entre o muro e os túmulos mais próximos. Era ali o único lugar em que havia verdura; tudo o mais era só pedra, sempre coberto por fina poeira, apesar da vassoura do sacristão.

Os meninos corriam por ali, de chinelos, como se aquilo fosse deles, e seus gritos eram ouvidos através do ruído do sino, que ia diminuindo com as oscilações da grossa corda caída das alturas da torre e arrastando a ponta no chão.

Andorinhas passavam chilreando, cortavam o ar com o seu voo e se recolhiam depressa aos ninhos amarelos sob as telhas das goteiras. No fundo da igreja, uma lâmpada ardia, ou melhor, uma mecha de lamparina num copo suspenso. Sua luz, de longe, parecia uma alva mancha oscilando sobre o azeite. Um longo raio de sol atravessava toda a nave e tornava ainda mais sombrios os contornos interiores.

— Onde está o senhor cura? — perguntou Madame Bovary a um rapazinho que se divertia em fazer girar a ventarola no encaixe muito frouxo.

— Ele já vem — respondeu.

Com efeito, a porta da sacristia rangeu e o abade Bournisien surgiu. As crianças derramaram-se misturadas pela igreja.

— Estes marotos — murmurou o padre — sempre os mesmos! — E, apanhando um catecismo em farrapos em que tropeçara: — Não respeitam nada! — Mas, logo que avistou Madame Bovary, disse: — Desculpe-me, eu não a tinha visto. — Meteu no bolso o catecismo e deteve-se, continuando a balançar entre dois dedos a pesada chave da sacristia.

A luz do sol poente, batendo-lhe em cheio no rosto, empalidecia o tecido de sua sotaina, lustrosa nos cotovelos, esgarçada na orla. Nódoas de gordura e tabaco continuavam sobre o peito largo a linha dos botõezinhos e se faziam mais frequentes à medida que se afastavam da gola, em que repousavam as fartas dobras de sua pele vermelha e semeada de sardas ocultas entre os pelos ásperos da barba grisalha. Tinha acabado de jantar e respirava ruidosamente.

— Como tem passado? — indagou.

— Mal — respondeu Ema — estou doente.

— Eu também — tornou o padre. — Estes preâmbulos de calor a deprimem extraordinariamente, não é? Enfim que fazer? — nascemos para sofrer, como disse São Paulo. Mas seu marido — que pensa ele disso?

— Oh! Ele! — fez Ema com um gesto de desdém.

— Que? — redarguiu o velho, espantado. — Ele não lhe prescreve coisa alguma?

— Ah! — disse Ema — não são dos remédios da terra que eu preciso.

O cura, de vez em quando, passeava o olhar pela igreja, onde os garotos ajoelhados se empurravam com os ombros e caíam como cartas de baralho.

— Eu queria saber... — continuou ela.

— Espera, espera, Riboudet — gritou o padre, com voz zangada; — vou já te esquentar as orelhas seu maroto! — E, voltando-se para Ema: — É o filho do Boudet, o carpinteiro. Os pais têm alguma coisa e deixam que o pequeno faça tudo o que pensa. Ele, no entanto, aprenderia depressa, se o quisesse, porque é inteligente. Eu o chamo, às vezes, por brincadeira, de *Riboudet* (como as bandas que a gente toma para ir a Maronne); digo mesmo *mon Riboudet*. Ah! Ah! *Monte Riboudet!*[1] Contei isso a Monsenhor, outro dia, e ele riu. Dignou-se rir! E o senhor Bovary como vai?

Ela fingiu não ouvir. Ele continuou:

— Sempre muito ocupado, sem dúvida? Eu e ele somos, certamente, as duas pessoas mais ocupadas da freguesia. Só que ele é o médico do corpo — completou, num grande riso — e eu o sou da alma.

Ela o olhava, suplicante:

— Sim... O senhor alivia todas as misérias.

— Ah! Não me fale disso, Madame Bovary! Esta manhã mesmo, precisei ir ao baixo Diauville, por causa de uma vaca que estava inchada e eles acreditavam que era feitiçaria. Todas as vacas, eu não sei como é que... Mas, perdão!... Longuemarre e Boudet! Demoninhos! Vocês querem terminar com isso?! E, num salto, foi para a igreja.

Os garotos, nesse momento, comprimiam-se em torno da estante, subiam pelo tamborete do sacristão e abriam o missal. Outros, pé ante pé, se arriscavam até o confessionário. Mas o cura, de repente, distribuiu sobre todos uma chuva de tapas. Pegando-os pela gola do casaco,

1. Há aqui um trocadilho intraduzível.

erguia-os do chão e os punha com força ajoelhados sobre as lajes do coro, como se ali os quisesse plantar.

— Pronto! — disse ele, voltando para perto de Ema, e desdobrando o largo lenço de chita, como uma das pontas presas entre os dentes.

— Os lavradores são bem de se lastimar!

— Há outros além desses — respondeu ela.

— Certamente! Os operários da cidade, por exemplo.

— Não é a esses...

— Perdoe-me! Conheci lá pobres mães de família, mulheres honestas, eu lhe asseguro, verdadeiras santas, que careciam até de pão.

— Mas aquelas, senhor cura — respondeu Ema (e, falando, franzia os cantos da boca) — aquelas que têm pão e não têm...

— Fogo no inverno — disse o padre.

— Ora! Que importa?

— Como? Que importa? Parece-me que, quando a gente está bem agasalhada, bem alimentada... porque, enfim...

— Meu Deus, meu Deus! — suspirava ela.

— Sente-se mal? — perguntou ele, chegando-se a ela com ar inquieto — é a digestão, decerto? Convém voltar para casa, Madame Bovary, tomar um pouco de chá, que a reanimará, ou ainda um copo d'água com açúcar.

— Por que? — E Ema tinha o ar de quem emerge de um sonho.

— A senhora passou a mão pela fronte. Supus que estivesse atordoada. — Em seguida, como que reconsiderando: — Mas, ia pedir-me qualquer coisa, parece-me. Que é? Não me recordo mais.

— Eu? Nada... nada... — disse Ema, e seu olhar, que errava em volta, desceu lentamente sobre o velho de sotaina. Examinaram-se mutuamente, face a face, sem falar.

— Então, Madame Bovary — disse ele, afinal — desculpe-me, mas o dever antes de tudo, a senhora sabe; preciso despachar meus rapazes. A primeira-comunhão vem aí. Tenho medo de ser apanhado de surpresa. Por isso, desde a Ascenção que eu os aperto uma hora a mais, todas as quartas-feiras. Pobres meninos! Nunca é demais orientá-los no caminho do Senhor, como, aliás, ele mesmo nos recomendou pela boca do seu Divino Filho. Boa saúde, minha senhora; meu respeito ao senhor seu marido! E ele entrou na igreja, depois de ajoelhar-se à porta.

Ema viu-o desaparecer entre a dupla linha de bancos, caminhando a passos lentos, a cabeça um pouco pendida para o ombro, as mãos entreabertas fora dos bolsos.

Depois, ela rodou sobre os calcanhares, num movimento só, qual uma estátua sobre um eixo, e tomou o caminho de casa. Mas a voz grossa do cura, a voz sonora dos garotos chegavam ainda aos seus ouvidos, a seguirem-na.

— És cristão?

— Sim, sou cristão.

— Que é ser cristão?

— É que, sendo batizado... batizado... batizado...

Ela subiu a escada, apoiada ao corrimão. E, mal se viu em seu quarto, deixou-se cair numa poltrona.

A luz esbranquiçada das vidraças ia-se apagando gradativamente. Parecia que os objetos, em seus lugares, se haviam tornado mais imóveis e se perdiam na sombra como num oceano tenebroso. O fogão estava apagado, o relógio trabalhava sempre, e Ema admirava-se vagamente dessa calma das coisas, enquanto nela havia tanta agitação. Mas já estava entre a janela e a mesa de costura, a pequena Berta, cabeceando sobre os sapatinhos de tricô, e tentando aproximar-se da mãe para agarrar-lhe, por detrás, as fitas do avental.

— Deixa-me! — disse esta, afastando-a com a mão.

A menina insistiu, mais perto ainda, contra seus joelhos; e, apoiando neles os braços, erguia para a moça seus belos olhos azuis, enquanto um fio de saliva lhe corria da boca sobre a seda do avental.

— Deixa-me! — repetiu Ema, irritada. A expressão de seu rosto assustou a criança, que se pôs a chorar.

— Ora, deixa-me — fez a moça, afastando-a com o cotovelo. Berta foi cair ao pé da cômoda, contra a quina de cobre, ferindo o rosto e fazendo sangue. Madame Bovary correu a levantá-la, partiu o cordão da campainha, chamando pela criada com quanta força tinha, e ia começar a maldizer-se, quando Carlos apareceu. Era hora do jantar e ele voltava para casa.

— Olha — disse-lhe Ema, com voz tranquila — a pequena, brincando, caiu e machucou-se.

Carlos sossegou-a: não era nada de grave; e foi procurar uma compressa.

Madame Bovary não desceu para a sala de jantar; quis ficar só, olhando pela criança. Vendo-a então dormir, a aflição foi-se dissipando aos poucos e se achou bem tola de se haver assustado, pouco antes, por tão pouco. Berta, com efeito, não soluçava mais. Sua respiração erguia imperceptivelmente a coberta de algodão. Grandes lágrimas ficaram nos cantos de suas pálpebras semi-cerradas, que deixavam ver entre os cílios as pupilas desmaiadas, fundas; o esparadrapo colado à face repuxava-lhe a pele.

— Que coisa estranha — pensava Ema. — Como é feia esta criança!

Quando Carlos, às onze da noite, voltou da farmácia (onde fora devolver o resto do esparadrapo que sobrara) encontrou a mulher de pé, ao lado do berço.

— Já te afirmei que isso não é nada — disse ele, beijando-a na testa — não te inquietes, pobre querida, que acabarás doente!

Demorara-se na farmácia. Embora não se houvesse mostrado, muito emocionado, a senhora Homais esforçara-se em confortá-lo, em reerguer-lhe o moral. Conversaram sobre os perigos diversos que ameaçam a infância e sobre a displicência dos criados. A senhora Homais conhecia bem o assunto, pois tinha no peito a cicatriz duma queimadura, por causa dumas brasas que uma cozinheira havia muito tempo, lhe deixara cair em cima. Por isso, seus pais tomavam inúmeras precauções: jamais as facas estavam afiadas, nem os cômodos encerados. Havia grades de ferro nas janelas e fortes barras nos umbrais. Os pequenos Homais, apesar de sua independência, não podiam mover-se sem um vigia atrás deles; ao menor constipado, o pai os enchia de xaropes, e até depois de quatro anos traziam todos eles, implacavelmente, bonés enchumaçados. Aquilo já era mania da senhora Homais; e o marido se irritava intimamente com essas coisas, temendo os possíveis resultados de tal compressão sobre os órgãos do intelecto, o que o fazia dizer: — Você quer fazer deles caraíbas ou botocudos?

Carlos, entretanto, tentara várias vezes interromper a conversa.

— Tenho alguma coisa a lhe dizer — murmurou no ouvido do escrevente, que subia a escada, à sua frente.

— Suspeitará ele de alguma coisa? — perguntava Léon a si mesmo. Sentia palpitar o coração e perdeu-se em conjecturas.

Afinal, tendo fechado a porta, Carlos pediu-lhe que visse pessoalmente, em Ruão, o preço dum daguerreótipo; era uma surpresa sentimental que ele guardava para sua mulher, uma lembrança delicada, o seu retrato, de casaca. Mas, queria saber antes em quanto ficava. Essas coisas não eram difíceis a Leon, que ia à cidade quase todas as semanas.

Com que fim? Homais farejava, debaixo disso, uma rapaziada qualquer, alguma história amorosa. Mas se enganava; Léon não andava atrás de namoro algum. Mais que nunca ele andava triste e a senhora Lefrançois bem que o notava, pelo resto de comida que ele deixava no prato. Para informar-se melhor, interrogou o preceptor; Binet retrucou-lhe malcriadamente, "que não era pago pela polícia".

Seu companheiro, porém, lhe parecia muito esquisito, pois muitas vezes Léon se estirava na cadeira, distendendo os braços e se queixava da vida.

— É porque você não procura distrações — dizia o preceptor.

— Quais?

— Eu, no seu lugar, teria um torno!

— Mas eu não sei tornear — respondia o escrevente.

— Ah, sim, é verdade! fazia o outro, acariciando o queixo, entre desdenhoso e satisfeito.

Léon estava cansado de amar sem resultado; além disso, começava a sentir a depressão que nos causa a repetição da vida, quando nenhum interesse a dirige, nenhuma esperança a estimula. Andava tão aborrecido de Yonville e dos yonvillenses, que a vista de certas pessoas e certas casas o irritava soberanamente; e o farmacêutico, bom homem que era, tornara-se-lhe de todo insuportável. A perspectiva, contudo, duma nova situação assustava-o tanto quanto o atraía.

Mas esse cuidado se transformou em breve em impaciência; e Paris, então, acenava-lhe de longe com o alarido de seus bailes de máscaras, com o riso de suas *grisettes*. Já que precisava terminar seu curso de direito, por que não partia? — Quem o impedia? E punha-se a fazer, intimamente, preparativos; determinando, de antemão, as ocupações. Em sua imaginação, mobiliou um apartamento. Levaria ali uma vida de artista. Tomaria lições de violão! Teria um robe, um barrete basco, chinelos de veludo azul! Já admirava mesmo dois floretes cruzados, sobre o fogão, sob uma caveira e o violão.

A dificuldade estava no consentimento de sua mãe, apesar de nada parecer mais razoável. O próprio patrão o aconselhava a procurar outro cartório, em que pudesse desenvolver-se mais. Tomando, então, uma decisão média, Leon procurou um lugar de segundo escrevente em Ruão; não o achou, e escreveu, afinal, uma longa carta à sua mãe, pormenorizada, onde expunha os motivos por que ia morar em Paris imediatamente. A mãe concordou.

Não se apressou, contudo. Todos os dias, durante um mês inteiro, Hivert transportou para ele, de Yonville a Ruão e de Ruão a Yonville, caixas, malas e pacotes; e, depois de refazer o guarda-roupa, estofar as três poltronas, comprar uma provisão de lenços de seda, tomar, numa palavra, mais disposições que para uma viagem à volta do mundo, Léon protelava a partida, de semana para semana, até que recebeu uma segunda carta da mãe, em que o apressava a partir, já que ele desejava prestar seus exames antes das férias.

Quando chegou o momento das despedidas, a senhora Homais chorou; Justino soluçava; Homais, homem forte, ocultou a emoção; quis levar ele mesmo o paletó do amigo até à casa do tabelião, que levaria Léon até Ruão em seu carro. Léon tinha o tempo exato para despedir-se dos Bovary.

Quando chegou ao alto da escada, ele se deteve, tão sufocado estava. À sua entrada, Madame Bovary ergueu-se vivamente.

— Sou eu, ainda! — disse Léon.

— Eu o sabia!

A moça mordeu os lábios, e uma onda de sangue lhe coloriu a pele, que se fez toda rosa, desde a raiz dos cabelos até a orla do colarinho. Ela se conservava de pé, encostada a uma ombreira.

— O senhor Bovary não está? — retornou ele.

— Saiu.

Ema repetiu:

— Saiu.

Houve, então, um silêncio. Olharam-se, e seus pensamentos, confundidos na mesma agonia, se enlaçavam estreitamente, como dois peitos palpitantes.

— Queria muito abraçar Berta — disse Léon.

Ema desceu alguns degraus e chamou Felicidade.

Léon lançou um olhar rápido à sua volta, sobre as paredes, os aparadores, o fogão, como a querer penetrar tudo, tudo arrebatar.

Mas Ema voltou, e a criada trouxe Berta, que sacudia na ponta de um cordão um moinho de vento voltado para baixo.

Léon beijou-a no pescoço muitas vezes.

— Adeus, minha menina! Adeus, minha querida, adeus! — E entregou-a de novo à mãe.

— Leve-a — disse esta à criada.

E eles ficaram a sós.

Madame Bovary, de costas, tinha o rosto pousado numa vidraça; Léon segurava o boné na mão, batendo-o levemente na coxa.

— Vai chover — disse Ema.

— Tenho uma capa — respondeu ele.

— Ah!

Ela se voltou, a cabeça baixa, a fronte para diante. A luz batia-lhe como num mármore até a curva das sobrancelhas, sem que se pudesse saber o que Ema olhava no horizonte nem o que pensava intimamente.

— Então, adeus — suspirou Léon.

Num movimento brusco, ela ergueu a cabeça:

— Sim, adeus; parta!

Caminharam um para o outro; ele estendeu a mão, ela hesitou.

— À inglesa, então — fez ela, abandonando a sua, num esforço para rir.

Léon sentiu-a entre os dedos e pareceu-lhe que a essência mesma de todo o seu ser descia até aquela palma úmida.

Depois, abriu a mão; seus olhos se encontraram ainda e ele se foi embora.

Quando chegou ao mercado, deteve-se escondido atrás dum pilar para contemplar, pela última vez, aquela casa branca com suas quatro janelas verdes. Acreditou ver uma sombra atrás da vidraça, mas a cortina, desprendendo-se da guarnição, como se ninguém tocasse nela, moveu lentamente as longas dobras oblíquas, e ficou direita, mais imóvel que uma parede caiada. Léon pôs-se a correr.

Percebeu de longe, na estrada, o cabriolé do patrão, e, ao lado, um homem de avental, que segurava o cavalo. Homais e Guillaumin conversavam, esperando-o.

— Dê-me um abraço — disse o farmacêutico, com lágrimas nos olhos. — Eis seu paletó, meu bom amigo; agasalhe-se! cuide do seu bem-estar! poupe-se!

— Vamos, Léon — disse o tabelião. — A caminho!

Homais inclinou-se no paralama e, com voz entrecortada pelos soluços, deixou cair estas duas palavras: Boa viagem!

— Até à vista — respondeu Guillaumin. — Larga!

Partiram e Homais voltou para casa.

Enquanto isso, Madame Bovary abria a janela sobre o jardim e contemplava as nuvens, que se amontoavam no poente, do lado de Ruão, e rolavam, rápidas, suas volutas negras atravessadas pelos raios do sol, como flechas douradas dum troféu suspenso, enquanto o resto do céu, todo limpo, tinha a brancura da porcelana. Mas uma rajada curvou os choupos e, de repente, a chuva caiu sobre as folhas verdes. Depois, o sol reapareceu, as galinhas cacarejaram, os pardais sacudiam as asas nas moitas úmidas, e as poças d'água na areia, levavam, transbordantes, as flores cor-de-rosa de uma acácia.

— Ah! Ele já deve estar bem longe! — pensava ela.

Homais, como de costume, apareceu às seis e meia, durante o jantar.

— Muito bem — disse ele, sentando-se. Acabamos então, há pouco de embarcar nosso rapaz?

— Parece — respondeu o médico. E, voltando-se na cadeira: — E lá em sua casa, que há de novo?

— Nada de importante. Apenas minha mulher, que estava um pouco nervosa, esta tarde. O senhor sabe, as mulheres, um nada as perturba! A minha, sobretudo! Mas não teríamos razão se nos revoltássemos contra isso — o sistema nervoso delas é muito mais sensível que o nosso.

— Pobre Léon — dizia Carlos. — Como irá viver em Paris?... Acostumar-se-á lá?

Madame Bovary suspirou.

— Ora, vamos! — disse o farmacêutico, estalando a língua — as ceias nos restaurantes, os bailes de máscaras, a champanha, tudo aquilo vai funcionar, garanto-lhe!

— Não creio que ele se torne extravagante — objetou Bovary.

— Nem eu! — replicou Homais, vivamente — embora tenha de acompanhar os outros, sob risco de passar por jesuíta. E o senhor não sabe a vida que levam aqueles estroinas, no Bairro Latino, com as atrizes! De resto, os estudantes são apreciadíssimos em Paris. Por menores que sejam seus atrativos, recebe-os a melhor sociedade, e há mesmo damas do Bairro Saint-Germain que se enamoram deles, proporcionando-lhes, com o tempo, ocasiões de fazerem altíssimos casamentos.

— Mas — disse o médico — tenho medo que ele... em Paris...

— Tem razão — interrompeu o farmacêutico — é o reverso da medalha! Em Paris, a gente precisa andar constantemente com os olhos na carteira. O senhor está, por exemplo, num jardim público: surge um tipo qualquer, bem vestido, condecorado mesmo, que se tomaria perfeitamente por um diplomata; aproxima-se; puxa conversa; insinua-se, oferece-lhe uma pitada, ou apanha seu chapéu; depois, liga-se mais ao senhor, leva-o a um café, convida-o a ir visitar sua casa de campo, fá-lo travar, entre dois goles, toda a sorte de conhecimentos, e não emprega três quartas partes do tempo senão para explorar-lhe a bolsa ou arrastálo a passos perniciosos.

— É verdade — respondeu Carlos. — Mas eu pensava antes nas doenças, na febre tifoide, por exemplo, que ataca os estudantes da província.

Ema estremeceu.

— Por causa da mudança de regime — continuou o farmacêutico — e da perturbação que disso resulta na economia geral. E, depois, veja a água de Paris; os pratos servidos nos restaurantes! Todas essas comidas muito temperadas acabam por esquentar o sangue e não valem, por mais que digam, uma boa panelada de carne. Quanto a mim, preferi sempre a cozinha burguesa: é mais saudável! É por isso que, quando estudava farmácia em Ruão, fiquei num colégio, onde comia com os professores.

E continuou a expor suas opiniões gerais e suas simpatias pessoais, até que Justino veio procurá-lo por causa de um xarope que ele precisava preparar.

— Nem um instante de descanso! — exclamou. — Sempre na luta! Não posso sair um minuto! É preciso suar sangue e água, como um cavalo do campo. Que grilhão de miséria!

E, já na porta:

— A propósito, sabe da nova?

— Qual?

— É muito provável — retrucou Homais, levantando as sobrancelhas, num ar de gravidade — que os comícios agrícolas do Sena Inferior se reúnam este ano em Yonville l'Abbaye. Pelo menos, é esse o boato em circulação. Hoje de manhã, o jornal dizia qualquer coisa a respeito. Isso seria de grande importância para o nosso distrito! Conversaremos mais tarde. Já me vou; muito obrigado; Justino trouxe a lanterna.

CAPÍTULO VII

O dia seguinte foi para Ema um dia sombrio. Tudo lhe parecia envolto em negra atmosfera que pairava confusamente sobre as coisas, e a tristeza engolfava-se em sua alma com bramidos lamentosos; tal o vento de inverno nos castelos abandonados. Era o devaneio do que não voltaria mais, a lassidão que nos toma depois de cada fato consumado, a dor, enfim, que nos traz a interrupção de todo o movimento habitual, a cessação brusca dum vibração prolongada.

Como na volta de Vaubyessard, quando as quadrilhas lhe turbilhonavam na cabeça, sentia-se possuída de morna melancolia, de um desespero entorpecedor. Léon reaparecia-lhe mais alto, mais belo, mais suave, mais impreciso. Mas, à lembrança da baixela de prata e das facas de madrepérola, ela não estremecia tanto quanto ao lembrar-se do seu riso ou da sua dentadura alva. Vinham-lhe à memória palavras mais melodiosas e penetrantes do que o som de uma flauta, do que a harmonia dos bronzes; olhares incendiados, que ela havia surpreendido, como girândolas de cristal. E o perfume de sua cabeleira, a suavidade de seu hálito faziam-na inalar o ar com mais intensidade que a tepidez das estufas cálidas, que o perfume das magnólias. Embora longe, ele não a deixara, estava ali; e as paredes da casa pareciam conservar sua sombra. Ela não podia arrancar os olhos do tapete em que ele pisara, das cadeiras vazias em que se sentara. O riacho continuava correndo, impelindo lentamente suas pequenas ondas na margem escorregadia. Eles muitas vezes haviam passado por ali, ao som daquele mesmo murmúrio das ondas nos seixos cobertos de musgo. Que bons dias tinham então vivido, que tardes suaves, sozinhos, à sombra, no fundo do jardim! Ele lia alto, cabeça descoberta, sentado num banco rústico. O vento fresco do campo fazia oscilarem as páginas do livro e as flores do caramanchão... Ah! Ele partira, o único encanto de sua vida, a única esperança possível duma felicidade! Por que não agarrara aquela ventura, quando ela lhe aparecera? Por que não a tinha retido com ambas as mãos, quando ela quisera ir-se? E ela se maldisse de não haver possuído Léon; teve sede da sua boca. Tomou-a o desejo de correr para ele, de lançar-se em seus braços, de dizer-lhe: "Aqui estou! Sou tua!" Mas as dificuldades da empresa embaraçavam Ema antecipadamente, e seus desejos, aumentados com a saudade, se faziam mais intensos.

Desde então, a lembrança de Léon transformou-se como que no centro de convergência da sua tristeza, crepitando ali mais viva que a fogueira dos viajantes abandonada na neve, numa estepe da Rússia; Ema se precipitava para essa fogueira, achegava-se a ela, revolvia delicadamente esse lume quase a apagar-se, procurava ao redor tudo o que pudesse avivá-la ainda mais; e tanto as reminiscências mais remotas como os acontecimentos mais recentes, o que sentia e o que imaginava, seus desejos de voluptuosidade que se dispersavam, seus planos de ventura que estalavam, como ramos secos, sua virtude estéril; suas esperanças perdidas, os cuidados domésticos, tudo ela reunia, tudo tomava e empregava para reavivar sua tristeza.

Entretanto, as chamas abrandaram-se, seja porque a provisão se esgotasse, seja porque a acumulação fosse muita. Extinguiu-se o amor, pouco a pouco, pela ausência; à saudade sucedeu o hábito; e aquele clarão de incêndio que lhe ruborizava o céu desmaiado se cobriu de mais sombra e desapareceu gradativamente. No meio do entorpecimento da consciência, ela tomou a sua aversão pelo marido como sendo aspirações para com o amante, o queimar do ódio, pelas efervescências da ternura; mas, como o furacão soprasse constantemente e a paixão se consumisse até às cinzas, sem que socorro algum lhe viesse, nem um sol lhe aparecesse, fez-se de todos os lados noite cerrada, e ela se viu perdida no frio intenso que a transpassava.

Recomeçaram-lhe, então, os maus dias de Tostes. Achava-se agora muito mais desgraçada, porque tinha a experiência da amargura e a certeza de que esta jamais findaria.

Uma mulher que impusera a si mesma sacrifícios tão penosos podia bem ter fantasias. Comprou um genuflexório gótico e gastou, num mês, cerca de quatorze francos de limão para limpar as unhas; escreveu para Ruão, encomendando um vestido de casimira azul; escolheu, na casa de L'Heureux, o mais belo dos xales e experimentou-o por cima do quimono; e, com as janelas fechadas, um livro na mão, ficava estendida num canapé, assim vestida.

Mudava muito de penteado: penteava-se à chinesa, com caracóis, em tranças; repartia o cabelo de lado e enrolava-o para baixo, como um homem.

Quis aprender italiano: comprou dicionários, gramáticas e cadernos. Experimentou as leituras graves, a História e a Filosofia. À noite, Carlos acordava, às vezes, sobressaltado, crendo que o procuravam para algum enfermo:

— Já vou — balbuciava ele.

E, no entanto, era o ruído de um fósforo que Ema riscava para acender de novo o candeeiro. Mas aconteceu com tais leituras o mesmo que com os tapetes, apenas iniciados, que enchiam o armário. Tomava-as, deixava-as, passava a outras.

Tinha acessos em que era facilmente levada a extravagâncias. Apostou um dia com o marido em como era capaz de tomar meio copo de aguardente; e, como Carlos cometesse a tolice de desafiá-la, engoliu a aguardente até o fim.

Apesar de seus ares vaporosos (era assim que a designavam os burgueses de Yonville), Ema não parecia alegre, e conservava habitualmente nos cantos dos lábios essa contração imóvel que faz rugas no rosto das solteironas e dos vencidos na vida. Andava sobremodo pálida, branca como linho; a pele do nariz repuxada para as narinas, os olhos olhando tudo vagamente. Porque descobrisse três cabelos brancos nas têmporas, falou muito de sua velhice.

Desfalecimentos tomavam-na frequentemente. Um dia, mesmo, escarrou sangue e, como Carlos corresse a acudi-la, exprimindo sua inquietação, exclamou:

— Ora, que tem isso?!

Carlos refugiou-se em seu gabinete e chorou, sentado na poltrona, os cotovelos apoiados à mesa.

Escreveu, então, à mãe, pedindo-lhe que viesse. E tiveram longas conferências sobre Ema.

Que resolver, que fazer, se ela se recusava a qualquer tratamento?

— Sabe o que falta à sua mulher? — observava a mãe. — Ocupações obrigatórias, trabalhos manuais! Se ela fosse obrigada, como tantas outras, a ganhar a vida, não teria esses ares vaporosos, vindos desse mundo de ideias que se meteu na cabeça e dessa ociosidade em que vive.

— Mesmo assim, ela se ocupa — dizia Carlos.

— Ah! Ela se ocupa? Em que? Em ler romances, maus livros, obras contra a religião, em que se zomba dos padres com discursos tirados de Voltaire. Mas tudo isso tem fim, meu filho, e quem não tem religião termina sempre mal.

Ficou, daí, resolvido que seria vedada a Ema a leitura de romances. A empresa não era nada fácil. A boa senhora encarregou-se dela: quando passasse por Ruão, iria pessoalmente ao livreiro e dir-lhe-ia que Ema suspendera as assinaturas. Não seria o caso de avisar a polícia, se o livreiro insistisse na sua função de envenenador?

As despedidas entre a sogra e a nora foram secas. Durante as três semanas em que estiveram juntas, não haviam trocado quatro palavras, exceto as informações e os cumprimentos, quando se viam à mesa e quando se recolhiam, à noite.

A mãe de Carlos partiu numa quarta-feira, dia de feira em Yonville.

A praça, desde manhã, estava cheia de carroças com os varais para o ar, dispostas ao longo das casas, desde a igreja até à estalagem. Do outro lado, havia barracas de lona em que se vendiam tecidos, cobertores, meias de lã, cabrestros e maços de fitas azuis, cujas pontas se agitavam ao vento. Pelo chão, espalhavam-se miudezas, entre as pirâmides de ovos e queijos, de que saíam palhas gordurosas, perto dos moinhos de trigo, galinhas cacarejavam em engradados, o pescoço entre as grades. O povo, reunido e sem se mover, quase quebrava, às vezes, a montra da farmácia. Esta não se esvaziava às quartas-feiras: ia-se lá menos para comprar remédios do que para obter consultas, tal era a fama do senhor Homais nas aldeias mais próximas. Seu porte robusto fascinava os camponeses. Olhavam-no como um médico maior que os demais.

Ema estava debruçada à janela (ali se punha frequentemente: a janela, na província, substitui o teatro e os passeios) e divertia-se a contemplar a confusão dos campônios, quando percebeu um senhor de sobrecasaca de veludo verde. Calçava luvas amarelas, em contraste com as polainas grosseiras. Vinha em direção à casa do médico, seguido de um aldeão cabisbaixo e pensativo.

— Posso ver o dono da casa? — perguntou a Justino, que conversava à porta com Felicidade. E, tomando-o pelo criado, acrescentou:

— Diga-lhe que Rodolfo Boulanger, de la Huchette, está aqui.

Não era por vaidade regional que o recém-vindo juntava partícula ao seu nome, mas para melhor se dar a conhecer. La Huchette era, com efeito, uma propriedade perto de Yonville, cujo castelo ele acabara de comprar, com duas granjas que ele próprio cultivava sem muito esforço. Vivia como rapaz solteiro e passava por ter quinze mil libras de renda, no mínimo.

Carlos entrou na sala. Boulanger apresentou-lhe o companheiro que queria submeter-se a uma sangria porque sentia "formigueiras em todo o corpo".

— A sangria me limpará — respondia ele a todas as objeções.

Bovary mandou buscar uma atadura e uma bacia de mão, e pediu a Justino que a segurasse. Depois, dirigindo-se ao aldeão já pálido:

— Não tenha medo, meu caro.

— Não, não — respondeu o outro — pode vir!

E, num ar fanfarrão, estendeu o braço musculoso. À picada da lanceta, o sangue espirrou e foi sujar o espelho.

— Aproxime a bacia! — exclamou Carlos.

— Puxa! — dizia o campônio — parece um repuxo! Como tenho o sangue vermelho! Deve ser bom sinal, não é?

Às vezes — respondeu Justino. — No começo, não se sente nada; depois, o desmaio se declara, mais particularmente em pessoas de compleição robusta.

A tais palavras, o camponês largou o estojo que fazia girar entre os dedos. Uma sacudidela de seus ombros fez estalar o encosto da cadeira. Seu chapéu caiu.

— Já esperava isso — disse Bovary, aplicando o dedo sobre a veia.

A bacia começou a tremer nas mãos de Justino, seus joelhos vacilaram e ele se fez pálido.

— Ema! Ema! — bradou Carlos.

Ela desceu a escada, rápida.

— Vinagre! — pedia ele. — Oh! Senhor! Dois, ao mesmo tempo! E na agitação, sentia dificuldade em aplicar a compressa.

— Isso não é nada — dizia Boulanger, tranquilamente, enquanto sustinha Justino entre os braços. E fê-lo sentar-se sobre a mesa, encostando-o à parede.

Madame Bovary pôs-se a tirar a gravata de Justino. Havia um nó nos cordões de sua camisa; ela ficou alguns minutos a mover os dedos ligeiros no pescoço do rapaz; depois, derramou vinagre em seu lenço de linho e umedeceu-lhe as têmporas, soprando-as de leve.

O campônio voltou a si, mas o desmaio de Justino ainda durava e suas pupilas desapareciam na esclerótica apagada, como flores azuis no leite.

— Convém ocultar-lhe isso — disse Carlos.

Madame Bovary apanhou a bacia. No movimento que fez, inclinando-se, para pô-la sobre a mesa, o vestido (era um vestido de verão de quatro folhos, amarelo, de talhe longo e roda larga) se espalhou à sua volta, sobre o assoalho; e, como ela, inclinada, cambaleasse um pouco, abrindo os braços, os tufos da fazenda franziam-se aqui e ali, seguindo as curvas do busto. Foi, em seguida, buscar uma garrafa de água, e fazia derreter torrões de açúcar, quando entrou o farmacêutico. A criada tinha ido procurá-lo, na confusão; vendo o seu ajudante com os olhos abertos, respirou. Depois, andando em volta dele, examinava-o da cabeça aos pés.

— Tolo! — dizia. — Verdadeiramente tolo! Tolo com todas as letras! Que grande coisa, afinal, é uma sangria! E um grandalhão que não tem medo de nada! Tal como o veem, é uma espécie de esquilo que sobe para colher nozes a alturas vertiginosas! Faz bem em jactar-se! Belas aptidões para farmacêutico, mais tarde; você pode ser chamado aos tribunais em circunstâncias graves, a fim de esclarecer a consciência dos magistrados; será preciso então conservar o sangue-frio, raciocinar, mostrar-se homem, ou passar por um imbecil.

Justino não respondia. O farmacêutico continuava:

— Quem o chamou cá? Você vive amolando o doutor e a senhora! E logo nas quartas-feiras, quando mais preciso de você! Há agora vinte pessoas na farmácia, e, por sua causa, larguei tudo! Vamos, vá-se embora, corra! Ouça, vigie os frascos.

Quando Justino, que tornara a vestir-se, saiu, conversou-se um pouco sobre desmaios.

Madame Bovary nunca os tivera.

— É extraordinário para uma senhora — observou Boulanger. — De resto, há pessoas muito sensíveis. Já vi, num duelo, uma testemunha perder os sentidos só porque ouviu o ruído das armas que se carregavam.

Ela ergueu para ele os olhos cheios de admiração.

— Para mim — disse o farmacêutico — não causa impressão a vista do sangue alheio; mas só a ideia do meu, correndo, basta para causar-me desfalecimentos, se me puser a pensar nisso.

Entretanto, Boulanger mandou embora o criado, tranquilizando-o, pois que já fizera sua vontade.

— Essa vontade me trouxe a fortuna de conhecê-los — acrescentou.

E olhava para Ema, enquanto falava. Em seguida, pôs três francos sobre a mesa, saudou negligentemente e saiu.

Chegou num instante ao outro lado da ribeira (era seu caminho de volta para Huchette). Ema avistou-o na campina, andando sob os olmos, detendo-se, de vez em quando, como quem medita.

— É encantadora! — dizia ele consigo mesmo. — É encantadora essa mulher do médico! Belos dentes, olhos negros, pé elegante e o ar de uma parisiense. De onde diabo veio ela? Onde a teria achado aquele grosseirão?

Rodolfo Boulanger tinha trinta e quatro anos; era de temperamento brutal e de inteligência perspicaz, tendo, além disso, muitos conhecimentos femininos sendo, pois, entendido no assunto. Aquela lhe parecera bonita, e ele pensava nela e no marido.

— Parece-me bem estúpido o marido. Ela está decerto cansada. Que grosseiro! Traz as unhas sujas e uma barba de três dias. Enquanto ele corre atrás dos doentes, ela fica a consertar meias. Depois vem o enfado, o desejo de residir na cidade e de dançar polca todas as noites. Pobre moça! Suspira pelo amor como uma carpa pela água sobre uma mesa de cozinha. Com três palavras de galanteio, aquilo será posse adorável, tenho certeza! Seria delicioso, encantador! Sim, mas como desembaraçar-se dela, depois?

Então, os acúmulos do prazer, as entrevistas em perspectiva fizeram-no por contraste, pensar na amante, uma atriz de Ruão mantida por ele; e, à sua lembrança, de que se havia entediado até o espírito, pensava:

— Ah! Madame Bovary é bem mais bonita do que ela, mais fresca sobretudo. Virgínia, decididamente está engordando muito. É tão aborrecida com suas alegrias. E, depois, aquela mania de comer camarão!

O campo estava deserto. Rodolfo ouvia à sua volta apenas o ruído comum das plantas que lhe fustigavam as botas, e o cri-cri dos grilos ocultos nas aveias em volta; revia Ema, na sala, vestida como a tinha visto, e despia-a.

— Hei de consegui-la — exclamou, esmagando com um golpe do bastão um torrão à sua frente.

E, logo, examinando a parte política da aventura, interrogava-se:

— Onde poderei vê-la outra vez? De que maneira? Terá continuamente a criança, a criada, os vizinhos, o marido, toda espécie de consideráveis empecilhos às costas. Ora, ora! Vou eu perder tanto tempo nisso!

Mas considerou, em seguida:

— É que ela tem uns olhos que penetram n'alma como verrumas! E aquela tez pálida!... E eu adoro as mulheres pálidas!

No alto da encosta de Argueil, sua resolução estava tomada.

— Não há mais que buscar as ocasiões. Muito bem. Passarei por lá algumas vezes, mandar-lhes-ei caça, aves; farei uma sangria, se for preciso; tornar-nos-emos amigos, convidá-los-ei a visitarem-me... Ah! sim! Temos logo o Comício! Ela irá e eu a verei. Comecemos atrevidamente, que é o mais seguro.

CAPÍTULO VIII

Chegaram, com efeito, os famosos Comícios!

Desde a madrugada do dia da cerimônia, todos os moradores, nas portas, conversavam sobre os preparativos; tinha-se enfeitado de hera a fachada da Prefeitura, erguera-se, num prado, uma barraca para o festejo, e, no meio da praça, diante da igreja, uma espécie de bombarda devia saudar a chegada do senhor Prefeito e o nome dos lavradores homenageados. A guarda nacional de Buchy (Yonville não a tinha) reunira-se ao Corpo de Bombeiros, de que Binet era o capitão. Este trazia, para a solenidade, um colarinho ainda mais alto que de costume e, sumido na túnica, tinha o busto tão empertigado e imóvel, que toda a parte vital da sua pessoa parecia haver descido às pernas, erguidas em cadência de marcha e um só movimento.

Como subsistisse certa rivalidade entre o preceptor e o coronel, um e outro, para mostrarem seus talentos, manobravam seus homens separadamente. Viam-se passar e tornar a passar, alternadamente, as dragonas vermelhas e os *plastrons* negros.

Aquilo não acabava mais!

Jamais houvera semelhante demonstração de pompa!

Muitos habitantes tinham, desde a véspera, lavado suas casas; bandeiras tricolores pendiam das janelas entreabertas; todas as tabernas estavam cheias; e, com o belo tempo que fazia, as toucas engomadas, as cruzes de ouro e as gravatinhas de cor pareciam mais brancas que a neve, brilhavam ao sol claro, tornando apagados, com a variedade de suas cores a sombria gravidade das casacas e dos jaquetões azuis. As rendeiras dos arredores, ao descerem do cavalo, retiravam o grande alfinete que lhes prendia o vestido em torno do corpo, arregaçado por causa das nódoas; os maridos, ao contrário, para pouparem os chapéus, cobriam-no ainda com o lenço de bolso, segurando uma ponta entre os dentes.

O povo chegava à rua principal pelos dois extremos da aldeia, espalhando-se pelos becos, aleias, casas; de vez em quando, ouviam-se bater as argolas das portas, atrás das mulheres calçadas de luvas de algodão que saíam para ver a festa. O que mais se admirava eram duas grandes árvores cobertas de lanternas que ladeavam um estrado onde se reuniam as autoridades; e havia ainda, apoiadas às colunas da Prefeitura, quatro mastros, cada qual trazendo um pequeno estandarte de pano esverdeado ornados de inscrições em letras douradas. Lia-se num: Ao Comércio; noutro: À Agricultura; num terceiro: À Indústria; e ainda num quarto: Às Belas-Artes.

Mas o júbilo que se irradiava de todos os semblantes parecia entristecer a senhora Lefrançois, a estalajadeira. De pé, nos degraus da cozinha, murmurava:

— Que tolice! Que estupidez a barraca de lona! Pensam eles que o prefeito irá querer jantar numa tenda, como qualquer saltimbanco? E a essas complicações todas chamam fazer bem à terra! Não havia necessidade alguma de irem buscar um taberneiro em Neufchâtel! E para quem? Para uns vaqueiros, uns esfarrapados!...

O farmacêutico passou. Vestia casaca negra, calças de algodão e sapatos de castor; excepcionalmente estava de chapéu — um chapéu de fôrma baixa.

— Um seu criado — saudou-a; — desculpe-me, estou com pressa.

E como a gorda viúva lhe perguntasse onde ia:

— Está admirada, não é verdade? A mim, que vivo mais entocado em meu laboratório que o rato no queijo.

— Que queijo — perguntou a estalajadeira.

— Nada, nada! — respondeu Homais. — Queria dizer-lhe somente, senhora Lefrançois, que não saio de casa. Hoje, porém, em face das circunstâncias, é preciso que....

— Ah! O senhor vai para lá? — disse ela, desdenhosa.

— Sim, vou — replicou o farmacêutico, admirado. — Pois não faço parte da comissão consultiva?

A senhora Lefrançois considerou-o alguns minutos, acabou por dizer, sorrindo:

— Bem, isso é outra coisa... Mas que tem a lavoura com o senhor? Então o senhor entende disso?

— Certamente que entendo, pois sou farmacêutico, isto é, químico! E a química, minha senhora, tendo por objeto o conhecimento da ação recíproca e molecular de todos os corpos da natureza, segue-se que a agricultura se acha compreendida em seus domínios! E, com efeito, a composição dos adubos, a fermentação dos líquidos, a análise dos gases e a influência dos miasmas, o que é tudo isso, pergunto-lhe eu, senão pura e simples química?

A estalajadeira nada respondeu. Homais continuou:

— Acredita a senhora que, para ser agrônomo é preciso lavrar a terra ou criar aves com as próprias mãos? É necessário conhecer, sobretudo, a constituição das substâncias em apreço, as jazidas geológicas, as ações atmosféricas, a qualidade dos terrenos, dos minerais, das águas, a densidade dos diferentes corpos e a sua capilaridade! Que digo? É preciso conhecer a fundo todos os princípios de higiene para dirigir, criticar a construção dos edifícios, o regime dos animais, a alimentação dos criados! É preciso, ainda, senhora Lefrançois, conhecer botânica, saber discernir as plantas — compreende? — separar as salutares das venenosas, as improdutivas das nutritivas, se convém arrancá-las daqui e plantá-las ali, de propagar umas e destruir outras; em suma, é preciso andar-se a par da ciência por meio das brochuras e papéis públicos, estar sempre atento, a fim de indicar os aperfeiçoamentos...

A estalajadeira não tirava os olhos da porta do *Café Francês*. E o farmacêutico prosseguia:

— Prouvera a Deus que nossos agricultores fossem químicos ou que, pelo menos, ouvissem mais os conselhos da ciência! Por isso mesmo, escrevi, há pouco tempo, um grosso folheto, um memorial de mais de setenta e duas páginas, intitulado: "Da cidra, sua fabricação e seus efeitos; seguida de algumas novas reflexões sobre o assunto", que enviei à Sociedade Agrônomica de Ruão, o que me valeu mesmo a honra de ser recebido entre seus membros, secção de agricultura, classe de pomologia. Pois muito bem! Se minha obra fosse lançada à publicidade...

Mas se deteve, de tal forma parecia distraída a senhora Lefrançois.

— Vejam só aquilo! — dizia ela — nunca vi uma baiúca igual!

E, num levantar de ombros que esticava no peito as grossas malhas da sua blusa, ela mostrava com ambas as mãos a taberna do seu rival, donde agora se elevavam canções.

— Enfim, aquilo não dura muito; — ajuntou — antes de oito dias, tudo está acabado.

Homais recuou, estupefato. Ela desceu seus três degraus; e, falando-lhe ao ouvido:

— Como!? O senhor não sabia?! Pois vai sofrer penhora, ainda esta semana. E é L'Heureux que o leva a isso. Encheu-o de promissórias.

— Que espantosa catástrofe! — exclamou o farmacêutico, que tinha sempre expressões convenientes para todas as circunstâncias imaginárias.

A hoteleira começou, então, a contar-lhe aquela história, que ela soubera por Teodoro, o criado de Guillaumin; e, ainda que detestasse Tellier, reprovava L'Heureux.

— Um adulador, um baixo.

— Olhe, lá está ele no mercado, cumprimentando Madame Bovary, que vem de chapéu verde. Ela até está de braço com o senhor Boulanger.

— Madame Bovary! — disse Homais. — Vou já lhe apresentar meus respeitos. Talvez ela queira ter um lugar no recinto, sob o peristilo. E, sem dar atenção à senhora Lefrançois, que o chamava para contar-lhe outras coisas, o farmacêutico afastou-se rapidamente, um sorriso nos lábios, pernas tesas, distribuindo cumprimentos para a direita e para a esquerda, e tomando grande espaço com as abas da sua casaca negra que flutuava ao vento, atrás dele.

Rodolfo, tendo-o percebido de longe, apertou o passo; mas Madame Bovary mostrava-se cansada e ele o afrouxou, de novo, explicando, num sorriso, em tom brutal:

— Queria fugir desse amolante, o farmacêutico.

Ela o tocou com o cotovelo.

— Que é? — perguntou ele, examinando-a de soslaio, sem se deter.

O semblante da moça estava tão calmo, que nada se poderia descobrir nele. Realçava em plena luz, no oval do capuz enfeitado de fitas pálidas semelhantes a folhas de cana. Seus olhos de longos cílios curvos olhavam para a frente e, embora bem abertos, pareciam um pouco repuxados, por causa do sangue que batia suavemente sob a pele fina. Uma coloração rosada atravessava o septo do nariz. Tinha a cabeça inclinada, deixando ver, entre os lábios, o rebordo dos dentes brancos.

— Fará pouco de mim? — pensava ele consigo mesmo.

O gesto de Ema, contudo, era apenas de advertência, pois L'Heureux os acompanhava, falando de vez em quando, como para encetar conversa.

— Que dia soberbo! Toda a gente fora de casa! E o vento sopra para leste...

Nem Madame Bovary nem Rodolfo lhe respondiam, enquanto ele, ao menor movimento que faziam, se chegava mais, perguntando, a mão erguida para chapéu:

— Que diz?

Quando chegaram diante da casa do ferrador, em lugar de subir a rua até a barreira, Rodolfo tomou um atalho, levando consigo Madame Bovary.

— Boas tardes, senhor L'Heureux! — exclamou. — Muito prazer!

Que despedida! — disse ela rindo.

— Por que nos ocuparmos com os outros? E logo hoje que tenho a felicidade de estar com a senhora...

Ema corou. Ele não concluiu a frase e começou a falar do belo tempo e do prazer de andar sobre a relva, onde surgiam margaridas aqui e ali.

— Veja que bonitos malmequeres — disse. — Suficientes para fornecer oráculos a todos os namorados da região.

E acrescentou:

— Se eu colhesse alguns? Que acha?

— Está enamorado? — perguntou ela, tossindo um pouco.

— Quem sabe? — respondeu Rodolfo.

O prado começava a encher-se de gente e já se tropeçava nas matronas, com seus enormes guarda-chuvas, seus cestos e suas crianças. Era preciso muitas vezes afastar-se diante de uma longa fila de camponesas, criadas de meias azuis, sapatos rasos e anéis de prata, que cheiravam a leite quando se passava perto delas. Andavam de mãos dadas, tomando assim toda a largura do campo, desde a linha das faias até à barraca do banquete. Mas era a hora do exame: os lavradores entravam, um após outro, numa espécie de hipódromo, formado por uma longa corda presa a estacas.

Os animais lá estavam, com o focinho voltado para a corda, as ancas desiguais confusamente alinhadas. Porcos amodorrados enterravam o focinho no chão; bezerros mugiam; ovelhas baliam; vacas, com os jarretes dobrados, descansavam o ventre na relva e, ruminando lentamente, piscavam as pálpebras pesadas, sob os mosquitos que zumbiam à sua volta. Carroceiros, os braços nus, seguravam pelo cabresto garanhões empinados que relinchavam com os focinhos virados para o lado das éguas. Estas se mantinham quietas, a cabeça alongada e a crina pendente, enquanto os potrinhos descansavam à sua sombra ou vinham mamar, de vez em quando; e, acima da larga ondulação de todos aqueles corpos amontoados, via-se, flutuando ao vento uma ou outra crina branca ou então apontarem chifres pontudos e cabeças de homens que corriam. À parte, fora da liça, cem passos mais longe, estava um grande touro negro, açaimado, com uma argola de ferro nas ventas, imóvel como se fosse de bronze. Um menino esfarrapado segurava-o por uma corda.

Entretanto, entre as duas alas, avançavam homens de passo pesado, examinando os animais e trocando palavras em voz baixa. Um deles, que parecia mais importante, tomava, sem se deter, algumas anotações num caderno. Era o presidente do júri, o senhor Derozerays de la Panville. Assim que viu Rodolfo, aproximou-se vivamente e disse, num sorriso amável:

— Como, senhor Boulanger? O senhor nos deixa?

Rodolfo protestou que voltaria. Mas, quando o presidente se foi, acrescentou:

— Palavra de honra que não vou. Sua companhia vale mais que a deles.

E, embora caçoando do Comício, Rodolfo exibia seu cartão azul ao guarda, para poder circular mais à vontade. Parava mesmo algumas vezes diante de um belo exemplar, que Madame Bovary não conseguia admirar.

O moço percebeu isso e passou a gracejar das senhoras de Yonville, a propósito de suas toaletes; desculpou-se depois da sua própria. Suas roupas tinham a incoerência das coisas comuns e bem cuidadas em que o vulgo ordinariamente julga entrever a revelação duma existência excêntrica, os entrechoques de sentimentos, as tiranias impostas pela arte, e sempre um desprezo qualquer pelas convenções sociais, desprezo que seduz e exaspera.

Assim, sua camisa de cambraia e mangas dobradas tufava ao sabor do vento, na abertura do colete cinzento, e suas calças de riscas largas deixavam a descoberto, à altura do tornozelo, as botinas envernizadas, tão espelhantes que a erva nelas se refletia. Ele pisava com ela a lama feita pelos cavalos, com a mão no bolso do paletó e o chapéu de palha posto de lado.

— Aliás — acrescentou ele — quando a gente vive no campo...

— Tudo é trabalho perdido — disse Ema.

— É verdade! — concordou Rodolfo. — E dizer-se que nem um desses bravos homens é capaz de compreender sequer o corte de um casaco!

Falaram, então, da mediocridade provinciana, das existências que ela sufocava, das ilusões que nela se perdiam.

— Eis porque vivo imerso numa tristeza... — disse Rodolfo.

— O senhor! — fez ela, espantada. — Mas eu o supunha tão alegre!

— Ah! sim, aparentemente, porque ponho no rosto, para apresentar-me aos outros, uma máscara de escárnio; e, contudo, quantas vezes, à vista de um cemitério ao luar, eu pergunto a mim mesmo se não seria melhor ir reunir-me aos que lá dormem...

— Oh! E seus amigos? O senhor não pensa neles...

— Meus amigos? Quais? Tenho eu amigos? Quem se importa comigo?

E acompanhou suas últimas palavras de um pequeno assobio.

Mas foram obrigados a afastar-se um do outro, por causa de um grande amontoado de cadeiras que um homem trazia atrás deles. O homem vinha tão sobrecarregado, que se viam apenas a ponta de seus tamancos e os braços muito abertos. Era Lestiboudois, o coveiro, que transportava através da multidão, as cadeiras da igreja: Cheio de imaginação para tudo o que significasse ganho, havia descoberto esse meio de tirar partido dos Comícios; a sua ideia tivera bom êxito, pois já nem sabia a quem atender primeiro. Com efeito, os camponeses encalorados, disputavam os assentos, cuja palhinha recendia a incenso, e recostavam-se quase com veneração aos largos encostos sujos da cera dos círios.

Madame Bovary tornou a tomar o braço de Rodolfo, que continuava como que falando consigo mesmo:

— Sim! Quanta coisa me tem faltado! Sempre sozinho! Ah! Se eu tivesse um objetivo na vida, se tivesse encontrado uma afeição, se houvesse achado alguém... Como teria, então, despendido toda a força de que sou capaz, dominado tudo, vencido todos!

— Parece-me, contudo, que o senhor não tem de que se queixar.

— Acha? — disse Rodolfo.

— Porque, enfim... O senhor é livre. — Hesitou: — E rico.

— Não caçoe comigo.

Ela jurava que não era caçoada, quando atroou um tiro de artilharia; imediatamente, todos se puseram a correr, em grande confusão, para a aldeia.

Mas fora rebate falso. O prefeito ainda não chegara e os membros do júri estavam atrapalhadíssimos, não sabendo se era conveniente começar a sessão ou esperar um pouco mais.

Afinal, no fundo da praça, surgiu um grande *landeau* de aluguel, puxado por dois magros cavalos, açoitados por um cocheiro de chapéu branco.

Binet só teve tempo de bradar: Às armas! O coronel o imitou. E seus homens todos correram para as armas ensarilhadas, precipitadamente. Houve mesmo alguns que esqueceram a gola. A equipagem do prefeito pareceu adivinhar esse embaraço: a parelha, cambaleando sob os arreios, chegou a trote curto em frente do vestíbulo da municipalidade, no momento exato em que a guarda nacional e os bombeiros ali se punham em forma, rufando os tambores e marcando o passo.

— Alto! — fez o coronel. Pela esquerda, perfilar!

E, depois da apresentação de armas, em que o ruído dos metais soou como um caldeirão de cobre que desanda escada abaixo, todas as carabinas voltaram a descansar.

Desceu então do carro um senhor de paletó curto com bordados de prata, calvo, topete na nuca, rosto pálido e aspecto benevolente. Os olhos, muito abertos e protegidos por espessas sobrancelhas, quase se fechavam para examinar a multidão em torno, ao mesmo tempo que ele erguia o nariz adunco e fazia sorrir a boca encolhida.

Reconheceu o *maire* pela faixa e explicou-lhe que o sr. Prefeito não pudera vir. Assim, viera ele, em seu lugar. Era Conselheiro da Prefeitura. E formulou algumas desculpas. Tuvache apresentou-lhe seus cumprimentos e ele se mostrou confuso.

Assim ficaram, um em frente do outro, os rostos quase a se tocarem, com os membros do júri ao redor, o Conselho Municipal, as pessoas gradas, a guarda-nacional e o povo.

O conselheiro municipal, com seu pequeno tricórnio à altura do peito, reiterou seus cumprimentos, enquanto Tuvache, curvo como um arco, sorria também, tartamudeando, buscando frases, protestando seu devotamento à monarquia e exprimindo a honra que faziam a Yonville.

Hipólito, o moço da estalagem, veio tomar os cavalos pela rédea, e, coxeando, lá se foi com eles para debaixo do alpendre do *Leão de Ouro,* onde se juntaram muitos camponeses, a admirar o carro.

O tambor rufou, a peça troou — e os senhores do júri, um após outro, subiram para o estrado e se acomodaram nas poltronas, emprestadas pela senhora Tuvache.

Todos eles se pareciam. As faces balofas e loiras, um pouco queimadas de sol, tinham a coloração da cidra doce e as suíças lhes saíam dos altos colarinhos duros, que mantinham gravatas brancas de laço grande. Todos os coletes eram de veludo; todos os relógios traziam, na extremidade duma fita, um sinete oval de cornalina. E todos pousavam ambas as mãos nas coxas, afastando cuidadosamente as pernas por causa das joelheiras nas calças, cujo pano, lustroso, brilhava mais que o couro das botas.

As damas da sociedade local estavam atrás, no vestíbulo, entre as colunas, e o povo na frente, de pé ou sentado nas cadeiras. Lestiboudois trouxera todas as que havia conseguido no campo e continuava correndo, a cada instante, à procura de outras na igreja; e provocava tal aglomeração com esse comércio, que dificilmente se alcançava a pequena escada do estrado.

— A mim parece — disse L'Heureux, dirigindo-se ao farmacêutico que ia a caminho da praça — que se deviam ter cravado ali dois mastros venezianos, com algo severo e rico à maneira de novidade; haviam de causar efeito, vistos de relance.

— Decerto — respondeu Homais. — Mas, que quer o senhor? Foi o prefeito que se encarregou de tudo. E ele não tem muito gosto, o pobre Tuvache; é mesmo completamente destituído do que chamamos senso artístico.

Enquanto isso, Rodolfo e Madame Bovary subiam para o primeiro andar da prefeitura, para a sala das audiências; e, como esta se encontrasse vazia, Rodolfo afirmou que estariam bem ali: apreciariam o espetáculo mais à vontade.

Apanhou três tamboretes em volta de uma mesa oval, sob o busto do monarca e colocou-os ao pé de uma das janelas, sentando-se ambos, um perto do outro.

Uma agitação percorreu o estrado; prolongados cochichos, grande murmúrio.

Afinal, o senhor Conselheiro ergueu-se. Já sabiam todos que seu nome era Lieuvain e todos o repetiam, passando de um a outro, na multidão. Conferiu algumas folhas de papel, aplicou a vista sobre elas, muito de perto para ver melhor, e começou:

"Meus senhores:

"Em primeiro lugar, seja-me permitido (antes de falar-vos no objeto da reunião de hoje — e este sentimento, tenho certeza, será partilhado por todos), — seja-me permitido, dizia eu, fazer justiça à administração superior, ao Governo, ao Monarca, senhores, ao nosso soberano, esse rei muito amado, para quem nenhum ramo do progresso público ou particular é indiferente, e que dirige com mão ao mesmo tempo tão forte e tão sábia o carro do Estado entre as incessantes ameaças de um mar perigoso, sabendo além disso fazer respeitar, na paz ou na guerra, a indústria, o comércio, a agricultura e as belas-artes".

— Eu devia — disse Rodolfo — recuar um pouco.

— Por que? — quis saber Ema.

Mas, nesse momento, a voz do Conselheiro se elevou, declamando: "Já não estamos mais no tempo, meus senhores, em que a discórdia civil ensanguentava nossas praças públicas, em que o proprietário, o negociante, o próprio operário, mergulhando à noite em sono tranquilo, temiam ser despertados de repente pelo barulho dos incendiários toques de alarma, em que os princípios mais subversivos minavam audaciosamente as bases..."

— Porque poderei ser visto lá de baixo; — respondeu Rodolfo. — Terei depois de desculpar-me durante quinze dias; e com minha má reputação...

— Ora! Está a caluniar-se!

— Não, não, ela é de fato abominável, juro-lhe!

"Mas, meus senhores, se eu, afastando de minha lembrança quadros tão sombrios, volver os olhos para a situação atual de nossa bela pátria — que verei? Por toda parte florescem o comércio e as artes; por toda parte novas vias de comunicação, qual novas artérias no corpo do Estado, trazendo novos benefícios; nossos grandes centros manufatureiros entraram outra vez em atividade; a religião, mais firme, sorri a todos os corações; nossos portos estão cheios, a confiança renasce, e, enfim, a França respira!..."

— Ademais, — continuou Rodolfo — talvez tenham razão, sob o ponto de vista da sociedade.

— Como assim?

— A senhora não sabe então que há almas constantemente atormentadas? Precisam alternadamente de sonho e de ação, das paixões mais puras e dos gozos mais intensos, lançando-se assim a toda espécie de fantasias, de loucuras.

Ela o mirou, como quem mira um viajante que andou por terras extraordinárias:

— Nós, pobres mulheres, não temos nem essa distração!

— Triste distração em que não se acha a felicidade...

— Mas por acaso consegue a gente achar a felicidade?

— Sim, há lá um dia em que topamos com ela.

"E foi precisamente isso o que vós compreendestes — dizia o Conselheiro. — Vós, agricultores e trabalhadores do campo; vós, mineiros pacíficos de uma obra inteira de civilização! Vós, homens de progresso e de moral! Vós haveis compreendido, dizia eu, que os vendavais políticos são ainda mais temíveis, na verdade, que as desordens atmosféricas..."

— Há lá um dia em que topamos com ela — repetiu Rodolfo — um dia, assim de repente, quando já desesperávamos de encontrá-la. Abrem-se então os horizontes, e é como se uma voz bradasse: "Ei-la!" Sente-se a necessidade de fazer-se a essa pessoa confidência da própria vida, de se lhe oferecer tudo, de tudo sacrificar por ela. Não a explicamos, adivinhamo-la. Entrevemo-la em nossos sonhos. — E ele tinha os olhos na moça. — Enfim, aí está o tesouro que tanto procurávamos, aí, diante de nós, brilhando, resplendente. Mas duvidamos ainda, não nos atrevemos a acreditar, fazemo-nos ofuscados, como se viéssemos das trevas para a luz.

E, concluindo essas palavras, Rodolfo juntou o gesto à frase: passou a mão sobre o rosto, como se estivesse ofuscado, deixando depois cair sobre a de Ema. Esta retirou a sua.

"E quem poderia admirar-se, meus senhores? — lia o Conselheiro. — Somente quem fosse bastante cego, bastante imerso (não temo dizêlo) bastante imerso nos preconceitos de outra época para ignorar ainda o espírito das populações agrícolas. Com efeito, onde maior patriotismo que nos campos, maior dedicação à causa pública, maior inteligência, em suma? Eu não falo, senhores, dessa inteligência superficial, ornamento não dos espíritos ociosos, mas da inteligência profunda e moderada, aplicada a todas as coisas, na obtenção de fins proveitosos, contribuindo assim para o bem de cada qual, para o melhoramento comum e para suporte dos Estados, fruto do respeito às leis e da prática de deveres".

— Ora, lá vêm os deveres! — disse Rodolfo. — Estou farto dessa palavra! Um bando de velhos papalvos, de colete de flanela e beatas de aquecedor nos pés e rosário na mãos, cantando eternamente ao nosso ouvido: o dever! o dever! Ora! O dever é sentir o que é grande, querer o que é belo, e não é aceitar todas as convenções da sociedade, com as ignomínias que ela nos impõe.

— No entanto... no entanto... — objetou Madame Bovary.

— Não! Por que bradar contra as paixões? Não são a única coisa bela que há sobre a terra, a origem do heroísmo, do entusiasmo, da poesia, da música, das artes, de tudo, enfim?

— Mas sempre é preciso seguir um pouco a opinião do mundo e observar sua moral.

— Muito bem, — volveu ele. — Mas é que há duas no mundo. A pequena, a convencional, a dos homens, a que varia incessantemente, a que brada com força, agitando-se cá em baixo, terra-a-terra, como essa reunião de imbecis que a senhora vê. A outra, porém, a eterna, essa rodeia tudo e está acima de tudo, como a paisagem que nos circunda e o céu azul que nos ilumina.

O senhor Lieuvain acabava de limpar a boca com o lenço, continuando em seguida:

"E que poderia eu fazer, meus senhores, para demonstrar-vos aqui a utilidade da agricultura? Quem provê nossas necessidades? Quem supre nossa subsistência? Não é o lavrador? O lavrador, meus senhores, que, semeando com mão laboriosa os sulcos fecundos dos campos, faz nascer o trigo que, moído, é reduzido a pó por meio de engenhosos aparelhos, donde sai com o nome de farinha e, transportado para as cidades, é logo levado ao padeiro, que dele faz um alimento tanto para o pobre como para o rico. Não é ainda o lavrador que engorda nas pastagens, para agasalho nosso, seus abundantes rebanhos? Pois de que forma nos vestiríamos nós, meus senhores? Será preciso ir além, à procura de exemplo? Quem não meditou já sobre a importância da modesta ave, ornamento de nossos campos, que fornece ao mesmo tempo um fofo travesseiro para nossas camas, carne suculenta para nossas mesas, e ovos? Não terminaria mais, se fosse preciso enumerar os diferentes produtos que a terra bem cultivada, à maneira de mãe generosa, prodigaliza a seus filhos. Aqui, é o vinho; ali, são as cidreiras: lá, a colza; e o linho, meus senhores, — não nos esqueçamos do linho! — que teve nestes últimos anos um desenvolvimento notável, e para o qual chamo mais particularmente, vossa atenção."

Não era preciso chamá-la: todos tinham a boca aberta, como a beberem suas palavras. Tuvache, ao seu lado, ouvia-o de olhos arregalados; o senhor Derozerays cerrava suavemente as pálpebras, de vez em quando; e, mais longe, o farmacêutico, com seu filho Napoleão entre os joelhos, levara a mão em concha ao ouvido para não perder uma só sílaba. Os outros membros do júri balançavam lentamente o queixo sobre o colete, em sinal de aprovação. Os bombeiros, abaixo do estrado, descansavam, encostados às baionetas; e Binet, imóvel, tinha o cotovelo para fora, a ponta do sabre para cima. Ouvia talvez, mas não podia ver, por causa da viseira, do capacete que lhe caía sobre o nariz. Entretanto, o do tenente, filho mais moço de Tuvache, era ainda mais exagerado que o seu, era enorme e lhe vacilava na cabeça, exibindo a ponta de seu lenço de chita. Sorria, lá de baixo, com uma doçura toda infantil, e sua carinha pálida, em que o suor escorria, revelava uma expressão de gozo, de cansaço e de sono.

A praça estava cheia. Via-se gente debruçada em todas as janelas ou de pé, nas portas; e Justino, diante da montra da farmácia, parecia pregado ao solo, na contemplação do que via. Apesar do silêncio, a voz do senhor Lieuvain perdia-se no ar; transformava-se em fragmentos de frases, que o ruído das cadeiras, aqui e ali, na multidão, interrompia; lá detrás, erguia-se de repente o mugido longo de um boi; ou ainda o balido dos cordeiros que se respondiam pelas esquinas das ruas. Realmente os vaqueiros e pastores tinham trazido o gado até ali, e este mugia de vez em quando, arrancando uma ou outra erva que lhe caía sob o focinho.

Rodolfo aproximava-se de Ema e dizia-lhe em voz baixa, falando depressa:

— Esta conjuração da sociedade não a revolta? Há apenas um sentimento que ela condena? Os impulsos mais nobres, as simpatias mais puras são perseguidos, caluniados e, se duas pobres almas se encontram, enfim, tudo se organiza para que elas não possam unir-se. Tentam, porém; batem asas; chamam-se uma à outra! Oh! Não importa! Cedo ou tarde, daqui a seis meses ou dez anos, elas se reunirão, elas se amarão, porque a fatalidade o exige, porque nasceram uma para a outra.

Tinha os braços cruzados sobre os joelhos, e, nessa postura, o rosto erguido para Ema, ele a olhava de perto, fixamente.

Ela distinguia em seus pequenos olhos raios dourados que se difundiam em volta das pupilas negras; sentia mesmo o perfume da pomada que lustrava seus cabelos.

Uma moleza, então, a invadiu; lembrou-se do visconde com quem valsara em Vaubyessard, cuja barba desprendia, como aqueles cabelos, um aroma de baunilha e limão; e, maquinalmente, semicerrou as pálpebras para respirar melhor. Mas, no movimento que fez, endireitando-se na cadeira, avistou lá longe, no extremo do horizonte a velha diligência, a *Andorinha,* que descia lentamente a encosta dos Leux, erguendo após si uma nuvem de poeira. Era nessa carruagem amarela que Léon muitas vezes viera para ela; era por aquela estrada, lá longe, que ele partira para sempre! Pareceu-lhe vê-lo, ali em frente, à janela; depois, tudo se confundiu, nuvens passaram; julgou que volteava ainda, ao som da valsa, sob a luz dos lustres, nos braços do visconde; que Léon não estava longe, que Léon ia voltar... E, enquanto isso, continuava a sentir a cabeça de Rodolfo a seu lado. A doçura dessa sensação descobria, assim, seus desejos passados, e, como grãos de areia sob um golpe de vento, esses desejos turbilhonavam na onda sutil do perfume que se espalhava por sua alma. Dilatou as narinas repetidas vezes, fortemente, para aspirar a frescura da hera que cercava os capitéis. Descalçou as luvas, enxugou as mãos; depois, abanou o rosto com o lenço, ouvindo, através do bater das frontes, o rumor do povo e a voz do Conselheiro salmodiando suas frases.

— "Continuai! Perseverai! — clamava este. — Não deis ouvido nem às sugestões da rotina nem aos conselhos precipitados dum empirismo temerário! Dedicai-vos sobretudo ao melhoramento do solo, à obtenção de bons adubos, ao desenvolvimento das raças cavalares, bovinas, ovinas e suínas! Que estes Comícios sejam para vós como arenas pacíficas, em que o vencedor, ao sair, aperte a mão ao vencido, confraternizando-se com ele, na esperança dum êxito maior! E vós, veneráveis servidores, humildes servos, cujos penosos trabalhos nenhum governo havia, até hoje, tomado em consideração, vinde receber o prêmio de vossas virtudes silenciosas, convencei-vos de que o Estado tem, deste dia em diante, os olhos sobre vós, de que ele vos encoraja, de que ele vos protege, de que ele atenderá a vossas justas reclamações e alijará, tanto quanto possível, o pesado fardo de vossos sacrifícios!"

O senhor Lieuvain sentou-se, então, e o senhor Derozerays ergueu-se, iniciando outro discurso. O seu não foi, talvez, tão florido como o do Conselheiro, mas se distinguia por um caráter de estilo mais positivo, isto é, por conhecimentos mais precisos e considerações mais elevadas. Assim, o elogio do governo ocupou nele menor lugar: a religião e a agricultura detiveram-no mais. Fez ver a relação entre uma e a outra e como ambas haviam concorrido sempre para a civilização.

Rodolfo e Madame Bovary discorriam sobre sonhos, pressentimentos, magnetismo.

Remontando à origem das sociedades, o orador descrevia os tempos bárbaros em que os homens se alimentavam de glandes no fundo das selvas. Deixaram os homens, depois, a pele dos animais, vestiram-se de pano, cavaram os sulcos, plantaram a vinha. Era isso um bem, não haveria em tal descobrimento mais inconvenientes que vantagens? O senhor Derozerays estabeleceu o problema.

Do magnetismo, Rodolfo passou, pouco a pouco, às afinidades e, enquanto o sr. Presidente citava Cincinnatus empunhando seu arado, Diocleciano plantando suas couves e os imperadores da China inaugurando o ano para as sementeiras, o rapaz explicava à jovem senhora que as atrações irresistíveis tinha sua causa numa existência anterior:

— Assim, nós — por que nos conhecemos? Por que o acaso o quis? Foi porque, através da distância, sem dúvida, como dois rios que correm a unir-se, nossas inclinações particulares nos impeliram um para o outro.

E Rodolfo tomou-lhe a mão que ela não retirou.

"Conjunto de boas culturas!" — bradava o presidente.

— Há pouco, por exemplo, quando fui à sua casa...

"Ao senhor Bizet, de Quincampoix."

— Podia eu saber que a acompanharia?

"Setenta francos!"

— Cem vezes mesmo pensei em partir; segui-a, contudo, e acabei ficando.

"Adubo".

— Como ficaria esta noite, amanhã, todos os demais dias, toda a minha vida!

"Ao senhor Caron, de Argueil, uma medalha de ouro!"

— Porque jamais encontrei na companhia de alguém um encanto tão completo.

"Ao senhor Bain, de Givry-Saint-Martin..."

— Por isso, levá-la-ei na lembrança.

"Por um carneiro merinó..."

— Mas vai esquecer-se de mim e eu passarei como uma sombra.

"Ao senhor Belot, de Notre-Dame..."

— Oh, não! Serei alguma coisa em seu pensamento, em sua vida, não é?

"Raça suína, prêmio *ex aequo;* aos senhores Lhérissé e Cullembourg: sessenta francos!"

Rodolfo apertou-lhe a mão; sentiu-a quente e trêmula, qual uma rola cativa que quer retomar o voo; mas, ou porque ela tentasse desprendê-la, ou, ainda, porque respondesse à pressão, fez um movimento com os dedos. E ele exclamou:

— Obrigado! Não me repele! Como é boa! Compreende que lhe pertenço! Deixe que a veja, que a contemple!

Um golpe de vento, vindo da janela, enrugou o pano da mesa, e, na Praça em baixo, todas as toucas das camponesas se ergueram, como asas de borboletas brancas que se agitassem.

"Emprego de resíduos de sementes oleaginosas" — continuava o presidente, apressado.

"Adubo flamengo — cultura do linho — drenagem, arrendamentos a longos prazos — serviços domésticos".

Rodolfo calara-se. Olhavam-se ambos. Um desejo intenso lhes fazia trêmulos os lábios secos; e, molemente, sem esforço, seus dedos se entrelaçaram.

"Catarina Nicaise Elisabet Leroux, de Sassetot-la-Guerriére, por cinquenta e quatro anos de serviço na mesma granja, uma medalha de prata de vinte e cinco francos!"

— Onde está Catarina Leroux?" — repetiu o Conselheiro.

Catarina não se apresentava, e ouviam-se vozes cochichando:

— Vá!

— Não vou...

— À esquerda!

— Não tenha medo!

— Como é tola!

— Afinal, está ou não aí? — exclamou Tuvache.

— Sim!... Está !...

— Que se aproxime!

Avançou, então, para o estrado uma velhinha de aspecto tímido, que parecia encolher-se nas pobres roupas. Calçava grosseiros tamancos de madeira e trazia um grande avental azul atado aos quadris. O rosto magro, circundado por uma coifa sem enfeites, era mais cheio de rugas que uma maçã murcha; pelas mangas da camisola vermelha, surgiam-lhe as mãos, longas e de articulações nodosas. O pó dos celeiros, a potassa das barrelas e a gordura das lãs haviam-nas de tal forma encruado, encarquilhado e endurecido, que pareciam sujas, ainda que lavadas; e, à força de terem servido, conservavam-se entreabertas como a apresentarem, elas mesmas, a humilde prova de tantos sofrimentos suportados. Algo duma rigidez monástica realçava a expressão de seu rosto. Nada de triste ou de terno abrandava o olhar desmaiado. Na convivência com os animais, ela adotara aquele mutismo e placidez. Era a primeira vez que se via no meio de tanta gente; e, intimamente amedrontada com as bandeiras, os tambores, os senhores de casaca negra e a cruz de honra do Conselheiro, conservava-se imóvel, não sabendo se devia avançar ou fugir, nem por que o povo a empurrava, e por que lhe sorriam os examinadores.

Assim ficou diante daqueles burgueses rubicundos esse meio século de trabalhos.

— Aproxime-se, venerável Catarina Nicaise Elisabet Leroux! — disse o Conselheiro, que havia tomado das mãos do presidente a lista dos laureados. E, examinando alternadamente o papel e a anciã, repetia em tom paternal: — Aproxime-se, aproxime-se!

— É surda? — quis saber Tuvache, levantando-se da poltrona. E bradou-lhe ao ouvido:

— Cinquenta e quatro anos de serviços! Uma medalha de prata! Vinte e cinco francos! É sua.

Ela pegou a medalha, examinou-a. Um sorriso beatífico lhe inundou o rosto. Ouviram-na murmurar, indo-se embora:

— Vou dá-la ao cura, para que me diga missas.

— Que fanatismo! — exclamou o farmacêutico ao notário.

A sessão estava terminada. O povo dispersava; e agora que já não havia mais discursos, cada qual retomava seus hábitos, voltava tudo ao normal: as patroas admoestavam as criadas e estas batiam nos animais, indolentes, triunfadores que tornavam ao estábulo, com uma coroa verde entre os chifres.

Entretanto, os guardas nacionais subiram ao primeiro andar da prefeitura, com bolos espetados nas baionetas, juntamente com o tambor do batalhão, que levava um cesto de garrafas.

Madame Bovary deu o braço a Rodolfo, que a reconduziu à casa. Separaram-se à porta; e ele, sozinho, pôs-se a errar pelo campo, com a atenção voltada para a hora do banquete.

O festim foi longo, ruidoso, mal servido; havia tanta gente que mal se podia mover os cotovelos, e as tábuas estreitas que serviam de bancos ameaçavam quebrar-se ao peso dos convivas. Estes comiam fartamente, tratando cada qual de defender a sua parte. O suor corria de todas as frontes e uma névoa esbranquiçada, como a de um rio numa manhã de outono, pairava sobre a mesa, entre os candeeiros suspensos.

Rodolfo, apoiado ao pano da barraca, pensava tanto em Ema que nada ouvia.

Atrás dele, na relva, os criados empilhavam pratos sujos; seus vizinhos falavam, mas ele não lhes respondia. Enchiam-lhe o copo, um silêncio se instalava em seu cérebro, apesar da recrudescência do ruído.

Pensava no que ela havia dito, na forma de seus lábios, seu rosto, como um espelho mágico, produzia reflexos nas placas das barretinas; as dobras de seu vestido desciam pelas paredes, e dias de amor desfilavam, infinitos, nos sonhos do futuro.

Tornou a vê-la, à noite, durante os fogos de artifício. Mas Ema estava com o marido, a senhora Homais e o farmacêutico, este último preocupadíssimo com os perigos dos foguetes perdidos, o que o fazia afastar-se a todo instante para fazer recomendações a Binet.

As peças pirotécnicas enviadas a Tuvache haviam sido, por excesso de precaução, encerradas na adega. Por isso, a pólvora úmida quase não se inflamava e o quadro principal, que devia representar um dragão mordendo a cauda, falhou completamente. De vez em quando subia um pobre rojão, o povo então, espantado, soltava um clamor em que se misturava o grito das mulheres, a quem faziam cócegas durante a escuridão.

Ema, silenciosa, encostava-se de leve ao ombro de Carlos; depois, o queixo erguido, acompanhava no céu negro o rastro luminoso dos fogos. Rodolfo contemplava-a, ao clarão das lanternas que ardiam. Estas foram se apagando, pouco a pouco. As estrelas apareceram. Caíram algumas gotas de chuva. A moça amarrou o lenço à cabeça.

Nesse momento, o fiacre do Conselheiro saiu do albergue. O cocheiro, que estava bêbado, adormeceu de repente; percebia-se de longe, por cima da capota, entre as duas lanternas, o seu vulto a oscilar da direita para a esquerda, de acordo com o balanço da carruagem.

— Na verdade — sentenciou o farmacêutico — era bem preciso punir a embriaguês! Eu queria que se inscrevessem, semanalmente, à porta da prefeitura num quadro *ad hoc,* os nomes de todos os que, durante a semana, se intoxicassem com bebidas alcoólicas. Além disso, relativamente à estatística, teríamos ali como fontes informativas seguras, no caso de necessidade... Mas, queiram perdoar-me...

E correu para o capitão, que voltava para casa, onde ia ver o torno.

— Talvez fosse bom — disse-lhe Homais — que o senhor mandasse um de seus homens ou fosse o senhor mesmo...

— Deixe-me sossegado — respondeu este. — Pois se não há nada!

— Podem estar tranquilos, — declarou Homais, de volta para os seus amigos. — O sr. Binet afiançou-me que foram tomadas as devidas providências e nenhuma fagulha cairá. As bombas estão cheias. Vamos dormir.

— Por Deus, que bem o preciso! — suspirou a senhora Homais, bocejando longamente. — Mas tivemos um dia magnífico para nossa festa.

E Rodolfo refletiu, em voz baixa e com olhar terno:

— Oh! Sim! Magnífico!

E feitas as despedidas, todos se dispersaram.

Dois dias depois, no *Farol do Ruão,* apareceu extenso artigo sobre os Comícios. Escrevera-o Homais, logo no dia seguinte:

"Por que aqueles festões, aquelas flores, aquelas grinaldas? Para onde ia aquele povo, como ondas dum mar em fúria, sob a torrente de um sol tropical que espalhasse o calor sobre nossas campinas?"

Em seguida, comentava a condição dos lavradores. Era certo que o governo fazia muito, mas não fazia o bastante!

"Coragem! — exortava. — Mil reformas são indispensáveis. Realizemo-las!"

Depois, falando da entrada do Conselheiro, não esqueceu o "ar marcial de nossa milícia", nem "nossas vivazes camponesas", nem "os encanecidos anciãos, espécie de patriarcas que ali estavam, e alguns dos quais, restos de nossas imortais falanges, sentiam bater ainda o coração ao som varonil dos tambores".

Fazia menção de si mesmo como sendo um dos primeiros entre os membros do júri; lembrava até, numa nota, que o sr. Homais, o farmacêutico, enviara um Memorial sobre a cidra à Sociedade de Agricultura.

Na distribuição dos prêmios, descrevia a alegria dos contemplados com frases entusiásticas. "O pai abraçava o filho, o irmão o irmão, o esposo a esposa. Mais de um exibia orgulhosamente sua humilde medalha, e, sem dúvida, de volta para casa e para sua companheira, pendurá-la-ia, chorando, nas paredes discretas de sua choça.

"Lá pelas seis horas, um banquete, preparado na chácara do sr. Leigeard, reuniu as principais figuras da festa. A maior cordialidade não deixou de aí reinar. Ergueram-se diversos brindes. Do sr. Lieuvain, ao monarca! Do sr. Tuvache, ao prefeito! Do sr. Derozerays, à agricultura! Do sr. Homais, à indústria e às belas-artes, as duas irmãs! Do sr. Leplichey, às benfeitorias! À noite, um brilhante fogo de artifício iluminou de repente os ares. Dir-se-ia um verdadeiro caleidoscópio, uma verdadeira decoração de ópera, e, durante um momento, nossa pequena localidade pôde acreditar-se transportada para o meio de um sonho das *Mil e uma noites*.

Observemos que nenhum incidente veio perturbar essa reunião de família".

E concluía:

"Há apenas a reparar a ausência do clero. As sacristias, sem dúvida, entendem o progresso de outra maneira. Sois livres, senhores de Loyola!"

CAPÍTULO IX

Seis semanas se passaram.

Rodolfo não voltava.

Uma tarde, enfim, apareceu.

Havia dito consigo mesmo, no dia imediato aos Comícios: — Não voltemos tão cedo, que seria um erro. — E, no fim da semana, partiu para a caça. Depois da caça, imaginou que se estava fazendo muito prolongado. Em seguida fez o seguinte raciocínio:

— Mas, se logo no primeiro dia ela me amou, deve me amar mais, agora, com a impaciência de rever-me. Continuemos, pois!

E convenceu-se de que seu plano havia sido bom, quando, entrando na sala, viu Ema empalidecer.

A moça estava só.

A tarde caía. As cortinas de renda das vidraças tornavam mais denso o crepúsculo e a moldura dourada do barômetro, batida por um raio de sol, punha reflexos no espelho, entre ramos do polipeiro.

Rodolfo conservou-se de pé e Ema mal respondeu às suas frases convencionais.

— Tive negócios — disse ele; — andei doente.

— Coisa grave?

— Não! — respondeu, sentando-se ao seu lado, num banco. — Não! É que eu não queria voltar.

— Por quê?

— Não adivinha?

E olhou-a de forma tão insistente, que ela baixou a cabeça, corando.

— Ema...

— Senhor! — fez a moça, recuando um pouco.

— Ah! Está vendo? — tornou ele, com voz melancólica. — Eu tinha razão de não querer voltar! Pois esse nome, esse nome que me enche a alma e que me escapou dos lábios, a senhora mo proíbe! Madame Bovary!... Toda a gente chama assim... E, contudo, não é esse o seu nome, é o nome de outro!

E repetiu:

— De outro!

E ocultou o rosto entre as mãos.

— Sim, eu penso continuamente na senhora!... Sua lembrança me desespera... Mas perdoe... Eu me vou... Adeus... Irei para longe, tão longe, que a senhora não ouvirá mais falar de mim! E, contudo, hoje... não sei que força me arrastou para aqui. Não se pode lutar contra o céu, não se pode resistir ao sorriso dos anjos! Deixamo-nos seduzir pelo que é belo, encantador, adorável!

Era a primeira vez que Ema ouvia tais coisas; e seu orgulho como quem repousasse numa estufa, se espreguiçava molemente e todo inteiro ao calor daquela linguagem.

— Mas — continuou ele — se eu não vim, se não pude vê-la, contemplei ao menos o que a rodeia. De noite, todas as noites, erguia-me e vinha: olhava sua casa, o teto iluminado pelo luar, as árvores do jardim que se balançavam ao pé de sua janela, para uma luzinha, uma tênue luz que se infiltrava através das cortinas, na sombra. Ah! A senhora mal sabia que ali estava, tão perto e tão longe, um pobre mísero...

Ela se voltou para ele, num soluço:

— Oh! O senhor é bom!

— Não; eu a amo, eis tudo! A senhora não pode duvidar disso! Diga-me alguma coisa, uma só palavra apenas!

E Rodolfo, insensivelmente, deslizou da cadeira ao chão. Ouviu, porém, um ruído na cozinha e percebeu que a porta da sala não estava fechada.

— Como a senhora seria caridosa — prosseguiu, levantando-se — se me satisfizesse uma fantasia...

Era visitar a casa, que ele desejava conhecer; e Madame Bovary, não vendo inconveniente nisso, levantava-se também, quando Carlos entrou.

— Bons dias, doutor — saudou Rodolfo.

O médico, desvanecido com o título inesperado, desfez-se em atenções, e o outro se aproveitou disso para se refazer um pouco.

— Sua senhora me falava da saúde...

Carlos interrompeu-o: de fato andava muito inquieto, pois os achaques da mulher recomeçavam. Rodolfo perguntou, então, se não lhe faria bem andar a cavalo.

— Certamente! Eis uma boa ideia! Deves aproveitá-la.

E, como Ema objetasse que não tinha cavalo, Rodolfo ofereceu-lhe um. Ela, contudo, recusou o oferecimento, e ele não insistiu. Depois, justificando sua visita, contou que seu empregado, o da sangria, continuava a sentir atordoamentos.

— Passarei por lá — disse Bovary.

— Não, não, eu o mandarei aqui; viremos ambos — será mais cômodo para o senhor.

— Ótimo! Muito obrigado!

E, tão logo ficaram a sós:

— Por que não aceitas a proposta cortês do senhor Boulanger.

Ela assumiu um ar de enfado, deu mil desculpas e declarou, finalmente, que isso talvez parecesse esquisito.

— Ora, ora! Pouco me importa! — disse Carlos, fazendo uma pirueta. — A saúde antes de tudo! Tu estás errada!

— E como queres que eu monte a cavalo, se não tenho traje apropriado?

— Encomenda-se um!

A indumentária fê-la decidir-se. Quando esta ficou pronta, Carlos escreveu ao sr. Boulanger, dizendo-lhe que a mulher estava à sua disposição e que ele contava com a sua condescendência.

No dia seguinte, ao meio-dia, Rodolfo estava diante da porta de Carlos, com dois ótimos cavalos. Um trazia penachos cor-de-rosa nas orelhas e uma sela de pele de gamo para mulher.

Rodolfo calçava longas botas de cano, achando que ela com certeza nunca vira outras iguais. E, de fato, Ema ficou encantada com o seu garbo, quando ele apareceu no pátio, de casaco de veludo e calças de malha branca.

A moça estava pronta e esperava-o.

Justino escapou-se da farmácia, para vê-la, e o farmacêutico também se abalou. Dava conselhos ao sr. Boulanger:

— Uma desgraça pode acontecer de repente! Tenham cuidado! Os cavalos talvez sejam fogosos...

Ela ouviu ruído sobre a cabeça: era Felicidade que tamborilava nas vidraças para divertir a pequenina Berta. A criança atirou um beijo de longe e Ema respondeu, acenando-lhe com o punho do chicote.

— Bom passeio!— gritou Homais. — Prudência, sobretudo; muita prudência!

E agitava o jornal, vendo-os afastarem-se.

O cavalo de Ema começou a galopar. Rodolfo ia a seu lado.

Diziam uma ou outra palavra, de vez em quando.

O rosto meio inclinado, a mão levantada e o braço direito estendido, ela se abandonava à cadência do movimento que a embalava sobre a sela.

Na base da encosta, Rodolfo afrouxou as rédeas e os cavalos partiram de um só salto. Lá em cima pararam, de repente, e o grande véu azul da moça caiu de novo no rosto.

Era nos primeiros dias de outubro. Havia neblina sobre os campos. As brumas se estendiam pelo horizonte, entre os contornos das colinas; outras, fazendo-se em pedaços, subiam e desapareciam. De vez em quando, num afastamento das nuvens, apareciam ao longe, sob um raio de sol, os telhados de Yonville, os jardins à beira da água, os pátios e a torre da igreja.

Ema semicerrava as pálpebras, procurando reconhecer sua casa, e nunca a pobre aldeia em que vivia lhe pareceu tão pequena. Da altura em que estavam, todo o vale parecia um imenso lago pálido, a evaporar-se. Os grupos de árvores destacavam-se aqui e ali, como rochedos negros, e as linhas elevadas dos olmos atravessando a bruma eram como rendas agitadas pelo vento.

Ao lado, na relva, entre os pinheiros, uma luz baça pairava na atmosfera tépida. A terra, avermelhada como pó de tabaco, amortecia o ruído dos passos; e os cavalos, caminhando, faziam rolar com as ferraduras as pinhas caídas.

Rodolfo e Ema seguiam assim a orla do bosque.

Ela se voltava, de vez em quando, procurando evitar o olhar do rapaz, e, então, via apenas os troncos dos pinheiros em fila, cuja sucessão ininterrupta a entontecia um pouco.

Os cavalos resfolegavam. O couro das selas rangia.

No instante em que entravam na mata, o sol surgiu.

— Deus nos protege! — observou Rodolfo.

— Acha? — fez ela.

— Avancemos, avancemos — respondeu ele. Estalou a língua e os cavalos começaram a correr.

Longos fetos, à beira do caminho, agarravam-se ao estribo de Ema. Rodolfo, caminhando sempre, inclinava-se e arrancava-lhos. Outras vezes, para afastar os ramos, ele passava rente dela, e Ema sentia o joelho dele roçar-lhe a perna. O céu tornara-se azul. As folhas estavam imóveis. Havia espaços inteiros de estevas floridas; toalhas de violetas se alternavam com o maciço das árvores, ora cinzento, ora fulvo, ora dourado, conforme a variedade da folhagem. Detrás das moitas vinha, à toda hora, um bater de asas ou ainda o grito a um tempo rouco e suave dos corvos que voavam entre os carvalhos.

Apearam-se.

Rodolfo amarrou os cavalos.

Ela ia adiante, pisando a relva, pela picada. Mas o vestido muito longo a embaraçava, embora ela o erguesse pela cauda. E Rodolfo, caminhando atrás, contemplava, entre o tecido negro e a botinha preta, a delicadeza da meia branca que lhe parecia algo de sua nudez.

Ela se deteve, dizendo:

— Estou cansada.

— Vamos, experimente um pouco mais — animou ele. — Coragem!

Cem passos adiante, ela parou de novo; e, através do véu do chapéu de homem, que lhe descia para os quadris, distinguia-se-lhe o rosto duma transparência anilada, como se ela houvesse sido mergulhada em ondas azuis.

— Onde vamos nós?

Ele não respondeu.

Ema tinha a respiração entrecortada.

Rodolfo passeava o olhar em volta e mordia o bigode.

Chegaram a uma clareira onde árvores haviam sido derrubadas. Sentaram-se num tronco caído e Rodolfo pôs-se a falar-lhe do seu amor. Não a assustou, de chôfre, com galanteios. Foi calmo, sério, melancólico.

Ema ouvia-o de cabeça baixa, movendo com a ponta do pé os seixos espalhados pelo chão.

Mas, à frase dele: — Não é verdade que nossos destinos são agora comuns? — ela exclamou:

— Não! O senhor bem o sabe. É impossível!

Levantou-se para partir. Ele a reteve pelo pulso e ela ficou.

Então, considerando-o alguns minutos com olhos ternos e úmidos, ela disse vivamente:

— Por favor, não falemos mais nisso... Onde estão os cavalos? Vamos voltar...

Ele fez um gesto de cólera e enfado.

Ela insistiu:

— Onde estão os cavalos? Onde estão os cavalos?

Então, com um sorriso estranho, o olhar fixo, os dentes cerrados, ele avançou de braços abertos. Ela recuou, trêmula, balbuciando:

— Oh! O senhor me assusta, magoa-me! Vamos embora!

— Já que assim o quer... — retrucou ele, mudando de fisionomia. E tornou-se imediatamente respeitoso, cortês, tímido.

Ela deu-lhe o braço e puseram-se a caminho, de volta.

Ele dizia:

— Tinha alguma coisa? Por quê? Não compreendi. Enganou-se, decerto. A senhora está na minha alma como uma madona sobre um pedestal — num lugar alto, sólido e imaculado. Mas eu preciso da senhora para viver; preciso de seus olhos, de sua voz, de seu pensamento. Seja minha amiga, minha irmã, meu anjo!

E estendia o braço, cingindo-lhe a cintura. Ela procurou fugir fracamente. Mas ele a retinha assim, caminhando.

Ouviram os cavalos tosando a erva.

— Oh! Um momento só! — disse Rodolfo. — Não partamos! Fique...

Arrastou-a mais longe, perto de uma lagoa, onde as lentilhas d'água refletiam sua verdura nas ondas.

Nenúfares murchos, jaziam imóveis entre os juncos. Ao ruído dos passos na relva, as rãs saltaram para se esconder.

— Faço mal, faço mal — dizia ela. — Sou louca em dar-lhe ouvidos.

— Por quê?... Ema! Ema!

— Oh! Rodolfo!... disse a jovem lentamente, reclinando-se em seu ombro.

O pano de seu vestido prendeu-se ao veludo do casaco dele. Curvou o alvo pescoço que se dilatou com um suspiro; e, semi-desfalecida banhada em pranto, com um frêmito longo, ocultando o rosto, ela entregou-se.

Caíam as sombras da tarde. O sol poente, atravessando os ramos, ofuscava os olhos da moça. Aqui e ali, à sua volta, nas folhas ou pelo solo, tremiam manchas luminosas, como se colibris tivessem espalhado suas penas, ao voar.

O silêncio era geral. Alguma coisa de doce parecia emanar das árvores. Ema ouvia o coração, cujo palpitar recomeçava, e o sangue circular pelo corpo como um rio de leite.

Então, ela ouviu, muito longe, para lá do bosque, sobre as outras colinas, um grito vago e prolongado, uma voz que se arrastava; e ouviu em silêncio, a confundir-se, como uma música, as derradeiras vibrações de seus nervos abalados.

Rodolfo, com o charuto entre os dentes, consertava com o canivete uma das rédeas que se partira.

Voltaram a Yonville pelo mesmo caminho. Viram no chão o rastro dos cavalos, de um lado e de outro, as mesmas moitas, os mesmos seixos entre as ervas. Nada mudara em torno deles. E, contudo, para ela, alguma coisa sobreviera, mais importante que o próprio deslocamento das montanhas.

De vez em quando Rodolfo inclinava-se, tomava-lhe a mão e beijava-a.

Era encantadora a cavalo! Direita, talhe esbelto, o joelho dobrado sobre a crina do animal, um pouco corada pelo ar livre no rubor da tarde.

À entrada de Yonville, ela fez o cavalo voltear nas calçadas. Vieramna ver às janelas.

Durante o jantar, o marido achou-a de boa aparência. Quando, porém, lhe indagou do passeio, ela fingiu não ouvir. Ficou com o cotovelo junto ao prato, entre as duas velas acesas.

— Ema! — chamou ele.

— Que é?

— Passei a tarde em casa do senhor Alexandre. Ele tem uma velha égua ainda bonita, apenas um pouco coroada que se poderia comprar aí por uns cem escudos...

E acrescentou:

— Pensando, mesmo, que isso seria de teu agrado, fiquei com ela... comprei-a... Dize-me: fiz bem?

Ela moveu a cabeça, concordando; e, um quarto de hora depois:

— Sais esta noite?

— Sim. Por quê?

— Por nada.

E, apenas se viu livre de Carlos, subiu e trancou-se no quarto.

Primeiro, sentiu uma espécie de atordoamento: revia as árvores, os caminhos, as valas, Rodolfo; sentia ainda a pressão de seus braços, enquanto a folhagem tremia e os juncos sibilavam.

Mas, vendo-se no espelho, ficou admirada com o próprio aspecto.

Nunca tivera os olhos tão grandes, tão negros, nem assim tão profundos. Alguma coisa de sutil se espalhara por toda ela, transformando-a.

E dizia consigo mesma: — Tenho um amante! Um amante! — deleitandose, com essa ideia, como se fora uma nova puberdade que lhe sobreviesse.

Ia, afinal, possuir as alegrias do amor, a febre da felicidade, de que já desesperara. Entrava em algo de maravilhoso onde tudo era paixão, êxtase, delírio; uma imensidão azulada a envolvia, os píncaros do sentimento cintilavam sob a sua imaginação, e a vida quotidiana aparecia-lhe longínqua, distante, na sombra, entre os intervalos daquelas alturas.

Lembrou-se das heroínas dos livros que havia lido e a legião lírica dessas mulheres adúlteras punha-se a cantar em sua lembrança, com vozes de irmãs que a encantavam. Ela mesma se tornara como uma parte verdadeira de tais fantasias e concretizava o longo devaneio de sua mocidade, imaginando-se um daqueles tipos amorosos que ela tanto invejara antes. Além disso, Ema experimentava uma sensação de vingança. Pois não sofrera já bastante? Triunfava, todavia, agora, e o amor, por tanto tempo reprimido, explodia todo, com radiosa efervescência. Saboreava-o sem remorsos, sem inquietação, sem desassossego.

O dia seguinte transcorreu com novas doçuras. Trocaram juramentos. A moça contou seus pesares. Ele interrompia-a para beijá-la; e ela, olhando-o com as pálpebras semicerradas, lhe pedia que a chamasse pelo nome, e repetisse que a amava. Estavam na floresta, como na véspera, numa cabana de tamanqueiros. As paredes eram de palha, e o teto tão baixo, que era preciso ficarem agachados. Estavam sentados lado a lado, num leito de folhas secas.

Desde esse dia, escreviam-se regularmente todas as noites. Ema levava sua carta ao fundo do jardim, perto da ribeira e punha-a numa fenda do terraço. Rodolfo vinha buscá-la e deixava outra, que ela sempre acusava de curta.

Uma manhã em que o marido saíra desde o amanhecer, tomou-a a fantasia de ver Rodolfo naquele mesmo instante. Podia chegar logo a Huchette, aí ficar uma hora e estar de volta a Yonville: encontraria toda a gente dormindo ainda. A ideia fê-la ofegar de desejo e, logo depois, estava no campo, andando rapidamente, sem olhar para trás.

— O dia começava a erguer-se.

Ema, de longe, reconheceu a casa do amante, em que dois cata-ventos em forma de cauda de andorinha se recortavam em negro sobre a luz pálida.

Além do terreiro da chácara, havia a parte principal de uma casa, que devia ser o castelo.

Ela entrou, como se as paredes, à sua aproximação, se afastassem por si próprias.

Uma grande escada conduzia para o corredor.

Ema torceu a maçaneta de uma porta e viu de repente, no fundo do quarto, um homem que dormia. Era Rodolfo. Ela soltou um grito.

— És tu! És tu! — exclamou ele. — Como fizeste para vir? Oh! Teu vestido está molhado!...

— Eu te amo! — respondeu ela, passando-lhe o braço em volta do pescoço.

Como teve bom êxito nessa primeira audácia toda vez agora que o marido saía de madrugada, ela se vestia num ápice e descia a passos leves a escada exterior que levava à beira d'água.

Mas, quando a prancha das vacas estava erguida, era preciso caminhar ao longo do muro que beirava a ribeira. A margem era escorregadia, e, para não cair, ela se agarrava aos buquês de goiveiros secos. Seguia, depois, pelos campos lavrados, nos quais atolava, tropeçava e embaraçava as botas. Seu lenço, sobre a cabeça, se agitava ao vento; tinha medo dos bois e punha-se a correr; chegava ofegante, as faces vermelhas, exalando toda ela um perfume fresco de seiva, de verdura e de ar puro.

Rodolfo, àquela hora, dormia ainda. Era como uma alvorada de primavera que lhe entrasse pelo quarto.

As cortinas amarelas, nas janelas, deixavam passar docemente um raio de luz dourado.

Ema tateava, piscando os olhos, enquanto as gotas de orvalho, suspensas de seus bandós, formavam como que uma auréola de topázio em volta de seu rosto.

Rodolfo atraía-a, rindo, aconchegando-a ao coração.

Depois, ela examinava o quarto, abria as gavetas dos móveis, penteava-se com o pente dele, olhava-se ao espelho. Muitas vezes prendia mesmo entre os dentes o canudo de um cachimbo que estava sobre a mesa da cabeceira, entre limões e torrões de açúcar, junto a uma garrafa d'água.

Na despedida, levavam um bom quarto de hora. Ema chorava, então; quisera jamais largar Rodolfo. Qualquer coisa de mais forte que ela a impelia para ele, de tal forma, que um dia, vendo-a aparecer de improviso, ele franziu a testa, como se estivesse contrariado.

— Que tens? — indagou ela. — Estás doente? Dize-me...

E ele declarou, por fim, num ar sério, que suas visitas se tornavam imprudentes e que ela se comprometia.

CAPÍTULO X

Pouco a pouco os receios de Rodolfo contagiaram-na.

Primeiro, o amor a embriagara, e ela em nada mais havia pensado. Agora, porém, que ele se tornara indispensável à sua vida, temia perder qualquer parcela dele, ou mesmo, que ele fosse perturbado. Quando saía da casa dele, lançava em torno olhares inquietos, espreitando cada sombra que passava no horizonte, cada fresta da aldeia de onde poderia ser observada. Atentava para os passos, os gritos, os ruídos dos arados; e detinha-se, mais pálida e trêmula que as folhas dos olmos que se balançavam sobre ela.

Uma manhã em que assim voltava, pareceu-lhe ver, de repente, o longo cano duma carabina que se diria voltada para ela. Estava atravessado obliquamente na extremidade de um barril, semi-oculto entre as ervas, à beira de um buraco.

Ema, quase a desmaiar de medo, avançou, contudo: um homem emergiu do barril, como esses bonecos de mola que saltam do interior das caixas. Tinha polainas ajustadas até os joelhos, o boné enterrado até os olhos, os lábios trêmulos e o nariz vermelho.

Era o capitão Binet, à espreita dos patos selvagens.

— Devia avisar de longe! — exclamou. — Quando se vê uma espingarda, convém sempre dar um sinal.

Binet procurava, dessa forma, dissimular o susto que tivera, pois, tendo uma portaria da Prefeitura proibido a caça aos patos bravios, a não ser de bote, ele achava-se em contravenção, apesar de seu respeito pelas leis. Julgava, por isso, ouvir a todo o instante chegar o guarda campestre. Mas a inquietação lhe envenenava o prazer e, sozinho em seu barril, congratulava-se de sua sorte e de sua malícia.

À vista de Ema, pareceu aliviado de um grande peso, e, logo, encetando conversa:

— Não está nada quente!

Ema não respondeu, e ele continuou:

— A senhora levantou-se cedo, hoje.

— Sim — gaguejou ela — venho da casa da ama de minha filha.

— Ah! Muito bem, muito bem! Quanto a mim, tal como a senhora me vê, desde o nascer do dia aqui estou. Mas o tempo está tão turvo que a menos que se tenha a asa à boca do cano...

— Passe bem, senhor Binet — interrompeu ela, voltando-lhe as costas.

— Passe bem, minha senhora — respondeu Binet, secamente. E voltou ao seu barril.

Ema arrependeu-se de haver se despedido de Binet de maneira tão brusca. Iria, sem dúvida, fazer conjeturas desfavoráveis. A história da ama era a pior desculpa, porque em Yonville todos sabiam perfeitamente que a pequena Bovary havia um ano que voltara para casa dos pais. Além disso, ninguém morava pelas redondezas e o caminho só conduzia a Huchette. Binet tinha, então, adivinhado de onde ela vinha, e não silenciaria; tagarelaria, certamente!

Passou o dia a torturar o espírito com todos os projetos de mentiras imagináveis, tendo incessantemente diante dos olhos aquele imbecil de bornal de caçador.

Carlos, após o jantar, vendo-a pensativa, quis levá-la à casa do farmacêutico, para distraí-la. E a primeira pessoa que ela avistou na farmácia foi ainda ele, Binet. Estava de pé, diante do balcão iluminado pela luz do frasco vermelho, e dizia:

— Dê-me, por favor, meia onça de vitríolo.

— Justino — chamou o farmacêutico — traga o ácido sulfúrico.

Depois, voltando-se para Ema, que queria subir ao quarto da senhora Homais:

— Não se incomode, que não vale a pena: ela já vai descer. Aqueça-se ao fogo, enquanto espera... Desculpe-me... Como está, doutor? (Porque Homais gostava imenso de pronunciar a palavra doutor, como se, dirigindo-a a alguém, ele fizesse ressaltar sobre si mesmo um pouco da pompa que ele achava nisso...) Mas tenha cuidado e não entorne os frascos! Vá depressa buscar as cadeiras da salinha. Você bem sabe que não se desarrumam as poltronas da sala.

E precipitava-se para fora do balcão, para arrumar a sua poltrona, quando Binet lhe pediu meia onça de ácido de açúcar.

— Ácido de açúcar? — fez o farmacêutico, desdenhoso. — Não conheço, não sei o que seja. O senhor quer, talvez, ácido oxálico. É oxálico, não é verdade?

Binet explicou que precisava de um mordente para preparar ele mesmo uma água de cobre com que desenferrujar algumas peças de caça. Ema estremeceu.

— Com efeito, — disse o farmacêutico — o tempo não está propício por causa da umidade.

— No entanto, — respondeu o outro, com ar malicioso, — há pessoas que se arranjam com ele.

A jovem sufocava.

— Dê-me ainda...

— Será que ele nunca vai embora? — pensava ela.

— ... meia onça de terebentina, quatro de cera amarela e três meias onças de negro-animal, por favor, para limpar as correias de verniz de meu equipamento.

O farmacêutico começava a cortar a cera, quando a senhora Homais apareceu com Irma nos braços, seguida de Napoleão e de Atália. Foi sentar-se no banco de veludo, junto à janela. O garoto acocorou-se num banquinho, enquanto a irmãzinha mais velha girava em volta da caixa de jujuba, perto do papai. Este enchia funis e arrolhava frascos, colando etiquetas e arrumando pacotes. Todos estavam quietos, à sua volta, e ouvia-se apenas, de vez em quando, o tintilar dos pesos na balança, com uma ou outra palavra baixa que ele dizia, dando conselhos ao ajudante.

— Como vai sua menina? — perguntou a senhora Homais, de repente.

— Silêncio — exclamou o marido, que escrevia algarismos num borrador.

— Por que não a trouxe? — prosseguiu ela a meia-voz.

— Psiu! — recomendou Ema, apontando o farmacêutico.

Mas Binet, compenetrado na verificação da soma, decerto não ouvira, e saiu finalmente. Ema, então, soltou um prolongado suspiro, aliviada.

— Como respira forte! — observou a senhora Homais.

— É que está quente — explicou ela.

No dia seguinte, trataram, a jovem e Rodolfo, de organizar suas entrevistas. Ema queria subornar a criada com um presente. Mas, depois, achou melhor procurar uma casa discreta, em Yonville, e Rodolfo prometeu procurá-la. Durante todo o inverno, três ou quatro vezes na semana, noite fechada ele vinha ter ao jardim.

Ema havia retirado, de propósito, a chave da porteira, e Carlos deu-a por perdida.

Para avisá-la, Rodolfo jogava um punhado de areia nas venezianas. Ela se erguia, sobressaltada.

Mas, algumas vezes, era preciso esperar, pois Carlos tinha a mania de tagarelar no canto do fogo e não acabava mais. Ela se consumia de impaciência; se os olhos o pudessem, tê-lo-iam feito saltar pela janela.

Por fim ela começava sua toalete noturna. Tomava, depois, um livro e continuava a ler, muito tranquila, como se a leitura a agradasse. Mas Carlos, já na cama, chamava-a para deitar-se:

— Venha, Ema. Está na hora.

— Sim, já vou — respondia ela.

Entretanto, como a luz das velas o ofuscava, ele se voltava para a parede e adormecia.

Ela escapulia, então, retendo o fôlego, sorridente, palpitante, nua.

Rodolfo tinha uma ampla capa, com que lhe envolvia o corpo inteiro e, passando-lhe o braço pela cintura, levava-a sem falar para o fundo do jardim.

Era no caramanchão, no mesmo banco rústico onde outrora Léon a olhava tão amorosamente, durante as tardes de verão. Agora, ela nem se lembrava dele.

As estrelas brilhavam através dos jasmineiros sem folhas. Os dois ouviam, atrás, a ribeira que corria, e, de vez em quando, na margem, os estalidos dos juncos secos. Aqui e ali maciços de sombra alargavam-se na obscuridade, e, às vezes, estremeciam num só movimento, erguendo-se e dobrando-se como vagas enormes e negras que se adiantassem para cobri-los.

O frio da noite fazia-os se estreitarem mais, os suspiros de seus lábios pareciam mais fortes; os olhos quase fechados pareciam-lhes maiores e, no silêncio, sussurravam palavras que caíam em suas almas com uma sonoridade cristalina e nelas ecoavam em múltiplas vibrações.

Quando a noite era chuvosa, iam refugiar-se no consultório médico, entre o alpendre e a estrebaria. Ela acendia uma vela de cozinha que escondera atrás dos livros. Rodolfo se acomodava como se aquilo fosse sua própria casa. À vista da biblioteca, da escrivaninha, de todo o quarto, enfim, excitava seu bom humor e não se podia furtar de dizer vários gracejos sobre Carlos, o que confundia Ema. Desejaria esta vê-lo mais grave, mais dramático mesmo para a ocasião, como àquela vez em que julgou ouvir, na aleia, ruído de passos que se aproximavam.

— Vem gente! — disse ela.

Ele apagou a luz.

— Tens as pistolas?

— Por quê?

— Mas... para te defenderes... — respondeu a moça.

— De teu marido? Coitado!

E Rodolfo terminou a frase com um gesto que significava: — Eu o esmago com um piparote.

Ela admirou-lhe a valentia, embora percebesse nela uma espécie de indelicadeza e grosseria ingênua que a escandalizou.

Rodolfo refletiu muito sobre a tal história das armas. Se Ema falara seriamente, pensava ele, aquilo era bem ridículo, odioso mesmo, pois não tinha ele motivo algum para odiar esse bom Carlos, pois não o devoravam os ciúmes. Fizera-lhe Ema, a propósito, solene juramento que ele não achou de melhor gosto.

Ademais, ela se tornava muito sentimental. Fora preciso trocaremse miniaturas, cortarem madeixas de cabelo; e ela pedia agora um anel, um verdadeiro anel de casamento, em sinal de estima eterna. Falava-lhe muitas vezes dos sinos da tarde ou das "vozes da natureza"; falava-lhe ainda da sua mãe e da dele. Perdera-a Rodolfo havia vinte anos. Ema, contudo, consolava-o escolhendo as palavras, à maneira, de quem fala com uma criança abandonada; chegava a dizer-lhe, contemplando a lua:

— Tenho certeza de que, reunidas lá no alto, elas aprovam o nosso amor.

Mas era tão linda! Tão raro possuíra ele candura assim!

Esse amor sem libertinagem era para o moço algo de novo que, arrancando-o de seus hábitos comuns, lhe afagava ao mesmo tempo o orgulho e a sensualidade. A exaltação de Ema, que seu bom-senso burguês desdenhava, parecia-lhe encantadora, no íntimo, pois que era a ele dedicada.

Então, seguro desse amor, deixou de se constranger e, insensivelmente, suas maneiras mudaram. Não tinha mais, como antes, aquelas palavras tão doces que a faziam chorar, nem aquelas carícias ardentes que a tornavam doida; de modo que o seu grande amor, em que ela vivia imersa, pareceu diminuir sob ela, como a água de um rio, absorvida pelo seu leito. E Ema percebeu o lodo. Não queria acreditar em tal; redobrou de ternuras e Rodolfo cada vez menos ocultava a indiferença.

Ela não sabia se devia lastimar-se de haver-lhe cedido ou se, ao contrário, desejava amá-lo ainda mais. A humilhação de sentir-se fraca transformou-se num rancor que as voluptuosidades moderavam. Não era afeto, era como que uma sedução permanente. Ele a subjugava, e ela lhe tinha quase medo.

As aparências, porém, eram mais calmas que nunca.

Rodolfo tinha conseguido levar a adúltera ao sabor de seu capricho. E, no fim de seis meses, quando a primavera chegou, achavam-se reciprocamente como dois casados que alimentam, tranquilamente uma chama doméstica.

Era a época de Rouault mandar o peru, como lembrança da cura de sua perna. O presente vinha sempre com uma carta. Ema cortou o barbante que a prendia ao cesto e leu as linhas seguintes:

> "Meus caros filhos:
>
> Espero que a presente os encontre com boa saúde que este valha tanto quanto os outros, pois me parece um pouco mais tenro, se ouso dizer, e mais gordo. Mas, para a próxima vez, para variar, eu lhes darei um galo, a menos que vocês prefiram frangos e me façam o favor de enviar-me a cesta com as duas antigas. Tive um aborrecimento com minha carroça, cuja coberta, uma noite que ventava muito, se foi pelos ares. A colheita não teve melhor êxito. Enfim, não sei quando irei vê-los. Está agora tão difícil deixar a casa, desde que estou só, minha pobre Ema!"

E havia aqui um espaço entre as linhas, como se o bom homem tivesse deixado cair a pena para pensar um instante.

> "Quanto a mim, vou bem, tirando uma constipação que apanhei outro dia na feira de Yvetot, para onde havia ido a fim de contratar um pastor, pois havia despedido o meu, que era muito desbocado. Como são lastimáveis esses patifes! Além do mais, o meu ainda era desonesto. Soube por um mascate, que arrancou um dente, quando viajava por essas bandas, que Bovary continua a trabalhar muito. Isso não me espanta; o mascate mostrou-me o dente; tomamos um café juntos. Perguntei-lhe se a tinha visto e ele respondeu que não, mas que vira dois animais na estrebaria, donde concluí que a coisa vai bem. Tanto melhor, meus filhos; que o bom Deus lhes conceda toda a ventura imaginável.
>
> Causa-me pesar não conhecer ainda minha querida netinha Berta Bovary. Plantei para ela, no jardim, debaixo de teu

quarto, uma ameixeira de boa qualidade e não quero que ninguém a toque, a não ser para fazer compotas que guardarei no armário, para quando ela vier por aqui.

Adeus, meus filhos. Mando-lhe um beijo, filha, e também a meu genro e à pequena, nas faces.

Sou, com todo o afeto,

seu pai carinhoso

Teodoro Rouault".

Ela ficou alguns minutos com o papel entre os dedos. Os erros de ortografia misturavam-se uns aos outros, e Ema continuava no doce pensamento que cacarejava atrás de tudo como uma galinha meio oculta numa sebe de espinhos. Haviam secado a carta em cinzas, pois um pouco de pó branco caiu-lhe no vestido, e ela quase teve a impressão de ver seu pai curvado sobre o fogão para agarrar as tenazes. Quanto tempo já havia que o não via sentado no escabelo, à lareira, quando ela queimava a ponta de um pau nas enormes labaredas dos juncos marinhos que estalavam!... Lembrou-se das tardes de verão cheias de sol. Os potros relinchavam, quando alguém passava, e galopavam, galopavam... Havia uma colmeia debaixo da janela, e, de vez em quando, as abelhas, voando em torno da luz, batiam nas vidraças como bolas de ouro saltitantes. Que felicidade a daquele tempo! Que liberdade! Que esperança! Que mundo de ilusões! Nada mais havia dele agora! Ela consumira tudo nas aventuras da sua alma, em todos os seus estados sucessivos, na virgindade, no casamento, no amor — perdera tudo, assim, continuamente, no transcorrer de sua vida, como viandante que deixa alguma coisa de sua riqueza em todos os pousos do caminho.

Mas quem a fizera tão infeliz? Onde estava a catástrofe extraordinária que a esmagara?

E ela ergueu a cabeça, olhando à sua volta, como a buscar a causa do que a fazia sofrer.

Um sol de abril cintilava nas porcelanas do aparador; o fogo crepitava; sentiu sob as chinelas a suavidade do tapete; o dia era claro, o ar tépido, e ela ouvia a filha que ria alegremente.

A pequenina rolava na relva, entre o capim espalhado para secar. Estava deitada de bruços, no alto de um monte de palha. A criada segurava-a pela perna; Lestiboudois estava ao lado, e todas as vezes que ele se aproximava, ela se curvava, agitando os braços.

— Traga-ma! — ordenou Ema, precipitando-se para beijá-la. — como eu te amo, minha pobre filha, como eu te amo!

Depois, notando que a menina tinha a ponta das orelhas um pouco suja, pediu depressa água quente e lavou-a, trocou-lhe a roupa, as meias, os sapatos, fez mil perguntas sobre sua saúde, como se a filha voltasse duma viagem, e, afinal, beijando-a ainda e chorando um pouco, devolveu-a aos cuidados da criada que ficara admiradíssima ante esse transporte de ternura.

À noite, Rodolfo achou-a mais séria que de costume.

— Isso passará — concluiu ele — é um capricho.

E faltou consecutivamente a três entrevistas. Quando voltou, depois, ela se mostrou fria, quase desdenhosa.

— Perdes o tempo, minha querida...

E se fez desapercebido de seus suspiros melancólicos e do lenço que ela tirava do bolso frequentemente.

Só agora Ema se arrependia!

Perguntava mesmo de si para consigo a razão por que detestava Carlos, e se não fora melhor poder amá-lo. Mas ele não dava ocasião para aquela recrudescência do sentimento, de modo que ela estava muito embaraçada, com os seus desejos de sacrifício. Foi quando o farmacêutico surgiu a propósito e lhe ofereceu uma oportunidade.

CAPÍTULO XI

Homais lera ultimamente o elogio de um novo método para a cura dos pés equinos. E, como era adepto do progresso, concebeu a ideia patriótica de que Yonville, para *estar à altura,* devia ter operações de estrefopodia.

— Por que — dizia ele a Ema — que é que se arrisca? Veja (e ele enumerava nos dedos as vantagens da tentativa): êxito quase certo, alívio e embelezamento do doente, celebridade rápida adquirida pelo operador. Porque não tentaria seu marido, por exemplo, a curar o pobre Hipólito do *Leão de Ouro?* Lembre-se de que este não deixaria de propalar a sua cura a todos os viajantes; além disso, (Homais baixou a voz, e olhou à roda) quem me impediria então de enviar uma pequena nota ao jornal, sobre o assunto? E por Deus! — um artigo circula, é comentado... Isso acabaria por fazer sucesso. E quem sabe?...

Realmente, Bovary podia sair-se bem; nada convenceria Ema de que ele não fosse hábil. E que satisfação para ela, tê-lo induzido a dar um passo em que sua reputação e fortuna seriam aumentadas? Ela desejava apenas se apoiar em algo mais seguro que o amor.

Carlos, instado pelo farmacêutico e por ela, deixou-se convencer. Fez vir de Ruão o livro do doutor Duval e, todas as noites, a cabeça entre as mãos, mergulhava-se na leitura dele.

Enquanto ele estudava os pés equinos, os varos e os valgos, isto é, a estrefocatopodia e a estrefenopodia (ou, para falar mais claro, os diferentes desvios do pé, tanto por baixo como por dentro, ou, ainda, por fora), com a estrefipopodia e a estrefanopodia (ou, por outra, torsão para baixo e levantamento para cima), Homais, com todos os argumentos possíveis, exortava o rapaz da estalagem a deixar-se operar.

— Sentirás, talvez, apenas uma ligeira dor, uma simples picada, como uma pequena sangria; menos que a extirpação de certos calos.

Hipólito, pensativo, vagava os olhos estúpidos.

— Ademais — continuava o farmacêutico — isso não me interessa, mas a ti! Falo por pura humanidade! Queria ver-te, meu amigo, livre dessa hedionda claudicação, com esse balanço da região lombar, que, por menos que queiras, deve embaraçar-te no exercício da tua profissão.

E Homais descrevia-lhe o quanto ele se sentiria, depois, mais bem disposto e ágil; dava-lhe mesmo a entender que se tornaria mais bem visto pelas mulheres. E o moço de cavalariça punha-se a rir pesadamente. Atacava-o, depois, Homais, pela vaidade:

— Não és um homem, caramba?! Que farias então, se precisasses servir, defender a bandeira?! Ah! Hipólito!

E ia embora, finalizando que não compreendia aquela teimosia, aquela cegueira com que recusava os benefícios da ciência.

O desgraçado cedeu, afinal, pois aquilo foi como uma conjuração.

Binet, que jamais intervinha na vida alheia, a senhora Lefrançois, Artemisa, os vizinhos, até o prefeito Tuvache, toda gente o animou, lhe fez discursos, envergonhando-o pela teima. Mas o que acabou de decidi-lo foi o fato de que "isso lhe sairia grátis". Bovary encarregava-se até de fornecer o aparelho. Fora Ema quem tivera a ideia de tal generosidade. E Carlos concordou, dizendo consigo mesmo que a mulher era um anjo.

A conselho do farmacêutico, e depois de três emendas, mandou fazer no marceneiro, auxiliado pelo serralheiro, uma espécie de caixa pesando oito libras, mais ou menos, em que o ferro, a madeira, a lata, o couro, os parafusos e as porcas não haviam sido poupados.

Entretanto, para saber que tendão cortar a Hipólito, era preciso conhecer primeiramente a espécie de aleijão que o afetava.

O pé fazia com a perna uma linha quase reta, o que não o impedia de estar voltado para dentro. De sorte que era um equino misturado a um pouco de varos ou ainda, um ligeiro varos fortemente pronunciado de equino. Mas, com esse pé, largo como uma pata de cavalo, de pele rugosa, tendões secos, grossos artelhos em que as unhas negras pareciam pregos de ferradura, o rapaz galopava como um veado, de manhã à noite. Viam-no todos continuamente na praça a saltitar em volta das carroças, agitando seu suporte desigual. Parecia até mais vigoroso dessa perna que da outra. À força de ser usada, ela havia conseguido como que qualidades morais de paciência e energia; e, quando o incumbiam de algum trabalho pesado, era nela que o rapaz se escorava, de preferência.

Logo, tornava-se preciso cortar o tendão de Aquiles, embora depois fosse preciso entrar com o músculo tibial anterior, para livrar-se do varos, pois o médico não se atrevia a arriscar duas operações duma só vez; mesmo agora, ele tremia, receoso de atacar alguma região importante que não conhecesse.

Nem Ambrósio Paré, realizando pela primeira vez, depois de Celso, com quinze séculos de intervalo, a ligadura imediata de uma artéria, nem Dupuytren, abrindo um abscesso através de uma espessa camada de encéfalo, nem Gensoul, quando fez a primeira ablação do maxilar superior, tiveram certamente, o coração tão palpitante, a mão tão trêmula, o cérebro tão tenso como Bovary, quando se aproximou de Hipólito, seu *tenótomo* entre os dedos. E, à maneira dos hospitais, numa mesa ao lado, uma pilha de ataduras, de fios enleados e uma pirâmide de ligaduras, todas as que havia em casa do farmacêutico. Fora Homais quem viera fazendo esses preparativos todos, tanto para impressionar os outros como para convencer-se a si mesmo.

Carlos picou a pele, ouviu-se um estalido seco. Estava cortado o tendão, a operação terminara.

Hipólito não cabia em si de surpresa; cobriu de beijos a mão de Bovary.

— Vamos, tem calma — dizia o farmacêutico. Depois testemunharás teu reconhecimento a teu benfeitor!

E desceu para contar o resultado a cinco ou seis curiosos que haviam parado no pátio e pensavam que Hipólito iria aparecer andando desembaraçadamente.

Carlos afivelou o doente no motor mecânico e voltou para casa, onde Ema que o esperava à porta, muito aflita, saltou-lhe ao pescoço. Foram para a mesa. Ele comeu muito e quis até a sobremesa, uma xícara de café, coisa que só fazia aos domingos, quando havia visitas.

O serão foi delicioso, cheio de conversação, de sonhos comuns. Falaram de sua próxima fortuna, dos melhoramentos que introduziriam na casa; ele já via sua reputação aumentada, aumentado seu bem-estar, a mulher amando-o sempre; e ela se sentia feliz de se refrigerar num sentimento novo, mais são, melhor, de experimentar, enfim, um pouco de ternura para com aquele pobre moço que a amava. A lembrança de Rodolfo perpassou-lhe um momento pela cabeça; mas seus olhos se voltaram para Carlos e chegou a notar, surpreendida, que seus dentes não eram maus.

Já estavam na cama quando Homais, apesar da cozinheira, entrou de repente no quarto, segurando uma folha de papel escrita a pouco. Era o artigo que ele destinava ao *Farol de Ruão*. Levara-o para que o lessem.

— Leia-o você mesmo — disse Carlos.

E ele leu:

"Apesar dos preconceitos que ainda cobrem uma parte da face da Europa como uma rede, a luz começa a infiltrar-se em nossos campos. Eis como, terça-feira, nossa pequena Yonville foi teatro de uma experiência cirúrgica que é ao mesmo tempo um ato de elevada filantropia. O doutor Bovary, um de nossos mais distintos clínicos..."

— Ah! Basta! Basta! — dizia Carlos, a quem a emoção sufocava.

— Não, ainda falta! "... operou um homem de pé aleijado..." Não empreguei qualquer termo científico, porque num jornal, o senhor sabe... nem todos compreenderiam; é preciso que as massas...

— De fato — concordou Bovary. Continue.

— Pois não. "O doutor Bovary, um dos nossos mais distintos clínicos, operou um homem de pé aleijado, Hipólito Tautain, moço de cavalariça há vinte e cinco anos, no hotel *Leão de Ouro,* de propriedade da viúva Lefrançois, na Praça de Armas. A novidade da tentativa e o interesse despertado pelo assunto atraíram tal afluência de povo, que havia uma verdadeira multidão à entrada do estabelecimento. Quanto à operação, foi levada a cabo como por encanto: apenas algumas gotas de sangue vieram à pele como que dizendo que o tendão rebelde cedera, enfim, aos esforços da arte. O doente — coisa admirável! — (afirmamolo "de visu") — não acusou a menor dor. Seu estado, até o presente, nada deixa a desejar. Tudo leva a crer que a convalescença será curta; quem sabe mesmo se, na próxima festa da aldeia, veremos nosso bravo Hipólito figurar nas danças báquicas, no meio de alegres coros, provando assim a todos os olhos, pela graça de seus passos, sua cura completa? Honra, pois, aos sábios generosos! Honra a esses espíritos infatigáveis que consagram suas vigílias ao melhoramento, ou antes, ao alívio da sua espécie! Honra, três vezes honra! Não é o caso de acreditar que os cegos verão, os surdos ouvirão e os coxos andarão? O que antigamente o fanatismo prometia a seus eleitos, a ciência realiza agora para todos os homens. Poremos nossos leitores ao corrente das fases sucessivas desta cura notável."

Isso não impediu que, cinco dias depois, a senhora Lefrançois viesse toda assustada, gritando:

— Socorro, que ele morre! Estou desorientada!

Carlos correu para o *Leão de Ouro;* o farmacêutico, que o avistara na praça, sem chapéu, largou a farmácia e correu também, arquejante, vermelho, inquieto, perguntando a todos os que subiam a escada:

— Que tem o nosso interessante paciente?

— Hipólito estorcia-se em convulsões atrozes, e de tal forma, que o motor mecânico em que estava presa sua perna, batia na parede como querendo arrombá-la.

Com muitas precauções, para não tirarem o membro de sua posição, removeram a caixa, e viu-se então um espetáculo horroroso. A forma do pé desaparecia em tal inchação, que a pele toda parecia quase a romper-se, coberta de equimoses ocasionadas pela famosa máquina. Hipólito já se queixara de que o aparelho o fazia sofrer; não lhe haviam dado atenção. Foi forçoso reconhecer que não lhe faltava de todo razão e deixaram-no livre do aparelho algumas horas. Mas, tão logo o edema cedeu um pouco, os dois sábios julgaram ser ocasião de recolocar a perna no aparelho, apertando-a mais ainda para abreviar o resultado. Afinal, três dias depois, não podendo mais Hipólito suportar aquilo, eles retiraram o aparelho mais uma vez, ficando profundamente admirados diante do resultado constatado. Uma tumefação lívida se estendia pela perna, com pus aqui e ali, por onde ressumava um líquido negro. Aquilo estava tomando um aspecto grave. Hipólito começava a aborrecer-se e a senhora Lefrançois instalou-o numa salinha, perto da cozinha, para que ao menos tivesse alguma distração.

Mas o preceptor, que vinha jantar todos os dias, queixou-se com azedume de tal vizinhança. Então Hipólito foi transportado para a sala de bilhar.

Lá estava ele, gemendo debaixo dos grossos cobertores, pálido, barba comprida, olhos no fundo, movendo a cabeça de vez em quando no travesseiro sujo em que as moscas pousavam.

Madame Bovary vinha-o ver. Trazia-lhe panos para as cataplasmas e consolava-o, encorajava-o. Não lhe faltava companhia, afinal, principalmente nos dias de feira, em que os camponeses, à sua volta, batiam nas bolas de bilhar, esgrimiam-se com os tacos, fumavam, bebiam, cantavam, vociferavam.

— Como vais? — perguntavam-lhe, batendo-lhe no ombro. — Pelo que parece, não estás muito bem. Mas a culpa é tua. Devias ter feito isto e aquilo...

E contavam-lhe histórias de pessoas que se haviam curado com outros remédios. Depois, à guisa de consolo, concluíam:

— É que tu te preocupas demais. Ora, levanta-te! Tu te tratas como um rei! Mas a verdade, malandro, é que não cheiras nada bem!

A gangrena, com efeito, progredia. O próprio Bovary estava doente com aquilo. Vinha vê-lo a toda hora, a todo instante. Hipólito punha nele os olhos cheios de pavor e balbuciava, soluçando:

— Quando ficarei bom? Ah, Salve-me!... Como sou infeliz, como sou desgraçado!

E o médico ia-se, recomendando-lhe sempre dieta.

— Não o ouça, meu rapaz, dizia a senhora Lefrançois — eles já o martirizaram bastante! Vais enfraquecer-te mais! Vamos, toma isto!

E apresentava-lhe um bom caldo, um pedaço de carneiro ou de toucinho e, às vezes, uns tragos de aguardente. Não lhe sobrava ânimo, porém, de levá-los à boca.

O padre Bournisien soube que ele piorava e pediu para vê-lo. Começou por lastimá-lo, ainda que declarasse que devia regozijar-se já que era a vontade de Deus, e aproveitou depressa a ocasião para reconciliá-lo com o céu.

— Porque — dizia o eclesiástico num tom paternal — tu descuidaste um pouco de teus deveres; raramente eras visto na missa. Há quantos anos não te aproximas da mesa de comunhão? Compreendo que tuas ocupações e o turbilhão do mundo tenham podido separar-te do cuidado de tua salvação. Mas, agora, já é tempo de pensar nisso. Não te desesperes; conheço grandes pecadores que, nas vésperas de comparecer diante de Deus (tu não estás ainda nesse caso, bem o sei), imploraram sua misericórdia e certamente morreram na melhor das disposições. Esperamos que à maneira deles, tu dês um bom exemplo. Assim, por precaução, quem te impede de rezar, de manhã e à noite, uma "Salve, Rainha", e um "Padre-Nosso, que estais no céu"? Sim, faze isso, por mim, para me obsequiares. Que te custa isso?... Promete que o farás?

O pobre diabo prometeu. O cura voltou nos outros dias. Conversava com a estalajadeira e até contava anedotas entremeadas de gracejos, de trocadilhos que Hipólito não alcançava. E, quando a ocasião se lhe apresentava, insistia nos assuntos de religião, tomando um ar adequado.

Seu zelo pareceu ter bom êxito, pois logo o doente externou desejos de ir a Bom Socorro, em peregrinação, se ficasse bom; ao que Bournisien respondeu que não via inconveniente. Duas precauções valiam mais que uma. "Não se gastava nada".

O farmacêutico ficou indignado com o que ele chamava "as manobras do padre". Prejudicavam, pretendia ele, a convalescença de Hipólito; e repetia à senhora Lefrançois:

— Deixe-o, deixe-o! A senhora lhe perturba o moral, com seu misticismo!

Mas a boa mulher não queria mais ouvi-lo. Era ele "a causa de tudo". Por espírito de contradição, ela chegou mesmo a pendurar à cabeceira do doente uma pia de água-benta com um ramo de buxo.

Contudo, a religião, tanto quanto a cirurgia, não parecia valer-lhe — a invencível podridão ia caminhando sempre das extremidades para o ventre. Debalde foram as poções modificadas e trocados as cataplasmas: os músculos, dia a dia, se desprendiam mais, e, afinal, quando a senhora Lefrançois lhe perguntou se podia, como último recurso, mandar chamar o doutor Canivet, de Neufchâtel, que era uma celebridade, Carlos fez um sinal afirmativo com a cabeça:

Doutor em medicina, com cinquenta anos, desfrutando boa posição e seguro de si mesmo, o colega não se constrangeu de rir superiormente, logo que descobriu aquela perna gangrenada até o joelho. Depois, tendo declarado abertamente que era preciso amputá-la, foi à farmácia invectivar contra os asnos que tinham reduzido um desgraçado a tal estado. Sacudindo Homais pelo botão da casaca, vociferava na farmácia:

— Invenções de Paris! Eis as ideias desses senhores da capital! São como o estrabismo, o clorofórmio e a litotrícia, um punhado de monstruosidades que o governo devia proibir! Mas querem passar por espertos e enchem-nos de remédios, sem olharem as consequências. Nós, os daqui, não somos tão notáveis, não somos sábios, janotas, levianos; somos práticos, homens que curam, e nunca sonharíamos operar alguém que goze perfeita saúde! Endireitar pés aleijados! Podem-se lá endireitar pés aleijados? É como se se quisesse endireitar, por exemplo, um corcunda!

Homais sofria, ouvindo esse discurso e dissimulava o constrangimento com um sorriso adulador, cuidadoso no tratar o doutor Canivet, cujas receitas chegavam, às vezes, até Yonville. Por isso, não tomou a defesa de Bovary, não fez mesmo observação alguma. Abandonando seus princípios, sacrificou sua dignidade pelos interesses mais sérios de seu negócio.

Foi um verdadeiro acontecimento na aldeia aquela amputação da coxa pelo doutor Canivet! Todos se levantaram muito cedo, e a rua principal, ainda que cheia de gente, tinha algo de lúgubre, como se se tratasse da execução de uma pena capital. Na mercearia, discutia-se a doença de Hipólito; lojas não vendiam nada, e a senhora Tuvache, mulher do prefeito, não se arredava da janela, impaciente em ver chegar o operador.

Este chegou em seu cabriolé, conduzido por ele mesmo. A mola do lado direito se vergara ao peso de sua corpulência, fazendo com que o carro, ao andar, derreasse um pouco. Ao lado dele, na outra almofada, via-se uma grande caixa protegida por uma carneira vermelha, cujos fechos de cobre brilhavam pomposamente.

O doutor entrou como um furacão pelo pórtico do *Leão de Ouro,* aos brados, e ordenou que se desatrelasse o cavalo; foi depois à estrebaria, ver se este comia bem a aveia. Porque quando chegava à casa de um doente, cuidava primeiramente de sua égua e do cabriolé. Dizia-se, mesmo, a propósito: "O doutor Canivet é um original!" E apreciavam-no mais por aquele impassível aprumo. O universo podia desabar, não restando um único homem — ele não faltava ao menor de seus hábitos.

Homais apresentou-se.

— Preciso de sua ajuda — disse o doutor. — Estamos preparados? Mãos à obra, então!

Mas o farmacêutico, enrubescendo, confessou que era por demais sensível para assistir a tal operação.

— Quando somos simples espectadores — justificou ele — a imaginação, o senhor compreende, impressiona-se! E, depois, eu tenho o sistema nervoso de tal modo...

— Ora, adeus! — interrompeu Canivet — o senhor, ao contrário, me parece propenso a apoplexia. Isto, porém, não me espanta, porque os senhores, farmacêuticos, vivem enfurnados continuamente em seus laboratórios, o que acaba por alterar-lhes o temperamento. Olhe para mim: todos os dias me levanto às quatro horas, faço a barba com água fria (nunca sinto frio), não uso flanela, não apanho resfriado algum, que o peito é bom! Vivo, ora de um jeito, ora de outro, como filósofo, ao acaso do garfo. Eis porque não sou delicado como os senhores e me é indiferente retalhar um cristão ou a primeira ave ao meu alcance. Depois disso, dirá o senhor que o hábito...

E, sem consideração alguma para com Hipólito, que suava de angústia entre os lençóis, empenharam-se numa conversa em que o farmacêutico comparou o sangue-frio de um cirurgião ao de um general. A comparação agradou a Canivet, que se estendeu em frases sobre as exigências do ofício, considerado por ele como um sacerdócio, apesar de os práticos o desonrarem.

Afinal, voltando ao doente, examinou as ataduras que Homais trouxera, as mesmas que haviam aparecido quando para endireitar o pé aleijado, e pediu alguém para segurar a perna.

Mandaram procurar Lestiboudois, e o doutor Canivet, arregaçando as mangas, passou para a sala de bilhar, enquanto o farmacêutico ficava com Artemisa e a estalajadeira, ambas mais brancas que os próprios aventais, o ouvido apurado para a porta.

Enquanto isso, Bovary não se atrevia a sair de casa. Estava no andar térreo, na sala, sentado ao pé do fogão apagado, o queixo derrubado sobre o peito, as mãos unidas, o olhar parado. Que desgraça! — pensava — que desapontamento! Tomara, não obstante, todas as precauções precisas. Fora a fatalidade que interviera. Embora! Se Hipólito viesse a morrer, teria sido ele o assassino! E, depois, que justificativa daria em suas visitas, quando o interrogassem? Quem sabe não se enganara em qualquer coisa? Procurava, não encontrava... Os mais famosos cirurgiões, todavia, também se enganavam. Mas nisso jamais acreditariam! Pelo contrário, iriam rir-se, falar! O caso chegaria até Forges, até Neufchâtel, até Ruão! Por toda a parte! Quem podia saber o que os colegas não escreveriam contra ele? Uma polêmica então começaria, e ele seria obrigado a responder pelos jornais! O próprio Hipólito poderia mover-lhe um processo. Ver-se-ia desonrado, arruinado, perdido! E sua imaginação, empolgada em mil conjeturas, oscilava entre elas como um tonel vazio lançado ao mar, rolando sobre as ondas.

Ema, à sua frente, olhava-o. Não compartilhava da sua humilhação; experimentava outra: a de ter imaginado que semelhante homem pudesse valer alguma coisa, como se já vinte vezes ela não houvesse suficientemente percebido sua mediocridade.

Carlos andava pela sala, de um lado para outro. Suas botas rangiam no assoalho.

— Senta-te! — exclamou ela. — Tu me irritas!

O marido sentou-se.

Como pudera ela (tão inteligente!) enganar-se uma vez mais? Afinal, por que deplorável cegueira enterrara assim a existência em contínuos sacrifícios? Lembrou-se de todos os seus instintos de luxo, de todas as privações de sua alma, da abjeção do casamento, dos trabalhos domésticos, de seus sonhos caídos na lama como andorinhas feridas, de tudo que desejara, de tudo de que se privara, de tudo que poderia ter obtido. E por quê? Por quê?

No silêncio que enchia a aldeia, um grito pungente atravessou o ar. Bovary empalideceu, quase desmaiando. Ela franziu as sobrancelhas, num movimento nervoso e continuou em suas cogitações.

Fora, no entanto, por aquele ente, por aquele homem, que nada compreendia, que nada sentia, pois ali estava, tranquilamente, sem mesmo pensar que o ridículo de seu nome a iria manchar tanto quanto a ele! E ela que se esforçara por amá-lo, e ela que se arrependera, chorando, por se haver entregue a outro!

— Mas talvez fosse um valgos — exclamou de repente Bovary, meditativo.

Ao choque inopinado dessa frase, caída em seu espírito como uma bala de chumbo em bandeja de prata, Ema estremeceu e levantou a cabeça, procurando adivinhar o que ele queria dizer. Olharam-se em silêncio, quase espantados de se verem, de tal forma estavam separados pela consciência. Carlos examinava-a com o olhar turvo de um embriagado, ouvindo, imóvel, os derradeiros gritos do amputado, que se seguiam em modulações arrastadas, entrecortadas de arrancos agudos, como uivo longínquo de um animal que estivessem matando.

Ema mordia os lábios brancos fazendo girar entre os dedos a vareta de um leque partido, o ponto ardente de suas pupilas preso em Carlos, como duas flechas de fogo prestes a partir. Tudo nele a irritava agora — o aspecto, o traje, o que ele não dizia, sua pessoa toda, sua existência, enfim. Arrependia-se, como de um crime, da passada virtude, e o que desta ainda restava desabava sob os golpes furiosos de seu orgulho. Deliciavam-na todas as execráveis ironias do adultério triunfante. A lembrança do outro ressurgia-lhe seguida de atrações vertiginosas; lançava a alma nessa lembrança, levada para ela por um entusiasmo novo. E Carlos parecia-lhe tão separado de sua vida, tão ausente para sempre, tão impassível e abatido, como se fora morrer, como se agonizasse, ali, diante dela.

Ouviram-se passos na calçada. Carlos olhou e viu, pela veneziana cerrada, perto do mercado, em pleno sol, o doutor Canivet enxugando o rosto com o lenço. Homais, atrás dele, carregava uma grande caixa vermelha. Dirigiam-se ambos para os lados da farmácia.

Então, num movimento de súbita ternura e desalento, Carlos voltou-se para a mulher, pedindo:

— Dá-me um beijo, querida!

— Deixa-me! — fez ela, rubra de cólera.

— Que tens? Que tens? — perguntou ele, estupefato. — Sossega ! Volta a ti! Bem sabes que te amo! Vem!

— Basta! — exclamou a moça, num ar terrível.

E, fugindo da sala, bateu a porta com tanta força, que o barômetro saltou da parede, espatifando-se no chão.

Carlos caiu na poltrona, atônito, indagando de si mesmo o que teria ela, imaginando uma doença nervosa, chorando e sentindo vagamente à sua volta qualquer coisa de funesto e incompreensível.

Quando Rodolfo, à noite, veio ao jardim, encontrou a amante que o esperava no primeiro degrau do alpendre. Estreitaram-se — e todo o ressentimento se fundiu, como neve, ao calor de um beijo.

CAPÍTULO XII

Recomeçaram a amar-se.

Muitas vezes, mesmo, em meio do dia, Ema escrevia-lhe de repente, e, através das vidraças, fazia sinais a Justino, que desatava num ápice o avental e voava para Huchette. Rodolfo vinha; a carta era para dizer-lhe que ela se enfadava, que lhe era odioso o marido e horrível a existência!

— E que posso eu fazer? — exclamou ele, um dia, — impaciente.

— Ah! se tu quisesses!...

Ema estava sentada no chão, entre os joelhos dele, as tranças desfeitas, o olhar perdido.

— Que? — perguntou Rodolfo.

Ela suspirou.

— Iríamos viver longe... em qualquer parte...

— Tu estás louca! — respondeu ele, rindo — É lá possível?

Ela insistiu; ele fez que não entendeu, e mudou de conversa.

O que ele não compreendia era toda aquela agitação num caso tão simples de amor. Ema tinha um motivo, uma razão, e como que um auxiliar a seu afeto.

Essa ternura, na verdade, aumentava, dia a dia, com a repulsa pelo marido, e, quanto mais ela se dedicava a um, tanto mais detestava o outro. Carlos jamais lhe parecera tão desagradável, os dedos tão rudes, o espírito tão lerdo, as maneiras tão vulgares, como depois de seus encontros com Rodolfo, depois que haviam estado juntos. Então, mesmo fazendo de esposa virtuosa, inflamava-se à lembrança daquela cabeça cujos cabelos se anelavam na fronte crestada, daquele busto ao mesmo tempo robusto e elegante, daquele homem, afinal, que possuía tanta experiência na razão, tanto arrebatamento no desejo! Era para ele que limava as unhas com um cuidado de cinzelador, e por quem nunca achava estar com suficiente creme na pele, nem bastante perfume nos lenços. Carregava-se de pulseiras, de anéis, de colares. Quando ele estava para chegar, enchia de rosas as duas jarras azuis e preparava seu quarto e sua pessoa como uma cortesã que espera um príncipe. Fazia com que a criada lavasse constantemente a roupa branca, e Felicidade não saía da cozinha o dia todo, onde Justino, que sempre lhe fazia companhia, entretinha-se em vê-la trabalhar.

O cotovelo apoiado na tábua em que ela passava roupa, Justino observava avidamente todas aquelas peças femininas, desdobradas ao seu redor — as saias de fustão, as gravatinhas, os colarinhos e as calças abertas ao lado, largas nos quadris e estreitando-se em baixo.

— Para que serve isto? — perguntava o rapazinho, passando a mão sobre a crinolina ou sobre as presilhas.

— Então, nunca viste isso? — respondia Felicidade, rindo. — Como se tua patroa, a senhora Homais, não o usasse também...

— Ah, sim! A senhora Homais!

E acrescentava, meditativo:

— Será que ela é uma senhora como Madame Bovary?

Mas Felicidade se impacientava vendo-o andar assim à sua roda. Tinha seis anos mais que ele, e Teodoro, o criado do senhor Guillaumin, começava a namorá-la.

— Deixa-me sossegada! — dizia ela, largando o pote de goma. — Vai antes socar amêndoas; estás sempre agarrado às saias das mulheres; para entenderes disso, espera que te nasça a barba, fedelho!

— Vamos, não se aborreça, eu vou limpar suas botinas...

E logo pegava de sobre a chaminé os sapatos de Ema, cheios de lama — a lama das entrevistas — que se desmanchava em pó entre seus dedos, e que ele via subir lentamente à claridade de um raio de sol.

— Como tens medo de estragá-las! — dizia a cozinheira, que não era tão cuidadosa, quando fazia ela mesma o serviço, porque a ama lhas dava logo que tinham perdido o brilho. Ema tinha uma porção delas no armário e as ia estragando desregradamente, uma vez que o marido não lhe fazia a menor observação.

Foi assim que ele pagou trezentos francos por uma perna de pau, com que ela achou conveniente presentear Hipólito. Tinha articulações de mola, um mecanismo complicado, coberto por uma calça preta que terminava numa bota envernizada. Mas Hipólito, não se atrevendo a usar todos os dias perna tão bonita, suplicou a Madame Bovary lhe procurasse outra mais cômoda. O médico, bem entendido, foi ainda quem arcou com as despesas de tal compra.

E o moço de cavalariça recomeçou, pouco a pouco, suas atividades. Viam-no, como outrora, percorrer a aldeia, e Carlos, quando percebia de longe, na calçada, o ruído seco de sua perna de pau, tomava depressa outro caminho.

Fora L'Heureux, o comerciante, o encarregado da encomenda, o que lhe deu ocasião de frequentar a casa de Ema. Falava-lhe então das novidades de Paris, de mil curiosidades femininas, mostrava-se muito condescendente, jamais lhe falando em dinheiro. Ema deixava-se levar por essa facilidade em satisfazer todos os seus caprichos. Foi assim que ela quis ter, para dá-lo a Rodolfo, um belíssimo chicote, exposto numa loja de guarda-chuvas em Ruão. Na semana seguinte, L'Heureux o pôs em cima da mesa, à sua frente.

Mas, no outro dia, ele se apresentou com uma fatura de duzentos e setenta francos, não contando os cêntimos.

A moça ficou embaraçadíssima: todas as gavetas da secretária estavam vazias; deviam mais de uma quinzena a Lestiboudois, dois trimestres à criada, uma porção de outras coisas, ainda; e Bovary esperava impacientemente uma remessa de Derozerays, que tinha por hábito pagá-lo, todos os anos, nas vésperas de S. Pedro.

No começo, ela conseguiu desembaraçar-se de L'Heureux; mas ele perdeu a paciência, afinal; perseguiam-no, seu dinheiro andava espalhado e, se não recuperasse algum, seria forçado a fazê-la devolver todas as mercadorias que havia comprado.

— Leve-as! — disse Ema.

— Ora! — Isso é para rir! Eu só lastimo o chicote. Mas vou reclamar a seu marido.

— Não! Não! — fez ela.

— Ah! Apanhei-te — pensou L'Heureux.

E, seguro do que descobrira, ele saiu, repetindo a meia-voz e com seu pequeno assobio contumaz:

— Pois seja! Havemos de ver, havemos de ver!

Ela pensava como sair daquilo, quando a cozinheira entrou e pôs sobre o fogão um embrulhinho de papel azul, "da parte do sr. Derozerays".

Ema correu para ele, abriu-o. Continha quinze napoleões. Era a conta. Ouviu Carlos na escada; jogou o dinheiro no fundo da gaveta e guardou a chave.

L'Heureux apareceu de novo, três dias depois.

— Venho fazer-lhe uma proposta — disse ele; — se, em lugar da quantia combinada, a senhora quisesse...

— Aqui está o dinheiro — cortou ela, entregando-lhe quatorze napoleões.

O comerciante ficou estupefato. E, então, para esconder seu desapontamento, desfez-se em desculpas e oferecimentos, que Ema recusou.

Ficou, depois, alguns minutos, apalpando no bolso de seu avental as duas moedas de cem soldos que ele lhe voltara, prometendo a si mesma economizar, para repor, mais tarde...

— Ora — pensou — Carlos não irá pensar nisso.

Em seguida ao chicote de cabo de prata dourada, Rodolfo ganhou um sinete com a divisa *Amor nel cor;* depois, uma faixa para fazer um cachenê, e, afinal, uma cigarreira muito parecida com a do Visconde, achada, havia tempos, por Carlos, na estrada e guardada por Ema.

Humilhavam-no, contudo, esses presentes. Recusou muitos deles; mas ela insistia e ele acabava por ceder, achando-a tirânica e insinuante.

Depois, Ema tinha ideias esquisitas:

— Quando soar meia-noite, tu pensarás em mim!

E, se ele confessava não o ter feito, eram censuras sem número, terminadas sempre pela eterna pergunta:

— Amas-me?

— Mas é claro que te amo! — respondia ele.

— Muito?

— Certamente!

— Tu não amaste outras, não?

— Pensas que me conheceste virgem? — exclamava ele, rindo.

Ema chorava e ele se esforçava em consolá-la, adornando seus protestos com ditos espirituosos.

— Ah! é que te amo! — respondia ela. — Amo-te a ponto de não poder passar sem ti, sabes? Tenho às vezes vontade de te ver, quando toda a força do amor me dilacera. E pergunto-me: Onde estará ele? Fala talvez com outras mulheres? Elas lhe sorriem, ele se aproxima... Oh, não! Nenhuma te agrada, não é? Há mulheres mais belas, mas eu sei amar-te melhor! Sou tua serva e tua concubina! Tu és meu rei, meu ídolo! Tu és bom, és belo, és inteligente, és forte!

Tantas vezes já ouvira ela dizer tais coisas, que não lhe eram mais novidade. Ema parecia-se às demais amantes; e o encanto da novidade caindo aos poucos como um vestido, exibia a eterna monotonia da paixão, sempre da mesma forma e da mesma linguagem. Não podia alcançar, homem prático que era, a dessemelhança de sentimentos sob a igualdade das expressões. Porque lábios libertinos ou venais lhe haviam murmurado frases parecidas, quase não acreditava na pureza das que ouvia agora, achava que se devia fazer desconto nas expressões exageradas que escondiam aflições medíocres — como se a plenitude da alma não se extravasasse, às vezes, nas mais vazias metáforas, pois que ninguém pode jamais dar medida exata às próprias necessidades, concepções ou dores, e já que a palavra humana é como um caldeirão fendido em que batemos melodias para fazer dançar os ursos, quando antes quereríamos enternecer as estrelas.

Mas, com essa superioridade de crítica, muito própria dos que, — não importa a espécie da ligação, — ficam na expectativa, Rodolfo descobriu outros gozos a explorar. Considerou incômodo todo o pudor e começou a tratá-la sem cerimônia. Fez dela qualquer coisa de maleável e corrupto. Era uma espécie de paixão idiota, cheia de admiração para ele e de voluptuosidades para ela, uma beatitude que a entorpecia; e sua alma mergulhava nessa embriaguez, afogando-se nela, como o duque de Clarence em seu tonel de malvasia.

Em consequência de suas relações amorosas, Madame Bovary mudou de conduta. Seu olhar se fez mais ousado, mais livres as palavras. Foi inconveniente a ponto de passear, com Rodolfo, cigarro na boca, "como a afrontar o mundo". Afinal, os que ainda duvidavam deixaram de fazê-lo, quando a viram descer, um dia, da *Andorinha,* o busto apertado num colete, como um homem.

E a mãe de Carlos, que viera refugiar-se em casa do filho, após uma cena terrível com o marido, não ficou menos escandalizada. Muitas outras coisas a desagradaram: em primeiro lugar, Carlos não tinha ouvido seus conselhos sobre a proibição dos romances; depois, eram os "costumes da casa" que a desagradavam. Ousou fazer observações e zangaram-se, principalmente uma vez, a propósito de Felicidade.

A velha senhora, atravessando o corredor, na véspera à noite, surpreendera a criada na companhia de um homem de gravata parda, de uns quarenta anos, mais ou menos, que fugira depressa da cozinha, ao ruído de seus passos. Ema achou graça naquilo, mas a boa mulher se agastou e disse que se devia fiscalizar os criados, a menos que se quisesse rir dos bons costumes.

— De que mundo é a senhora? — redarguiu a moça, com um olhar de tal forma impertinente, que a outra lhe perguntou se não estava defendendo a própria causa.

Ema levantou-se de um salto:

— Saia! — bradou.

— Ema! Mamãe! — gritou Carlos, tentando apaziguá-las.

Mas as duas se perderam, no calor da exasperação.

— Que modo de tratar! Que camponesa! — repetia Ema, batendo o pé no chão.

Carlos correu para a mãe, que estava completamente fora de si e balbuciava:

— É uma insolente! Uma leviana! Pior, talvez!

E queria partir imediatamente, se a nora não lhe viesse pedir desculpas.

Carlos voltou para junto da mulher e suplicou-lhe de joelhos, que cedesse:

— Está bem, vou! — respondeu ela, afinal.

E, com efeito, foi estender a mão à sogra, com uma dignidade de marquesa, dizendo:

— Desculpe-me, senhora.

Depois, voltou para o quarto, atirou-se de bruços na cama e chorou como uma criança, a cabeça enterrada no travesseiro.

Haviam combinado, ela e Rodolfo, que em caso de acontecimento excepcional, a moça prenderia à janela um pedacinho de papel branco, para que ele, se se encontrasse em Yonvile, fosse ter à vila, atrás da casa.

Ema fez o sinal e esperou três quartos de hora, quando viu, de repente, Rodolfo na esquina do mercado. Teve ímpetos de abrir a janela, de chamá-lo. Mas ele já havia desaparecido e ela voltou ao seu desespero.

Logo, porém, pareceu-lhe que alguém andava na calçada. Era ele, sem dúvida. Desceu a escada e atravessou o pátio. Rodolfo lá estava, Ema jogou-se em seus braços.

— Tem cuidado — recomendou ele.

— Ah! Se tu soubesses! — respondeu Ema.

E pôs-se a contar tudo, às pressas, desordenadamente, exagerando os fatos, inventando outros; e empregava tantos parênteses, que ele nada entendia.

— Vamos, meu pobre anjo! Coragem! Consola-te! Tem paciência!

— Mas há quatro anos que eu tenho paciência, que eu sofro!... Um amor como o nosso devia ser confessado até perante o céu! Eles me torturam! Não suporto mais! Salva-me!

E ela se achegava a Rodolfo. Seus olhos rasos d'água, brilhavam como chamas sob as ondas; o peito arfava-lhe precipitadamente. Ele nunca a amara tanto: perdeu a cabeça e perguntou:

— Que havemos de fazer? Que queres tu?

— Leva-me contigo. Rapta-me! Oh! Eu te suplico!

E beijava-o na boca, como para obter dela o consentimento inesperado que surgiu num beijo.

— Mas... — objetou Rodolfo.

— Que é?

— E tua filha?

Ela pensou um instante e respondeu?

— Levamo-la conosco!

— Que mulher! — dizia ele consigo, vendo-a fugir para o jardim, donde a chamavam.

Nos dias que se seguiram, a mãe de Carlos ficou admiradíssima com a metamorfose da nora. Ema, de fato, mostrava-se mais dócil e chegou mesmo a pedir-lhe uma receita para fazer conserva de pepinos. Um meio de melhor os enganar — à velha e ao marido? Ou queria ela, por uma espécie de estoicismo voluptuoso, sentir mais profundamente o amargor das coisas que estava prestes a abandonar? Não atentava para isso; ao contrário, vivia como perdida no gozo antecipado de sua próxima felicidade. E isso era o objeto permanente de suas conversas com Rodolfo. Apoiava-se ao ombro dele e murmurava:

— Quando estivermos na mala-posta!... Que tal? Já pensaste nisso? Será possível? Tenho a impressão de que, quando a carruagem partir, será como se subíssemos num balão, como se nos elevássemos às nuvens. Sabes que conto os dias? E tu — também contas?

Nunca Madame Bovary fora tão bela como então; tinha essa inexprimível beleza que resulta da alegria, do entusiasmo, do êxito, e que nada mais é que a harmonia do temperamento com as circunstâncias. Os desejos, as tristezas, a experiência do prazer e as ilusões sempre novas, à maneira do que às flores fazem o adubo, a chuva, os ventos e o sol, tinham-na desenvolvido gradativamente, e ela desabrochava enfim em toda a pujança de sua natureza. Suas pálpebras pareciam ter sido feitas expressamente para os olhares longos e amorosos, em que a pupila se perdia, enquanto que a ânsia da respiração lhe dilatava as narinas delicadas, levantando-lhe o canto dos lábios carnudos, sombreados à luz por um leve buço. Dir-se-ia que hábil artista em corrupções lhe havia arrumado sobre a nuca o rolo de cabelos, que se enrolavam em massa pesada, negligentemente, aos acasos do adultério, que os desmanchava todos os dias. A voz tomava inflexões mais brandas, bem como o seu talhe. Qualquer coisa de sutil que a todos penetrava, se desprendia mesmo das dobras do seu vestido ou da curva de seu pé.

Carlos achava-a deliciosa e irresistível, como nos primeiros tempos de casada. Quando voltava, altas horas da noite, não ousava despertá-la. A lamparina de porcelana arredondava no forro trêmula claridade, e as cortinas cerradas do pequenino berço, ao lado do leito, formavam como que uma choupana branca, movendo-se na sombra. Carlos contemplava tudo aquilo. Parecia-lhe ouvir a respiração ligeira da filha. Ia crescer agora; cada estação traria novos progressos. Podia já vê-la voltando da escola, no fim do dia, toda risonha, com o avental manchado de tinta, a malinha no braço; depois, seria preciso pô-la no colégio; isso lhe custaria muito dinheiro. Como fazer? E ele refletia. Planejava alugar uma pequena granja pelas redondezas, de que ele mesmo cuidaria, todas as manhãs, quando fosse ver seus doentes. Economizaria os lucros, pô-los-ia na caixa econômica; em seguida, compraria ações, de qualquer coisa, não importava de onde; a clientela aumentaria; além disso, ele assim esperava, queria que Berta fosse bem educada, prendada, que aprendesse piano. Ah! como seria bonita, mais tarde, aos quinze anos, quando, parecida com a mãe, trouxesse como esta, grandes chapéus de palha, no verão! De longe, tomá-las-iam por irmãs. Parecia vê-la trabalhando, à noite, perto deles, sob a luz da lâmpada; ela lhe bordaria chinelos, cuidaria da casa, enchê-la-ia com sua graça e alegria. E pensariam, afinal, em seu casamento. Procurar-lhe-iam um excelente moço, de boa posição, que a tornasse feliz. E aquilo duraria sempre.

Ema não dormia; fingia fazê-lo. E, enquanto ele adormecia ao seu lado, ela era arrebatada por outros sonhos.

Ao galope de quatro cavalos, era levada, durante oito dias, a um novo país, donde jamais retornariam. Iam, iam, braços enlaçados, sem falar. Às vezes, do alto de uma montanha, avistavam de repente uma cidade esplêndida, com zimbórios, pontes, navios, florestas de limoeiros e catedrais de mármore branca em cujas torres pontiagudas havia ninhos de cegonhas. Andavam, passo a passo, lá em baixo, por causa das lajes enormes; havia ramalhetes de flores pelo chão, ofertados por mulheres de espartilhos vermelhos. Ouviam-se tocar os sinos, as mulas zurrar, o murmúrio das guitarras e o ruído, das fontes, cujo vapor se evolava refrescando pilhas de frutas arrumadas em pirâmides, ao pé de níveas estátuas que sorriam sob os repuxos d'água. E, afinal, chegavam uma tarde a uma aldeia de pescadores, onde redes escuras secavam ao vento, ao longo das penedias e das cabanas. Era aí que iam viver. Habitariam uma casa baixa, de teto chato, à sombra de uma palmeira, no fundo de um golfo, à beira-mar. Passeariam em gôndola, balançar-se-iam em rede. Sua existência seria fácil e ampla como suas vestes de seda, quentes e estreladas como as noites suaves que iriam contemplar. E, enquanto isso, no esplendor desse porvir com que ela sonhava, nada de particular adviria: os dias, todos eles magníficos, seriam iguais como ondas. E aquilo tudo bailava — harmonioso, azulado, coberto de sol, no horizonte infinito.

Mas a criança tossia no berço, ou, ainda, o marido ressonava mais forte, e Ema só adormecia de madrugada, quando a aurora começava a colorir as vidraças, e Justino, na praça, abria as portas da farmácia.

A moça mandara chamar L'Heureux:

— Vou precisar de uma capa, uma capa larga, de gola grande, forrada.

— Vai viajar? — indagou ele.

— Não! Mas... não importa. Posso contar com o senhor, não é?

Ele se curvou.

— Vou precisar também de um caixa... não muito pesada... cômoda.

— Sim, sim, compreendo: de noventa e dois centímetros por cinquenta, mais ou menos, como se fazem agora.

— E um saco de viagem.

— Decididamente — pensou L'Heureux — há coisa nisso.

— E olhe — disse Madame Bovary, tirando o relógio do cinto — tome isto, pagar-se-á com o que vale.

Mas o negociante exclamou que não era preciso; conheciam-se; estava ele duvidando dela? Que criancice!

Ela, contudo, insistiu em que ele levasse ao menos a corrente; e L'Heureux já a havia posto no bolso e se ia retirando, quando ela tornou a chamá-lo:

— Deixe tudo em sua casa. Quanto à capa — pareceu refletir — também não a traga; dê-me apenas o endereço do alfaiate e avise-o de que a tenha à minha disposição.

Deviam fugir no mês seguinte. Ela partiria de Yonville como para fazer compras em Ruão. Rodolfo teria reservado lugares, tirado passaportes e escrito mesmo a Paris a fim de obter transporte completo até Marselha, onde conseguiriam uma caleça para seguir sem detença pela estrada de Gênova. Ela teria o cuidado de mandar sua bagagem para a casa de L'Heureux, donde seria levada diretamente à *Andorinha,* de forma a que ninguém suspeitasse. E, em tudo aquilo, nunca se cogitou da pequena. Rodolfo evitava tocar no assunto. Ela mesma talvez nem pensasse nisso.

Ele quis ter ainda duas semanas de antecedência para concluir alguns negócios; ao fim de oito dias, pediu mais quinze; depois, disse que estava doente; em seguida, fez uma viagem. O mês de agosto passou e, após aquelas demoras todas, combinaram que a fuga seria para quatro de setembro, uma segunda-feira, irrevogavelmente.

Enfim, chegou o sábado, ante-véspera.

Rodolfo veio à noite, mais cedo que de costume.

— Está tudo pronto? — perguntou-lhe ela.

— Sim.

Deram a volta a uma platibanda e foram sentar-se perto do terraço, à beira do muro.

— Estás triste — observou Ema.

— Não, por quê? — E, contudo, ele a mirava singularmente, com ternura.

— É porque vais partir — insistiu ela — porque deixas tuas amizades, tua vida? Sim, eu compreendo... Mas eu nada tenho neste mundo! Tu és tudo para mim; por isso, serei tudo para ti, serei tua família, tua pátria, cuidarei de ti, amar-te-ei...

— Como és encantadora! — disse ele, apertando-a nos braços.

— Verdade? — e ela ria de voluptuosidade. — Tu me amas? Jura-o, então!

— Se te amo, se te amo! Eu te adoro, meu amor.

A lua, muito redonda e cor de púrpura, erguia-se na linha do horizonte, no fundo da campina. Subia depressa entre os ramos dos olmos, que a escondiam aqui e ali, como uma negra cortina esburacada. Surgiu, depois, resplandecente de alvura, no amplo céu que iluminava. Então, mais vagarosa, desenhou na ribeira uma grande nódoa, uma quantidade de estrelas; e aquele clarão prateado parecia enroscar-se até o fundo, à maneira duma serpente sem cabeça, coberta de escamas luminosas. Parecia ainda um enorme candelabro, de que escorressem gotas de diamante fundido.

À volta deles, estendia-se a noite amena. Toalhas de sombra envolviam a folhagem. Ema, os olhos semi-cerrados, inalava em grandes haustos o vento fresco que soprava. Não falavam, tão absortos estavam nos próprios sonhos.

A ternura dos dias passados voltava-lhes ao coração, intensa e silenciosa, como o regato que passava, com tanta moleza, que trazia o perfume dos resedás e projetava em suas lembranças sombras maiores e mais melancólicas que as dos salgueiros imóveis, alongadas na relva. De vez em quando, um animal noturno, ouriço ou doninha, que saíra à caça, perturbava a quietude das folhas, ou ainda se ouvia um pêssego maduro tombar da latada.

— Que bela noite! — disse Rodolfo.

— Teremos outras assim! — respondeu Ema. — E, como se falasse consigo mesma:

— Sim, como será bom viajar... Por que tenho, então, o coração triste? Será o medo do desconhecido... o efeito dos hábitos abandonados... ou, por outra... Não, é o excesso de felicidade! Como sou fraca, não acha? Perdoa-me!

— Ainda é tempo! — disse ele. — Reflete bem; talvez estejas arrependida.

— Nunca! — retrucou ela impetuosamente. E, chegando-se mais a ele:

— Que desgraça me pode sobrevir? Não há deserto, precipício ou oceano que eu não atravessasse contigo. À medida que vivermos juntos será como um abraço, dia a dia mais apertado, mais completo! Não teremos nada que nos perturbe: cuidados ou obstáculos! Estaremos sós, entregues a nós, eternamente! Fala, responde-me.

Ele respondia a intervalos regulares: — Sim, sim...

Ela lhe passava as mãos pelos cabelos, repetindo num tom infantil, apesar das grossas lágrimas que deslizavam:

— Rodolfo! Rodolfo! Ah, Rodolfo, querido Rodolfo!

Bateu meia-noite.

— Meia-noite! — disse ela. — Vamos, é amanhã! Um dia ainda!

Ele se ergueu para ir-se. E, como esse gesto fosse um sinal para a fuga, Ema tomou de repente um ar animado:

— Tens os passaportes?
— Sim.
— Não te esqueceste de nada?
— Não.
— Tens certeza?
— Certamente.
— É no hotel de Provença que tu me esperas, pois não? Ao meio-dia?

Ele assentiu com a cabeça.

— Até amanhã, então! — despediu-se Ema, numa última carícia.

E ficou a vê-lo afastar-se.

Ele caminhava sem se voltar. Ela correu após ele e, inclinando-se à beira do regato, entre as sarças, ainda gritou:

— Até amanhã!

Ele já estava do outro lado da ribeira, e caminhava depressa pela campina. Ao cabo de alguns minutos, parou; e, vendo-a em seu vestido branco desaparecer aos poucos na sombra, como um fantasma, bateu-lhe de tal forma o coração, que precisou apoiar-se a uma árvore para não cair.

— Que imbecil sou eu! — fez ele, numa blasfêmia. — Embora, era uma linda amante!

E, no mesmo instante, ressurgiu-lhe a beleza de Ema, com todos os prazeres daquele amor.

Primeiro, comoveu-se; revoltou-se contra ela, depois.

— Porque, enfim — protestou, gesticulando — eu não posso expatriar-me, ter uma criança ao meu cargo.

E repetia isso, para mais se convencer.

— E, depois, as dificuldades, as despesas... Ah! Não, não, mil vezes não! Isso seria bem estúpido!

CAPÍTULO XIII

Mal chegou em casa, Rodolfo sentou-se à secretária, sob a cabeça de veado que servia de troféu na parede.

Mas, com a pena entre os dedos, nada achava para dizer e, apoiado nos cotovelos, pôs-se a pensar.

Ema parecia-lhe ter recuado para um passado longínquo, como se a resolução que ele tomava pusesse de repente um imenso intervalo entre ambos.

Então, para recuperar alguma coisa dela, foi buscar no armário, à cabeceira da cama, uma velha caixa de biscoitos de Reims, onde guardava habitualmente as cartas femininas. Um cheiro de pó úmido e rosas murchas se evolou dela.

Primeiro, viu um lenço de bolso, cheio de manchas desbotadas. Era um lenço dela, usado uma vez em que pusera sangue pelo nariz, num passeio. Ele já nem se lembrava disso. Perto dele, estava a miniatura de Ema, com gravações nos quatro ângulos; a toalete pareceu-lhe pretensiosa, o olhar afetado, de feito lastimoso. Depois, de tanto contemplar o retrato e evocar o modelo, os traços de Ema pouco a pouco se confundiram em sua memória, como se a figura viva e a pintada, roçando-se entre si, se fossem reciprocamente apagando.

Pôs-se a ler as cartas. Cheias de explicações relativas à viagem que fariam — curtas, técnicas e urgentes, como cartas comerciais.

Quis reler as longas, as de outrora; para olhá-las, no fundo da caixa, teve de tirar todas as outras. E, maquinalmente, pôs-se a remexer aquele monte de papéis e objetos. Achou, misturados, ramalhetes, uma liga, uma máscara negra, alfinetes e cabelos. Cabelos! Escuros e louros. Alguns, mesmo presos ao fecho da caixa, se partiram quando ele a abriu.

Errando assim entre suas lembranças, examinava a letra e o estilo das cartas, tão diferentes quanto a ortografia. Ternas ou joviais, chistosas ou melancólicas, umas pediam amor, outras pediam dinheiro. A propósito de uma palavra, lembrava-se de rostos, de certos gestos, do som de uma voz. Às vezes, porém, de nada se lembrava.

Com efeito, todas aquelas mulheres, que uma a uma lhe acudiam ao espírito, se apertavam umas às outras e se amesquinhavam, como num mesmo nível de amor que as igualava. Tomando, então, aos punhados as cartas misturadas, divertiu-se alguns minutos, fazendo-as cair em cascata da mão direita para a esquerda. Afinal, entediado, sonolento, foi guardar de novo a caixa no armário, pensando:

Que montão de bobagens!

Isso resumia sua opinião; pois os prazeres, à maneira de garotos no pátio de um colégio, tinham de tal forma pisado seu coração, que nada de novo brotava nele, e o que por ali passava, mais estouvado que os garotos, nada deixava — nem mesmo, como aqueles — um nome gravado na parede.

— Vamos — disse consigo mesmo — comecemos!

E escreveu:

"Coragem, Ema! Coragem! Não quero fazer a desgraça da tua existência..."

— E é a verdade — refletiu. — Estou agindo em seu próprio interesse; sou honesto.

"Já pesaste maduramente a tua resolução? Sabes o abismo para onde eu te arrastava, pobre anjo! Não, não é verdade? Ias confiante e louca, crendo na felicidade, no futuro... Ah! Desgraçados, insensatos que somos!"

Deteve-se, procurando aqui uma boa saída:

— Se lhe dissesse que perdi toda a minha fortuna?... Não! E, depois, isso não seria embaraço. Daria margem a uma reconciliação, mais tarde. Vá lá a gente convencer tais mulheres!

Pensou, pensou e acrescentou:

"Não te esquecerei, podes crer, e votar-te-ei sempre uma dedicação profunda; mas, um dia, cedo ou tarde, esse ardor (é o destino das coisas humanas) decresceria, sem dúvida; seríamos tomados de fadiga e quem sabe, mesmo, não teria eu a dor atroz de assistir a teus remorsos e eu próprio deles participar, pois que eu os causara. Só a ideia das tuas aflições tortura-me, Ema! Esquece-me! Por que havia eu de conhecer-te? Para que havias de ser tão bela? É minha a culpa? Oh, meu Deus, não, não! Não acuses senão a fatalidade!"

— Eis uma frase que sempre produz efeito — pensou.

"Ah! Se tu fosses uma dessas mulheres frívolas, como se veem por aí, eu poderia certamente, por egoísmo, tentar uma experiência, então sem perigo para ti. Mas essa exaltação deliciosa, que é ao mesmo tempo encanto e tortura, não te deixou compreender, adorável mulher que és a falsidade da nossa posição futura. Também eu não pensei em tal, no começo: deixei-me ficar ao abrigo dessa ventura ideal como ao da mancenilheira, sem prever as consequências".

— Ela talvez pense que é por avareza que renuncio... Ora! Que importa! Tanto pior, é preciso acabar com isso!

"O mundo é cruel, Ema. Por toda parte onde estivéssemos, ele nos perseguiria. Tu terias de sujeitar-te a perguntas indiscretas, a calúnias, ao desprezo, ao ultraje quem sabe. O ultraje, a ti! Ah!... E eu que te queria fazer sentar num trono! Eu que trago tua lembrança como um talismã! Porque eu me puno com o exílio, de todo o mal que te fiz. Parto. Para onde? Não sei, estou louco! Adeus! Sê boa! Conserva a lembrança do infeliz que te perdeu. Ensina meu nome à tua filha — que ela o repita em suas preces".

A luz das duas velas tremiam.

Rodolfo levantou-se para ir fechar a janela, e, voltando a sentar-se:

— Parece-me que é tudo. Ah! Mais uma coisa: tenho receio de que ela ainda venha procurar-me:

"Quando tu leres estas tristes linhas, estarei longe; quero agir o mais depressa possível, para evitar a tentação de rever-te. Nada de fraquezas! Eu voltarei. E, mais tarde, talvez nós conversaremos friamente sobre nossos velhos amores. Adeus!"

E esse último "adeus" ele o separou em duas palavras — "A Deus" — o que lhe pareceu de muito bom gosto.

— Como vou assinar, agora? — pensou. — Teu muito dedicado. .. Não. Teu amigo?... Isso mesmo.

— "Teu amigo".

Releu a carta. Pareceu-lhe boa.

— Pobre mulher! — pensou, enternecido. — Vai ver que sou mais insensível que uma pedra; devia levar vestígio de lágrimas; mas não posso chorar — a culpa não é minha.

Derramou água num copo, molhou o dedo e deixou cair uma grande gota sobre o envelope, que fez uma mancha na tinta. Depois, querendo lacrar a carta, tomou o sinete "Amor nel cor".

— Isso é que não é nada próprio para a ocasião... Ora que importa!

Fumou depois três cachimbadas e foi deitar-se.

No dia seguinte, ao levantar-se (lá pelas duas horas, porque adormecera tarde), mandou colher uma cesta de abricós, pôs a carta no fundo, sob folhas de parreira e ordenou logo a Girard, criado da chácara, levasse aquilo com cuidado à casa de Madame Bovary. Servia-se sempre desse meio para comunicar-se com ela — enviava-lhe frutos ou caça, conforme a estação.

— Se ela perguntar por mim — recomendou — responda que fui viajar. Entregue o cesto a ela mesma, em suas próprias mãos. Vai e tem cuidado.

Girard pôs a blusa nova, cobriu as frutas com o lenço e, caminhando a passos largos, em seus sapatos ferrados, tomou tranquilamente o caminho de Yonville.

Madame Bovary, quando ele chegou, arrumava com Felicidade uma trouxa de roupas, na mesa da cozinha.

— Eis aqui — anunciou o criado — o que meu patrão lhe envia.

Tomou-a uma apreensão e, empenhada em procurar um níquel no bolso, estudava o campônio com olhos espantados, enquanto ele próprio a mirava com admiração, sem compreender que tal presente pudesse impressionar tanto alguém assim.

O criado foi-se, afinal. Felicidade ficou.

Ema não se conteve mais; saiu como que para levar os frutos, despejou o cesto, arrancou as folhas, achou a carta, abriu-a, e, como se houvesse atrás de si um pavoroso incêndio pôs-se a fugir em direção ao quarto, esbaforida.

Encontrou Carlos, de passagem, que lhe falou. Ela não o ouviu, porém, e continuou a subir as escadas num tropel, ofegante, atônita, ébria, segurando sempre aquela horrível folha de papel que lhe estalava entre os dedos como uma placa de metal.

Em cima, lançou-se para a porta do sótão, que estava fechada.

Tentou então acalmar-se, lembrou-se da carta: precisava terminá-la; não se atrevia, porém. E, depois, onde? Como? Vê-la-iam decerto.

— Ah! Aqui mesmo está bom — refletiu. Empurrou a porta e entrou.

As ardósias deixavam cair a prumo um calor pesado, que lhe apertava as fontes e a sufocava. Arrastou-se até a água-furtada, fechada, tirou-lhe o ferrolho e a luz deslumbrante entrou num jorro.

À frente, para lá dos telhados, a campina estendia-se a perder de vista. Embaixo, a praça da aldeia estava deserta; as pedras das calçadas cintilavam, as ventoinhas das casas estavam imóveis; da esquina da rua vinha dum andar térreo uma espécie de ronco de modulações estridentes. Era Binet que trabalhava no torno.

Apoiara-se ao vão da janela e relia a carta com acessos de cólera. Quanto mais, porém, prendia nela a atenção, mais se lhe embaralhavam as ideias. Tornava a vê-lo, a ouvi-lo, a abraçá-lo, sentia as batidas do coração no peito como grandes golpes de aríete, acelerando-se umas após outras, em intervalos desiguais.

Lançou os olhos em volta, no desejo de que a terra desmoronasse.

Por que não daria fim a tudo? Que a sustava, ainda? Era livre, podia fazê-lo. Avançou e olhou para a calçada, dizendo consigo mesma:

— Vamos, vamos!

O raio luminoso que vinha diretamente debaixo atraía para o abismo o peso de seu corpo. Parecia-lhe que o solo da praça, oscilando, subisse pelas paredes, e que o sobrado se inclinasse à maneira dum navio que joga. Ema sustinha-se na beira, quase pendurada, rodeada pelo vácuo. O azul do céu empolgava-a, o ar circulava-lhe na cabeça oca; nada mais teria de fazer senão ceder, deixar-se levar e o ranger do torno não cessava, como voz furiosa que a chamasse.

— Ema! Ema! — gritou Carlos.

Ela se deteve.

— Onde estás?

A ideia de que acabara de escapar à morte esteve a ponto de fazê-la desmaiar de terror. Fechou os olhos. Depois, estremeceu ao contacto de uma mão que lhe segurou o braço: era Felicidade.

— O patrão está à sua espera, senhora. A sopa já está servida.

E foi preciso descer, e foi preciso ir à mesa!

Experimentou comer. A comida sufocava-a. Desdobrou, então, o guardanapo como a examinar nele as costuras; quis prender realmente a atenção nisso, contar os fios do tecido. De repente, a lembrança da carta lhe voltou. Tê-la-ia perdido? Onde a encontrar? Mas sentia tal fadiga de espírito, que nunca teria sido capaz de inventar uma desculpa para sair da mesa. Além disso, tornara-se fraca, tinha medo de Carlos — ele sabia de tudo, tinha certeza!

— Parece-me que vamos deixar de ver o senhor Rodolfo, por uns tempos.

— Quem te disse? — fez ela, estremecendo.

— Quem me disse? — redarguiu ele, um pouco surpreendido com o tom brusco dela. — Foi Girard, que encontrei agora mesmo, à porta do *Café Francês*. Está já de viagem ou vai partir.

— De que te admiras? Ele se ausenta assim, de vez em quando, para se distrair. Faz muito bem. Quando se é rico e solteiro!... De resto, nosso amigo sabe divertir-se, é um sabido. Langlois contou-me...

Calou-se, por discrição, vendo entrar a criada.

Esta repusera no cesto os abricós espalhados na prateleira. Carlos, sem perceber o rubor da mulher, pediu o cesto, tomou um dos frutos e mordeu-o.

— Oh! Excelentes! Experimenta...

E estendeu-lhe o cesto, que ela afastou suavemente.

— Cheira, então! Que aroma! — e passava-lhe a fruta pelo nariz.

— Falta-me o ar! — gritou ela, erguendo-se dum salto.

Mas, por um esforço de vontade, o espasmo passou-lhe.

— Não é nada! — disse ela — não é nada! É nervosismo... Senta-te e come!

Temia que a interrogassem, que a quisessem tratar, que não a deixassem mais.

Carlos, para obedecê-la, tornou a sentar-se e ia cuspindo na mão os caroços que depois punha no prato.

De repente, um tílburi azul passou, rápido, pela praça.

Ema soltou um grito e caiu ao solo, de bruços.

Com efeito, Rodolfo, depois de muito considerar, decidira ir para Ruão. Ora, como da Huchette a Buchy só há o caminho de Yonville, foi-lhe preciso atravessar a aldeia, e Ema reconhecera-o ao clarão das lanternas que cortaram o crepúsculo como um relâmpago.

O farmacêutico, ao tumulto que se fazia na casa, acudiu, correndo.

A mesa tombara com todos os pratos; o molho, a carne, as facas, o saleiro e o galheteiro cobriam o assoalho. Carlos chamava por socorro; Berta, assustada, berrava; e Felicidade, as mãos trêmulas, desapertava a ama que tinha movimentos convulsivos ao longo do corpo.

— Vou já procurar um pouco de vinagre aromático em meu laboratório — disse o farmacêutico.

Depois, como ela reabrisse os olhos, respirando o frasco do tal vinagre, disse:

— Tinha certeza. Isso despertaria um morto.

— Fala! — pedia Carlos. — Fala! Volta a ti! Sou eu — teu Carlos que te ama! Estás me reconhecendo? Olha: eis tua filhinha; beija-a...

A criança estendia os braços para a mãe, para dependurar-se-lhe ao pescoço. Mas, voltando a cabeça, Ema disse com voz entrecortada:

— Não, não, ninguém.

E tornou a perder os sentidos. Levaram-na para a cama. Ali ficou estendida, a boca aberta, as pálpebras cerradas, as mãos hirtas, imóvel e branca como uma estátua de cera. Dos olhos corriam-lhe duas torrentes de lágrimas, que deslizavam lentamente sobre o travesseiro.

Carlos, de pé, conservava-se no fundo do quarto e o farmacêutico, ao seu lado, guardava o silêncio meditativo adequado para as ocasiões sérias da vida.

— Tranquilize-se — animou-o, tocando-lhe o cotovelo; — parece-me que passou a crise.

— Sim, ela agora descansa um pouco — respondeu Carlos, vendo-a dormir. — Minha pobre mulher!... Minha pobre mulher!... Foi uma recaída.

Homais quis então saber como fora aquilo. Carlos respondeu que aquilo a acometera de repente, quando ela comia abricós.

— Extraordinário!... comentou o farmacêutico. Mas é muito possível que os abricós hajam ocasionado a síncope! Há naturezas tão impressionáveis à influência de determinados aromas! Seria mesmo um belo tema para estudos, tanto sob o aspecto patológico como sob o aspecto fisiológico. Os padres conhecem-lhe a importância, eles que sempre misturaram os aromas em suas cerimônias. É para entorpecer o entendimento e provocar êxtases — coisa, aliás, fácil de obter entre as mulheres, mais delicadas que nós. Citam-se muitas que desmaiavam ao cheiro de chifre queimado, de pão quente...

— Cuidado para não acordá-la! — recomendou Bovary, em voz baixa.

— E não só os homens — continuou o farmacêutico — estão expostos a essa coisas, mas também os animais. Assim, o senhor conhece o efeito singularmente afrodisíaco que produz a *nepea cataria,* vulgarmente chamada erva-de-gato, na espécie felina; por outro lado, para citar um exemplo, que lhe asseguro autêntico, Bridoux (um de meus velhos colegas, atualmente estabelecido na rua Malpalu) possui um cachorro que cai em convulsões, mal lhe chegam perto uma tabaqueira. Muitas vezes mesmo, Bridoux faz experiências na presença de seus amigos, em seu pavilhão do Bois Guillaume. Acreditar-se-á que um simples esternutatório possa ocasionar tais efeitos no organismo de um quadrúpede? É extremamente curioso, não é verdade?

— Sim — concordou o outro, que não o ouvia.

— Isso nos prova — prosseguiu o farmacêutico, sorrindo com um ar de superioridade benevolente — as irregularidades sem número do sistema nervoso. No que toca à sua senhora, ela sempre me pareceu, confesso-o, uma verdadeira sensitiva. Eis porque não lhe aconselharia, meu bom amigo, nenhum desses pretensos remédios que, sob o pretexto de atacarem sintomas, atacam o temperamento. Não, nada de medicamentos inúteis! Regime, eis tudo! Sedativos, emolientes, dulcificantes.

Depois, não pensou ainda em que talvez fosse preciso impressionar a imaginação?

— Em que? Como? — fez Bovary.

— Ah! Aí é que está a questão! É realmente essa a questão: *That is the question!* como há pouco li no jornal.

Mas Ema, acordando, exclamava:

— E a carta? E a carta?

Pensaram que delirava; acometeu-a da meia-noite em diante: declarara-se uma febre cerebral.

Durante quarenta e três dias, Carlos não a deixou. Abandonou todos os seus doentes; não se deitava mais; estava continuamente a tomar-lhe o pulso, a pôr-lhe sinapismos, compressas de água fria. Mandava Justino a Neufchátel buscar gelo; o gelo derretia no caminho; mandava buscar mais. Chamou o doutor Canivet para uma conferência; fez vir de Ruão o doutor Larivière, seu ex-professor. Estava desesperado. O que mais o assustava era a prostração de Ema: ela não falava, não ouvia coisa alguma e parecia até não sofrer, como se o corpo e a alma repousassem juntos de todas as suas agitações.

Lá por meados de outubro, pôde ficar sentada no leito, encostada em travesseiros. Carlos chorou quando a viu comer sua primeira fatia de doce. As forças voltaram-lhe; ela já se erguia algumas horas, à tarde; e, um dia em que se sentiu melhor, o marido experimentou fazê-la dar, pelo seu braço, um passeio no jardim. A areia das aleias desaparecia sob as folhas secas; ela andava passo a passo, arrastando as chinelas; e, apoiando o ombro a Carlos, ela seguia, sorrindo. Foram assim até o fundo, junto ao terraço. Ela empertigou-se lentamente e ergueu a mão aos olhos para olhar; olhou para longe, muito longe; mas, no horizonte, nada mais havia que enormes fogueiras de mato, fumegando sobre as colinas.

— Vais ficar cansada, minha querida — disse Bovary.

E, impelindo-a docemente para fazê-la entrar no caramanchão:

— Senta-te neste banco; ficarás bem.

— Oh! Não, aí não, aí não! — disse ela com voz débil.

Sentiu um atordoamento, e, da tarde em diante, a doença agravou-se, em marcha mais incerta, é verdade, mas de características mais complexas. Agora doía-lhe o coração, depois o peito, a cabeça, os membros; sobrevieram vômitos, em que o marido acreditou descobrir os primeiros sintomas dum câncer.

E o pobre homem, além de tudo, tinha falta de dinheiro!

CAPÍTULO XIV

Em primeiro lugar, ele não sabia como fazer para reembolsar Homais de todos os remédios que fora buscar em sua casa; e, ainda que, como médico, pudesse dispensar-se de pagar-lhos, sentia-se um pouco envergonhado dessa dívida. Depois, a despesa da casa, agora que a cozinheira a governava, tornara-se assustadora; as contas choviam de todos os lados; os fornecedores murmuravam; L'Heureux, sobretudo, molestava-o. Com efeito, no auge da doença de Ema, aproveitando-se da circunstância para aumentar a fatura, trouxe em breve o capote, o saco de viagem, duas caixas em lugar de uma e inúmeras outras coisas. Em vão Carlos lhe afirmou que não precisava daquilo; o negociante respondeu arrogantemente que lhe haviam encomendado aqueles artigos todos, e que não os levaria de volta. Ademais, isso seria contrariar a senhora na convalescença. O senhor Bovary que refletisse. Em suma, o negociante estava mais resolvido a recorrer à justiça do que renunciar a seus direitos e levar de volta suas mercadorias. Mais adiante Carlos ordenou que mandassem tudo para o armazém; Felicidade esqueceu; ele tinha outras preocupações; não se pensou mais nisso. L'Heureux voltou à carga e, ora ameaçador, ora suplicante, manobrou de tal modo que Bovary acabou por assinar uma letra, a seis meses de prazo. Mas, apenas assinara essa letra, uma ideia audaciosa lhe ocorreu: a de pedir emprestado mil francos a L'Heureux. Perguntou, então, com ar embaraçado, se não havia meio de obtê-los, acrescentando que seria por um ano, e aos juros que quisessem. L'Heureux correu à sua loja, trouxe os escudos e ditou outra letra, pela qual Bovary declarava dever pagar à sua ordem, em primeiro de setembro próximo, a soma de mil e setenta francos, o que, com os cento e oitenta já emprestados, fazia exatamente mil duzentos e cinquenta. Assim, emprestando a seis por cento, com o aumento de um quarto de comissão, trazendo-lhe os fornecimentos no mínimo um bom terço, aquilo devia dar, em doze meses, cento e trinta francos de lucro. E ele esperava que o negócio não ficasse aí, que não se pudessem pagar as letras, que fossem renovadas, e que seu pobre dinheiro, tendo engordado em casa do médico, como numa casa de saúde, voltaria um dia consideravelmente mais gordo e volumoso, para fazer estalar o saco.

Tudo, aliás, lhe ia bem. Era adjudicatório de um fornecimento de sidra para o hospital de Neufchâtel; Guillaumin prometia-lhe ações das turfeiras de Grumesnil, e ele sonhava em estabelecer um novo serviço de diligências entre Argueil e Ruão, o qual não tardaria a arruinar o carro do *Leão de Ouro,* e que, mais rápido, mais barato e transportando maior quantidade de bagagem, lhe poria nas mãos todo o comércio de Yonville.

Carlos muitas vezes perguntou a si mesmo por que meio poderia repor tanto dinheiro, o ano seguinte: e buscava, imaginava expedientes, tais como o de recorrer a seu pai ou de vender alguma coisa. Mas o pai lhe seria surdo e ele nada tinha para vender. Então, descobria tais embaraços, que afastava depressa do pensamento o objeto de meditação tão desagradável. Censurava-se de esquecer Ema, como se, pertencendo a ela todos os seus pensamentos, lhe furtasse algo, em não pensando nela continuamente.

O inverno foi rigoroso.

A convalescença de Madame Bovary foi longa.

Quando fazia bom tempo, empurravam-na na poltrona para perto da janela, a que dava para a praça, porque manifestava agora antipatia pelo jardim, e a persiana daquele lado permanecia sempre fechada.

Quis que vendessem o cavalo; desgostava-se agora de tudo que antes amara. Todas as suas preocupações pareciam limitar-se ao cuidado dela mesma.

Deixava-se ficar na cama, fazendo pequenas refeições, chamava a criada para informar-se de suas tisanas ou conversar com cla. Enquanto isso, a neve, sobre o telhado do mercado, lançava no quarto um reflexo branco, imóvel. Veio depois a chuva.

E Ema esperava, todos os dias, com uma espécie de ansiedade, a infalível repetição dos mínimos acontecimentos, os quais, todavia, já não a interessavam mais.

A chegada da *Andorinha,* à tarde, era o mais importante. A estalajadeira gritava, outras vozes respondiam, enquanto a lanterna de Hipólito, à procura das caixas sobre a coberta, parecia uma estrela na escuridão.

Ao meio-dia, Carlos voltava para, em seguida tornar a sair. Depois ela tomava um caldo e, pelas cinco horas, no fim do dia, as crianças, voltando da aula, vinham arrastando os tamancos pela calçada e batendo com as réguas nas portas por que passavam.

Era a essa hora que o senhor Bournisien vinha vê-la. Perguntava-lhe da saúde, trazia-lhe novidades e exortava-a à religião, numa suave tagarelice, a que não faltava encanto. A mera vista de sua sotaina reconfortava-a.

Um dia em que, no auge da doença, ela se acreditou agonizante, pediu a comunhão; e, à medida que se faziam no quarto os preparativos para o sacramento, que transformavam em altar a cômoda atravancada de remédios e que Felicidade espalhava dálias pelo chão, Ema sentia alguma coisa de forte passando sobre ela, desembaraçando-a das dores, de toda a percepção, de qualquer sensação. A carne aliviada não mais pesava, outra vida começava; parecia-lhe que o seu ser, subindo a Deus, ia aniquilar-se naquele amor, como incenso aceso que se esvai em fumaça. Espargiram de água benta os lençóis do leito; o padre tirou do vaso sagrado a hóstia nívea; e foi desfalecendo, numa alegria celestial, que ela estendeu os lábios para receber o corpo do Salvador, que lhe apresentavam. As cortinas de sua alcova flutuavam brandamente em torno dela, à maneira de nuvens, e as chamas dos dois círios, ardendo sobre a cômoda, pareceram-lhe glórias deslumbrantes. Então, deixou pender a cabeça, acreditando ouvir pelos espaços o som das harpas seráficas, e avistar, num céu azul, no alto de um trono de ouro, entre santos que seguravam palmas verdes, Deus Pai, resplandecente de majestade, e que com um gesto fazia descer para a terra anjos com asas de fogo para levarem-na em seus braços.

Essa visão esplêndida ficara em sua memória como a coisa mais bela com que fora possível sonhar; de tal modo, que ela se esforçava agora para recuperar a sensação, que entretanto continuava, de maneira menos exclusiva, mas com uma doçura igualmente profunda. Sua alma, farta de orgulho, descansava afinal na humildade cristã; e, saboreando o prazer de ser frágil, Ema presenciava em si mesma a destruição de sua vontade, o que devia proporcionar ampla passagem à invasão da graça. Existiam, pois, em lugar da ventura, felicidades maiores, outro amor sobre todos os demais amores, sem intermitência nem fim e que aumentava eternamente! Entreviu, entre as ilusões de seu espírito, um estado de pureza, à flor da terra, confundindo-se com o céu, onde ela esperava ir ter. Quis tornar-se santa. Comprou rosários e começou a trazer amuletos; aspirava ter em seu quarto, à cabeceira da cama, um relicário emoldurado de esmeralda, para beijar todas as noites.

O cura maravilhava-se com tais disposições, ainda que achasse que a religião de Ema pudesse, à força de fervor, terminar roçando pela heresia e mesmo pela extravagância. Não sendo, porém, muito versado nessas coisas, desde que elas fossem além de certa medida, escreveu ao senhor Boulard, livreiro do Monsenhor, para mandar-lhe “alguma coisa adequada para uma mulher que estava cheia de graça”. O livreiro, com tanta indiferença como se expedisse quinquilharias para negros, empacotou misturadamente tudo que tinha curso nesse tempo sobre livros piedosos. Eram pequenos manuais de perguntas e respostas, panfletos de aspecto arrogante, à maneira de Maistre; e romances de cartonagem cor-de-rosa e estilo adocicado, fabricados por seminaristas ou *bas bleus* arrependidas. Havia: *“Pensai bem nisto”; “Introdução à vida devota”; “O homem mundano aos pés de Maria”, pelo senhor F., agraciado com várias ordens; “Erros de Voltaire, para uso da juventude”*, etc.

Madame Bovary não possuía ainda inteligência bastante clara para aplicar-se seriamente ao que quer que fosse; além disso, iniciara tais leituras com muita precipitação. Irritou-se contra as prescrições do culto; desgostou-a a arrogância dos escritores de polêmica, em sua obstinação de atacarem pessoas que ela não conhecia; e os contos profanos, entremeados de religião, pareceram-lhe escritos numa tal ignorância do mundo, que a afastavam insensivelmente das verdades das quais ela esperava a prova. Persistiu, porém, e, quando o volume lhe caía das mãos, julgava-se empolgada pela mais fina melancolia católica que uma alma etérea pudesse conceber.

Quanto à lembrança de Rodolfo, enterrara-a bem no fundo do coração; e lá estava, mais solene e imóvel que uma múmia real num subterrâneo. Mas uma exalação escapava desse grande amor embalsamado, atravessava tudo, perfumava de ternura a atmosfera de pureza em que ela pretendia viver. Quando se ajoelhava no genuflexório gótico, dirigia ao Senhor as mesmas palavras suaves que murmurara antigamente ao amante, em seus transportes de adúltera. Era para avivar a fé, fazer vir a crença. Mas deleite algum descia do céu, e ela se erguia, os membros fatigados, com o sentimento vago dum imenso logro. Essas buscas, pensava ela, eram apenas um mérito a mais; e, no orgulho de sua devoção, Ema comparava-se às grandes damas de antanho, com cuja glória sonhara, em face dum retrato de La Vallière, as quais, arrastando com tanta majestade as caudas ataviadas de seus longos vestidos, se recolhiam à solidão, para ali espalharem aos pés de Cristo todas as lágrimas dum coração que a existência ferira.

Entregou-se então a caridades excessivas. Costurava para os pobres; enviava lenha às parturientes; e Carlos, voltando um dia para casa, deu com três vadios, abancados na cozinha, tomando uma sopa. Ema fez com que trouxessem a filhinha de novo para casa, que o marido, durante a doença, mandara para a casa da ama. Quis ensinar-lhe a ler; Berta chorava em vão, porque ela jamais se irritava. Era uma determinação bem firme de resignação, uma indulgência universal. Sua linguagem, a propósito de tudo, era cheia de expressões ideais. Dizia à filha: — Tua cólica passou, meu anjo?

A mãe de Carlos nada encontrava que censurar, salvo talvez aquela mania de fazer camisolas para os órfãos em lugar de consertar seus panos de cozinha. Mas, cansada de disputas domésticas, a boa mulher se sentia bem naquela casa tranquila; demorou-se mesmo ali até depois da Páscoa, a fim de evitar os sarcasmos do marido, que não deixava, toda a Sexta-feira da Paixão, de encomendar uma linguiça.

Além da companhia da sogra, que de algum modo a tornava mais firme em seus princípios, pela retidão do modo de ver as coisas, e as suas maneiras graves, Ema tinha ainda, quase todos os dias, outras visitas. Eram a senhora Langlois, a senhora Caron, a senhora Dubreuil, a senhora Tuvache e, regularmente, das duas às cinco horas, a excelente senhora Homais, que jamais quisera acreditar em qualquer das bisbilhotices de que a vizinha era acusada. Os pequenos de Homais também vinham vê-la. Justino acompanhava-os. Subia com eles para o quarto e ficava de pé, rente à porta, imóvel e mudo. Muitas vezes mesmo, Madame Bovary, abstrata, punha-se em frente ao toucador. Começava por tirar o pente, sacudindo a cabeça num movimento brusco. E, quando ele viu pela primeira vez toda aquela cabeleira que rolava até às curvas das pernas, soltando-se em anéis negros, foi para ele, pobre criança, como a entrada inopinada em qualquer coisa extraordinária e nova, cujo esplendor o deixou atônito.

Ema, decerto, não percebia sua muda solicitude, nem sua timidez. Não desconfiava que o amor, evadido de sua vida, palpitava ali, perto dela, sob aquela camisa de pano grosseiro, naquele coração de adolescente aberto às emanações de sua beleza. Ela agora dispensava a tudo tal indiferença, tinha palavras tão afetuosas e olhares tão altivos, modos tão contraditórios, que se não distinguia mais o egoísmo da caridade, ou a corrupção da virtude.

Uma tarde, por exemplo, zangou-se com a criada, que lhe pedia para sair, balbuciando à procura de um pretexto; depois, de repente, interpelou:

— Tu o amas, então? — E, sem esperar a resposta de Felicidade, que enrubescera, completou num ar triste:

— Anda! Corre! Diverte-te!

Mandou revolver o jardim, dum extremo a outro, no começo da primavera, apesar das observações do marido. Este contudo, se sentia feliz de vê-la afinal manifestar uma vontade qualquer. Ela manifestou outras mais, à medida que se restabelecia. Primeiro, achou meio de despedir a Tia Bollet, a ama, que se habituara, durante sua convalescença, a vir muitas vezes à cozinha com seus dois pequenos e o que criava, mais esfaimado que um canibal. Desembaraçou-se, depois, da família Homais, despediu sucessivamente as demais visitas, e passou mesmo a frequentar a igreja com menos assiduidade, com plena aprovação do farmacêutico, que lhe disse, então, amistosamente:

— A senhora estava se tornando um tanto beata!

O sr. Bournisien, como dantes, vinha todos os dias, depois do catecismo. Preferia ficar fora, a tomar ar, no meio do bosque, como ele chamava o caramanchão. Era a hora em que Carlos voltava. Sentiam calor. Traziam-lhes sidra doce e eles bebiam juntos pelo completo restabelecimento da senhora.

Binet ali se achava, isto é, um pouco mais abaixo, apoiado ao muro da varanda, a pescar caranguejos. Bovary convidava-o a tomar refrescos; ele entendia de como abrir garrafas.

— É preciso — dizia, passeando em torno, até a extremidade da paisagem, um olhar satisfeito — é preciso segurar assim a garrafa, reta sobre a mesa, e, depois que se cortam os barbantes, sacar a rolha aos poucos, docemente, suavemente, como se faz nos restaurantes com água de Seltz.

Mas a sidra, durante a sua demonstração, esguichava-lhe em pleno rosto, ao que o padre, num riso opaco, jamais deixava de gracejar:

— A boa qualidade dela está saltando aos olhos!

Era, com efeito, um excelente homem — não se mostrou mesmo escandalizado com o farmacêutico, que aconselhava Carlos a que levasse a mulher, para distraí-la, ao teatro de Ruão, ver o famoso tenor Lagardy. Homais ficou pasmado de seu silêncio — quis saber sua opinião; e o padre declarou que olhava a música como menos perigosa para os costumes que a literatura.

Mas o farmacêutico tomou a defesa das letras. Pretendia ele que o teatro servia para criticar os preconceitos, e, sob a máscara do prazer, ensinar a virtude.

— *Castigat ridendo mores*, senhor Bournisien! Veja, por exemplo, a maioria das tragédias de Voltaire; são habilmente semeadas de reflexões filosóficas que fazem delas para o povo uma verdadeira escola de moral e de diplomacia.

— Eu — disse Binet — vi há tempos uma peça intitulada *O gaiato de Paris,* em que se apresenta o caráter de um velho general, que é verdadeiramente exato. O general repreendera um filho de família que seduzira uma operária, que, afinal...

— Certamente — continuou Homais — há má literatura, como há má farmácia; mas condenar *in toto* a mais importante das belas artes me parece uma estupidez, uma ideia gótica, digna dos tempos abomináveis em que encarceraram Galileu.

— Bem sei — objetou o cura — que existem boas obras e bons autores; basta, porém, que pessoas de sexo diferente se achem reunidas num recinto encantador, enfeitado de pompas mundanas, além dos disfarces pagãos, das pinturas, das luzes, das vozes efeminadas — para que tudo isso acabe por fazer surgir certa libertinagem de espírito e trazer pensamentos desonestos, tentações impuras. Tal é, pelo menos, a opinião de todos os padres. Enfim, — ajuntou ele, tomando subitamente um tom de voz místico, enquanto rolava no polegar uma pitada de tabaco — se a Igreja condenou os espetáculos, tinha razão para isso, e precisamos submeter-nos a seus decretos.

— Por que — perguntou o farmacêutico — excomunga ela os comediantes? Pois se eles concorriam outrora abertamente para as cerimônias do culto... Sim! Tocando e representando no coro espécies de farsas chamadas mistérios, nas quais os princípios da moral eram muitas vezes ofendidos.

O padre contentou-se em soltar um suspiro. O farmacêutico seguiu:

— É como na Bíblia; há nela... o senhor sabe... mais de um detalhe... picante, coisas... verdadeiramente licenciosas!

E, a um gesto de impaciência do cura:

— Ah! O senhor concordará em que não é um livro que se ponha nas mãos de uma jovem, e eu ficaria aborrecido se Atália...

— Mas são os protestantes, e não nós — fez o outro, impaciente — que recomendam a Bíblia!

— Não importa! — teimou Homais. — Espanta-me que, em nossos dias, num século de luzes, se teime ainda em proscrever um deleite intelectual que é inofensivo, moralizador e até higiênico, muitas vezes, não é, doutor?

— Sem dúvida — assentiu o médico, descuidadamente, ou porque tivesse as mesmas ideias, ou porque não quisesse ofender ninguém, ou, ainda, porque não tivesse ideias.

O assunto parecia terminado, quando o farmacêutico julgou conveniente dar um último golpe:

— Conheci alguns padres que se punham à paisana para ir ver pernear as dançarinas.

— Ora vamos! — exclamou o cura.

— Ah! Conheci! — E separava as sílabas da frase: — Co-nhe-ci !

— Pois bem! Faziam mal! — sentenciou Bournisien, resignado a ouvir tudo.

— E faziam ainda outras! — exclamou o farmacêutico;

— Senhor!!! — bradou o eclesiástico, os olhos tão ferozes, que Homais se intimidou.

— Bem — apressou-se ele, então, em tom menos brutal — Eu apenas quis dizer que a tolerância é o meio mais seguro de atrair as almas à religião.

— É verdade, é verdade! — concedeu o velho, tornando a sentar-se. Dois minutos depois, levantou-se. Quando ele se foi, Homais voltou-se para o médico:

— Eis aí o que se chama esperteza! Eu o embrulhei, o senhor bem viu, de tal maneira!... Enfim, acredite-me, leve sua senhora ao teatro, nem que seja para fazer danar, uma vez na vida, a um desses corvos! Se alguém me pudesse substituir, eu mesmo os acompanharia. Aviem-se! Lagardy dará só uma representação; está contratado para a Inglaterra, com um ordenado considerável. É, pelo que asseguram, um cantor famoso, que nada em ouro! Leva com ele três amantes e o cozinheiro ! Esses artistas todos queimam a vela por ambas as extremidades; precisam levar existência desavergonhada, que excite um pouco a imaginação. Mas acabam no hospital, porque não tiveram a previdência, quando moços, de fazer economias. Bem, muito bom apetite, até amanhã!

A ideia do teatro depressa criou raízes na cabeça de Carlos, pois logo se apressou em participá-la à mulher. Ema rejeitou-a, logo à primeira vista, alegando fadiga, atrapalhação, despesas; mas, contra seus hábitos, Carlos não cedeu, tão proveitosa achava que seria para ela tal recreação. Não via impedimento algum nisso: sua mãe lhe enviara 300 francos que ele não esperava mais, as dívidas atuais não eram presentes, e o vencimento das letras de L'Heureux ainda estava tão longe, que não era preciso pensar nele. Além disso, pensando que Ema, recusando, o fizesse por delicadezas, Carlos insistiu, e de tal modo, que ela acabou por aquiescer, à força de tanta insistência.

No dia seguinte, às oito horas, embarcaram na *Andorinha*.

O farmacêutico, a quem nada em Yonville retinha, mas que se julgava indispensável ali, suspirou, vendo-os partir.

— Boa viagem — desejou-lhes. — Que felizes mortais!...

E para Ema, que trazia um vestido de seda azul de quatro folhos:

— Acho-a linda como um amor! A senhora vai brilhar em Ruão.

A diligência parou no hotel da *Cruz Vermelha,* na praça Beauvoisine.

Era um desses albergues como os há em todo o arrabalde de província, com grandes estrebarias, quartos de dormir pequenos, em que se veem pelo pátio galinhas debicando a aveia, sob os cabriolés enlameados dos caixeiros viajantes; velhas hospedarias com varanda de madeira carcomida, que rangem ao vento das noites de inverno, constantemente cheias de gente, de barulho e de comida, onde as mesas negras e engorduradas de glórias, os grossos vidros amarelecidos de moscas, os guardanapos úmidos manchados de vinho tinto; casas que, cheirando sempre a aldeia, como rapazes do campo vestidos à moda da cidade, têm um café que dá para a rua, e uma horta ao lado.

Carlos pôs-se logo em movimento. Confundiu o proscênio com as galerias, a plateia com os camarotes, pediu informações, não as entendeu, ficou andando do porteiro ao diretor, voltou ao escritório, e, assim, percorreu várias vezes a vila em toda a sua extensão, do teatro ao *boulevard*.

Ema comprou um chapéu, luvas e um ramalhete. Ele estava com medo de não alcançar o início. Por isso, sem terem tido tempo de tomar um simples caldo, puseram-se diante das portas do teatro, fechadas ainda àquela hora.

CAPÍTULO XV

O povo estacionava contra a parede, simetricamente apertada entre as balaustradas. Nas esquinas das ruas mais próximas, cartazes gigantescos repetiam em caracteres exagerados: *"Lúcia de Lammermoor...* Lagardy... Ópera... etc.".

O tempo estava bom; fazia calor; o suor descia dos cabelos frisados; todos os lenços, fora da algibeira, enxugavam testas afogueadas;

de vez em quando, um vento tépido, vindo da ribeira, agitava suavemente a orla dos toldos de lona suspensos à porta dos botequins. Um pouco mais abaixo, porém, a temperatura era refrescada por uma corrente de ar que cheirava a sebo, couro e azeite. Era o cheiro da rua das Charrettes, cheias de grandes armazéns escuros, em que rolam barris.

Com medo de parecer ridícula, Ema quis dar uma volta pelo porto, antes de entrar, e Bovary, por prudência, conservou os bilhetes na mão, enfiada no bolso das calças e encostada ao ventre.

No vestíbulo, Madame Bovary sentiu bater-lhe o coração. Sorriu involuntariamente de vaidade, vendo a multidão que se lançava pelo corredor da direita, enquanto ela subia as escadas dos camarotes. Qual uma criança, sentiu prazer em empurrar com o dedo as amplas portas acolchoadas; inalou profundamente o cheiro empoeirado dos corredores; e, quando se viu sentada no camarote, recostou-se toda, com o desembaraço de uma duquesa.

A sala começava a encher-se, os binóculos surgiam dos estojos e os *habitués,* em se vendo de longe, cumprimentavam-se. Ali estavam para descansar, nas belas-artes, das inquietações do comércio; mas, não esquecendo os negócios, discutiam ainda sobre o algodão, sobre o álcool, sobre o anil. Viam-se cabeças de velhos, inexpressivas e pacíficas, embranquecidas nos cabelos e na tez, que se assemelhavam a medalhas de prata embaçadas por vapores de chumbo. Os rapazes, muito elegantes, passeavam pela plateia, ostentando na abertura do colete as gravatas cor-de-rosa ou verde-maçã. E Madame Bovary via-os, lá de cima, apoiarem nas bengalas de castão dourado as mãos metidas em luvas amarelas.

Enquanto isso, iam-se as luzes acendendo. O lustre desceu do forro, espalhando, com a luminosidade de suas facetas, súbita alegria pela sala; um a um, entraram os músicos. Depois, um som confuso de baixos roncando, de violinos rangendo, pistões trombeteando, flautas e flautins miando.

Três pancadas no palco. Um rufo de timbales começou, os instrumentos de cobre explodiram em acordes, e o pano, erguendo-se, descobriu uma paisagem.

Era a encruzilhada de um bosque, com uma fonte à esquerda, sombreada por um carvalho. Camponeses e fidalgos, de manta ao ombro, entoavam uma canção de caça. Em seguida, surgiu um capitão que invocava o espírito do mal, os braços para o alto; apareceu, então, outro, foram-se os dois embora, e os caçadores voltaram à canção.

Ema retornava às leituras de sua adolescência, estava em pleno Walter Scott. Tinha a impressão de ouvir, por entre a névoa, o som das gaitas de fole escocesas ecoando pelas urzes.

Além disso, a lembrança do romance facilitando a compreensão do libreto, ela seguia o enredo, frase por frase, enquanto pensamentos imprecisos, que lhe acudiam, dispersavam-se num ápice, às rajadas da música. Deixava-se embalar pelas melodias, sentia-se ela mesma vibrar intensamente, como se os arcos dos violinos lhe tangessem os nervos. Não tinha olhos bastantes para contemplar os trajes, as decorações, as personagens, as árvores pintadas que tremiam, ao peso dos passos, os gorros de veludo, as capas, as espadas, as fantasias todas que se moviam no conjunto como numa atmosfera sobrenatural.

Mas uma moça avançou, atirando uma bolsa a um escudeiro verde. Ficou só, e ouviu-se então uma flauta que imitava o sussurro de uma fonte ou o gorjeio dum pássaro.

Lúcia iniciou com ar grave sua cavatina em *sol* maior; soltava queixas de amor, pedia asas.

Também Ema quisera, fugindo à vida, voar num abraço.

De repente, apareceu Edgar Lagardy.

Trazia uma palidez soberba, dessas que dão qualquer coisa da majestade dos mármores às raças ardentes do sul. O corpo vigoroso estava dentro de um gibão escuro. Um pequeno punhal cinzelado lhe batia na coxa esquerda; passeava em volta os olhos lânguidos, descobrindo os dentes claros.

Dizia-se que certa princesa polaca, ouvindo-o uma noite cantar na praia de Biarritz, onde ele então consertava chalupas, ficara apaixonada, arruinando-se por sua causa. Ele a trocara por outras mulheres, e essa fama sentimental não lhe deixava de ser útil à reputação artística. O ator diplomata tinha mesmo o cuidado de inserir sempre uma frase poética com respeito ao fascínio de sua pessoa e à sensibilidade de sua alma. Boa voz, imperturbável aprumo, mais temperamento que inteligência, mais ênfase que lirismo, essas qualidades acabavam de realçar esse admirável tipo de charlatão, em que havia algo de cabeleireiro e de toureador.

Entusiasmou, desde a primeira cena. Prendia Lúcia nos braços, deixava-a, tomava-a de novo, parecia desesperado; vinham lhe acessos de cólera seguidos de desabafos elegíacos de infinita doçura; e as notas partiam-lhe da garganta nua cheias de soluços e de beijos.

Ema inclinava-se para vê-lo, as unhas enterradas no veludo do camarote. Enchia o coração daquelas queixas melodiosas, que se vinham harmonizar com o acompanhamento dos contrabaixos, como gritos de náufragos no tumulto da procela. Reconhecia todos os arrebatamentos e angústias por que estivera quase a morrer. A voz da cantora nada mais lhe era que o eco da própria consciência; aquela ilusão que a empolgava, algo de sua própria vida. No mundo, contudo, ninguém a amara de tal forma. *Ele* não chorava como Edgar, na última noite, à luz da lua, quando diziam um ao outro: “Até amanhã, até amanhã!...”

A sala vibrou aos aplausos; a cena foi bisada. Os dois amantes falavam das flores de sua tumba, de juramentos, de exílio, da fatalidade, de esperanças; e, quando soltaram o último adeus, Ema não conteve um grito agudo, que se foi misturar às vibrações dos últimos acordes.

— Por que estará aquele fidalgo a persegui-la? — quis saber Bovary.

— Não, não! — explicou ela. — É seu amante.

— E, todavia, jura vingar-se da família dela, enquanto o outro, o que surgiu há pouco, dizia: "Amo Lúcia, e creio que ela me ama". Além disso, saiu com o pai, de braço dado. Pois não era pai dela aquele sujeitinho feio com uma pena de galo no chapéu?

Apesar das explicações de Ema, desde o dueto recitativo em que Gilberto expõe a Ashton, seu mestre, suas nefandas manobras, Carlos, vendo o anel nupcial que irá iludir Lúcia, supôs que se tratava de uma lembrança de amor enviada por Edgar. Confessava, enfim, não compreender a história — por causa da música que prejudicava a letra.

— Que importa?! — fez Ema. — Cala-te!

— É que eu — justificou-se ele — gosto de estar a par de tudo, bem o sabes...

— Cala-te, cala-te! — insistiu ela, impaciente.

Lúcia avançava, apoiada em suas companheiras, uma coroa de flores de laranjeira nos cabelos, e mais branca que o cetim do vestido. Ema recordava o dia de seu casamento. Parecia-lhe ver a si própria percorrendo a vereda, entre os trigais, em caminho da igreja. Por que não resistira, porque não suplicara como Lúcia? Pelo contrário, fora alegre, sem ver o abismo em que se precipitava. Ah! Se ainda na frescura de sua beleza, antes das poluições do casamento e da desilusão do adultério, tivesse podido entregar sua vida a algum grande e sólido coração, num misto de virtude, ternura, voluptuosidade e dever, nunca teria chegado ao que chegara. Essa ventura, porém, era uma mentira, sem dúvida, imaginada para o desespero de todo o desejo. Conhecia já a pequenez das paixões, exageradas pela arte. Por isso, empenhando-se em afastar delas o pensamento, queria não ver naquela reprodução das próprias dores senão uma fantasia plástica para distrair os olhos; chegava mesmo a sorrir intimamente, condoída, quando surgiu, no fundo do teatro, de sob o reposteiro de veludo, um homem de capa preta.

O grande chapéu à espanhola tombou-lhe, a um gesto dele. Os instrumentos e os cantores deram início ao sexteto. Edgar, bramindo, furioso, dominava com a voz clara todas as outras.

Ashton lançava-lhe provocações homicidas; Lúcia soltava agudos queixumes; Artur, mais longe, modulava sons médios; e o baixo profundo do ministro ecoava tal um órgão, enquanto as vozes das mulheres, repetindo suas palavras, continuavam deliciosamente em coro. Estavam todos na mesma linha, gesticulando. E a raiva, a vingança, o ciúme, o terror, a misericórdia e a estupefação brotavam ao mesmo tempo das bocas entreabertas. O namorado brandia a espada nua; a gargantilha de rendas erguia-se-lhe com o movimento do peito, e o homem andava da direita para a esquerda, fazendo tinir no palco as esporas douradas de suas botas flexíveis, enrugadas no tornozelo. Devia possuí-lo, pensava Ema, um amor inesgotável, para derramar-se assim pela multidão, em tão grandes eflúvios. Todas as suas veleidades deprimentes se desvaneciam na poesia do papel, que a invadia; e, arrastada para o homem pela ilusão da personagem, tentou imaginar a vida dele — aquela vida ruidosa, extraordinária, esplêndida, que também ela poderia ter, se o destino o tivesse querido. Ter-se-iam conhecido, ter-se-iam amado. Teria viajado com ele por todos os reinos da Europa, participaria de suas fadigas e de seu orgulho, apanharia as flores destinadas a ele, bordar-lhe-ia a roupa com suas próprias mãos; depois, todas as noites, no fundo de um camarote, atrás da rótula dourada, recolheria em êxtase as expansões daquela alma, que, se cantava assim, o fazia para ela; e, mesmo representando, não deixaria de olhá-la.

Súbito, porém, tomou-a uma loucura: o tenor olhava-a, não podia duvidar! Teve ímpetos de correr para os braços dele, de refugiar-se em sua força, como na própria encarnação do amor, de lhe bradar: "Rapta-me, leva-me; partamos! Para ti, só para ti meus ardores todos, meus sonhos todos!..."

Nessa altura, o pano caiu. O cheiro do gás misturava-se ao calor, o abanar dos leques fazia o ar ainda mais sufocante.

Ema quis sair, mas o povo enchia os corredores, e ela se deixou ficar na poltrona, com palpitações que a sufocavam. Carlos teve medo de que desmaiasse e correu ao café buscar um copo de orchata. Foi com dificuldade que voltou para o camarote: acotovelavam-no a todo instante, agitando o copo que trazia na mão. Chegou a entornar três quartas partes do líquido no ombro de uma *rouenense,* que, sentido a orchata correr-lhe até os rins, se pôs a gritar como um pavão ou como se a tivessem querido matar. O marido, um tecelão, ficou furioso contra o desastrado; e, enquanto com o lenço limpava as manchas do belo vestido de fazenda cor de cereja, ia falando sobre indenização, despesas e reembolso. Afinal, Carlos conseguiu alcançar sua mulher.

— Pensei que não chegasse mais! — exclamou, esbaforido. — Que multidão! Que multidão! Sabes quem eu encontrei lá em cima? O Léon!

— O Léon!

— Em pessoa! Virá cumprimentar-te daqui a pouco.

E, mal proferidas tais palavras, o ex-escrevente de Yonville entrou no camarote.

Léon estendeu a mão com o desembaraço de um fidalgo. Madame Bovary estendeu maquinalmente a sua, em obediência decerto à atração de uma vontade mais forte. Não a sentira mais, desde aquela noite de primavera, a chuva caindo na folhagem verde, quando se haviam despedido, de pé, junto à janela. Mas, tendo em mente as conveniências da situação, sacudiu com esforço aquele torpor que lhe traziam as recordações, começou a proferir frases rápidas:

— Então, como está? Há quanto tempo não o via!

— Silêncio! — exigiu uma voz da plateia, porque o terceiro ato começara.

— Está em Ruão?

— Estou.

— Desde quando?

— Fora, fora!

Calaram-se, pois todos os olhares estavam voltados para o camarote.

Daquele momento em diante, porém, Ema não ouviu mais nada. O coro dos convidados, a cena de Ashton e do criado, o grande dueto em *ré maior* tudo se passou para ela muito longe, como se os instrumentos se houvessem tornado menos sonoros e as personagens mais distantes. Recordava-se dos jogos de carta em casa do farmacêutico, do passeio à casa da ama, das leituras no caramanchão, das palestras a sós junto ao fogão, de todo aquele pobre amor, tão sereno e tão prolongado, tão discreto, tão terno, e de que ela, apesar de tudo, se esquecera. Para que voltava ele? Que combinação de aventuras o colocava outra vez em sua vida?

Léon conservava-se por detrás dela, apoiado ao tabique; e, de vez em quando, a moça sentia-se impressionar com o sopro tépido das narinas dele, que lhe vinha até os cabelos.

— Então? Está gostando? — indagou ele, inclinando-se tanto, que quase lhe tocou a face com a ponta do bigode.

— Nem tanto... — respondeu, indolente.

Ele propôs, então, saírem do teatro, irem tomar sorvete em qualquer parte.

— Por enquanto não! — disse Bovary. — A dama tem os cabelos soltos e isso promete ser trágico.

Mas a cena da loucura não interessava a Ema; a cantora parecia-lhe exagerada.

— Grita demais — observou ela, voltando-se para Carlos, que ouvia atento.

— Sim... talvez... um pouco... — volveu ele, indeciso entre a expansão do prazer e o respeito que votava às opiniões da mulher.

— Está fazendo calor... — disse Léon, num suspiro.

— É verdade; insuportável...

— Estás indisposta? — perguntou o marido.

— Muito. Sinto falta de ar. Vamos embora.

Léon pôs-lhe delicadamente o xale de malha nos ombros, e foram os três sentar-se no cais, ao ar livre, à porta de um café.

Falaram, primeiro, da doença de Ema. Ela interrompia o marido a todo instante, com medo, — explicava, — de que Léon se enfadasse. O moço contou que viera passar dois anos em Ruão, num cartório de primeira ordem, a fim de ganhar maior prática nas causas, muito diferentes na Normandia das de Paris; perguntou de Berta, da família Homais e da senhora Lefrançois; e, como o marido estava presente e nada mais pudessem dizer um ao outro, a conversa terminou logo.

Gente que saía do teatro descia a rua, cantarolando ou gritando *O bel angel, ma Lucia!* Léon, então, querendo mostrar-se *diletante,* começou a falar de música. Ouvira Tamburini, Rubini, Persiani, Grisi. Ao lado deles, ainda que cheio de recursos, Lagardy nada valia.

Apesar disso — contraveio Carlos, tomando com sossego o sorvete de rum — dizem que no último ato é incontestavelmente admirável; sinto não ter ficado até o fim, pois estava começando a gostar justamente quando saí.

— Logo dará outra representação — disse o escrevente.

Carlos respondeu que se ia embora no dia seguinte.

— A menos — acrescentou, voltando-se para a mulher — que tu queiras ficar sozinha.

O rapaz, então, mudando de tática ante aquela oportunidade tão inesperada que lhe abria caminho à esperança, iniciou um rasgado elogio ao trecho final de Lagardy. Era coisa soberba, sublime!

Carlos insistiu:

— Voltas no domingo. Vamos, decide-te! Se achas que isso te faz bem, ainda que pouco, fazes muito mal...

As mesas à volta iam ficando vazias. Um criado veio pôr-se discretamente ali perto. Carlos compreendeu, puxou a carteira. O escrevente deteve-lhe o braço; não se esqueceu mesmo de deixar duas moedas de prata a mais, que fez soar na pedra da mesa.

— Ora, — murmurou Bovary — o senhor fazendo despesas...

O outro fcz um gcsto dcsdcnhoso, chcio dc cordialidade; e, tomando o chapéu:

— Está entendido, não é assim? Amanhã às seis horas.

Carlos insistiu em que não podia ficar ausente por muito tempo, mas que nada impedia que Ema...

— É que... — balbuciou ela, num sorriso estranho — não sei se...

— Bem, tu vais pensar. Vamos ver. A noite é boa conselheira...

Voltou-se para Léon:

— Agora que está mesmo por aqui, espero que, de vez em quando, nos dê o prazer de ir jantar conosco...

Não faltaria, — assegurou o escrevente. — Precisava mesmo ir a Yonville por causa de um negócio do cartório.

Separaram-se em frente da passagem Saint-Herblan, precisamente quando o relógio da catedral fazia soar onze e meia.

TERCEIRA PARTE

CAPÍTULO I

Léon, enquanto fazia o curso de direito, frequentara sofrivelmente a *Chaumière,* onde alcançou bons êxitos entre as costureiras, que descobriam nele um *ar distinto.* Era o mais comedido dos estudantes: não usava os cabelos nem muito longos nem muito curtos, não esbanjava a pensão toda do trimestre logo no primeiro dia do mês, e mantinha-se nos melhores termos com os professores. Quanto a excessos, abstinha-se deles, quer por pusilanimidade, quer por delicadezas.

Muitas vezes, lendo em seu quarto, ou, ainda, sentado, sob as faias do Luxemburgo, deixava cair o Código e renasciam-lhe as saudades de Ema. Pouco a pouco, porém, esse sentimento se foi enfraquecendo e outros desejos o tornaram menor, se bem que, através destes, o primeiro persistisse sempre; porque Léon não perdia de todo a esperança: conservava como que uma vaga promessa, que se balançava no futuro, como fruto de ouro suspenso de uma folhagem fantástica.

Agora, revendo-a após três anos de ausência, sua paixão despertou. É necessário, pensava ele, resolver-se enfim a querer possuí-la. Ademais, sua timidez se gastara ao contacto das companhias mais ou menos boêmias — voltava à província desprezando tudo o que não pisasse com pé calçado e envernizado o asfalto do bulevar. Perto de uma parisiense vestida de rendas, na sala de algum doutor ilustre, que tivesse condecorações e carruagem, teria o pobre, sem dúvida, tremido como uma criança. Mas ali em Ruão, no cais, diante da mulher daquele médico insignificante, sentia-se à vontade, na certeza antecipada de que deslumbraria. O aprumo depende do meio em que estamos: não falamos na sobreloja da mesma forma que no quarto andar, e a mulher rica parece ter em torno dela, protegendo-lhe a virtude, todas as suas notas de banco, à maneira de couraça, no forro do espartilho.

Deixando os Bovary naquela noite, seguiu-os Léon de longe; depois, vendo-os parar na *Cruz Vermelha,* voltou e passou a noite toda arquitetando um plano.

No dia seguinte, às cinco horas, mais ou menos, entrou na cozinha da estalagem, a garganta seca, a face pálida, com a resolução dos poltrões que nada pode deter.

— O senhor não está — respondeu-lhe um criado.

Isso lhe pareceu de bom agouro. Subiu.

Ema não se perturbou, à sua chegada; apresentou-lhe, ao contrário, desculpas por se haverem esquecido de dizer-lhe onde estavam hospedados.

— Oh! Eu adivinhei!

— De que jeito?

Ele procurou explicar que fora guiado para ela pelo acaso, instintivamente. Ema sorriu e, para reparar a tolice, Léon contou que passara a manhã a procurá-la em todas as hospedarias da cidade.

— Resolveu-se, então, a ficar? — acrescentou ele.

— Sim, mas fiz mal. Não nos devemos acostumar a prazeres impossíveis, tendo à nossa volta mil exigências...

— Imagino...

— Não, não pode imaginar, porque não é mulher.

Mas os homens tinham também seus aborrecimentos, e a conversa nasceu de várias reflexões filosóficas. Ema estendeu-se muito sobre a miséria das afeições mundanas e o eterno isolamento em que o coração fica sepultado.

Ou para fazer-se valer ou por ingênua imitação daquela melancolia que provocava a sua, o rapaz declarou que se aborrecera extraordinariamente durante todo o tempo de seus estudos. Irritavam-no os processos, outras vocações o chamavam; e sua mãe não cessava de atormentá-lo em todas as suas cartas. Faziam ambos mais e mais nítidas as razões de sua dor, cada qual se exaltando um pouco, à medida que falava.

Detinham-se, porém, de vez em quando, diante da exposição completa de seu pensamento, à procura duma frase que pudesse traduzi-lo.

Ela não confessou sua paixão por outro; ele não disse que a havia esquecido.

Talvez ele não se lembrasse mais das ceias depois do baile, em boa companhia, e a ela não acudiam já as entrevistas de outrora, quando corria, de manhã, pela relva, a caminho da casa de seu amante.

O bulício da cidade mal chegava até eles, e o quarto parecia pequeno, feito a propósito para tornar maior a solidão.

Ema, com um penteador de fustão, apoiava a cabeça nas costas da velha poltrona; o papel amarelo da parede, atrás dela, era como um fundo de ouro; e sua cabeça nua se refletia no espelho, com a risca branca ao meio, a ponta das orelhas saindo-lhe de sob os bandós.

— Mas perdão! — disse ela. — Estou a aborrecê-lo com meus eternos queixumes!

— Não! Absolutamente!

— Se soubesse — volveu ela, erguendo para o teto os belos olhos, de que descia uma lágrima — se soubesse tudo o que eu tinha sonhado...

— E eu, então? Oh! Sofri bastante! Muitas vezes saía, andava sem rumo ao longo dos cais, atordoando-me com o ruído do povo, sem poder banir a obsessão que me perseguia. Há no bulevar, numa casa de estampas, uma gravura italiana representando uma Musa. Veste-a uma túnica e ela olha para a lua com miosótis presos nos cabelos soltos. Qualquer coisa me impelia para ali, e ali ficava horas inteiras.

E, em voz trêmula:

— A Musa parecia-se um pouco com a senhora.

Madame Bovary voltou a cabeça, para que ele não lhe visse nos lábios o irreprimível sorriso que sentia subir a eles.

— Muitas vezes — prosseguiu o moço — eu lhe escrevia cartas, que rasgava logo em seguida.

Ema não respondeu; Léon continuou:

— Punha-me às vezes a imaginar que algum acaso a levaria até ali. Era comum parecer-me reconhecê-la, ao virar uma esquina; corria atrás de todos os fiacres em cuja portinhola visse flutuar um véu parecido com o seu...

Ela parecia resolvida a deixá-lo falar, sem o interromper. Cruzando os braços e baixando a cabeça, olhava para as rosetas das chinelas, movendo-lhes o cetim, de vez em quando, com os dedos do pé.

Suspirou.

— Haverá coisa mais lamentável que arrastar, como eu, uma existência inútil? Se nossas dores pudessem servir a alguém, consolar-nos-íamos com o pensamento do sacrifício!

E Léon passou a ressaltar a virtude, o dever, os sacrifícios silenciosos, afirmando ter em si mesmo uma incrível necessidade de dedicação, que não podia saciar.

— Gostaria imenso — disse ela — de ser irmã de caridade.

— Mas os homens — replicou ele — não têm dessas santas missões; e não vejo profissão nenhuma... salvo talvez a de médico.

Com um ligeiro encolher de ombros, Ema interrompeu-o para lastimar-se da doença que quase a levara à sepultura.

— Que pena! Se tivesse morrido, não estaria mais sofrendo...

Léon passou a invejar *a paz da sepultura;* escrevera mesmo, um dia, o seu testamento, recomendando que o amortalhassem naquele bonito manto, orlado de veludo que ele conservava dela; porque fora assim que eles haviam querido estar — um e outro formando um ideal ao qual adaptavam agora a sua vida passada. Além disso, a palavra é um laminador que distende sempre os sentimentos.

Mas, àquela invenção da manta, Ema perguntou:

— Mas por quê?

— Por quê?...

Ele hesitava.

— Porque a amei muito!

E, aplaudindo-se de haver transposto a dificuldade, o moço espreitou-lhe a fisionomia com o rabo dos olhos.

Foi como o céu, quando um golpe de vento varre as nuvens. O tumulto de ideias tristes que os assomava desapareceu de seus olhos azuis, todo o seu rosto irradiou.

O rapaz esperava. Ema respondeu, afinal:

— Desconfiei sempre disso.

Contaram, então, um ao outro os pequeninos incidentes daquela existência já tão distante, cujos prazeres e melancolias eles acabavam de resumir numa só palavra. Ele se lembrava do caramanchão de clematite, dos vestidos que ela usava, dos móveis do seu quarto, da casa toda.

— E os nossos pobres cactos?

— O frio deu cabo deles, este inverno.

— Pensei muitas vezes neles, sabe? Frequentemente, parecia-me tornar a vê-los, como outrora, quando, pelas manhãs de verão, o sol batia nas venezianas, e eu via seus dois braços nus entre as flores.

— Pobre amigo! — disse ela, estendendo-lhe a mão. Léon levou-a logo aos lábios. Depois, respirando profundamente:

— A senhora representava para mim, naquele tempo, não sei que força incompreensível que me cativava a vida. Uma vez, por exemplo, fui à sua casa; mas a senhora não se recorda, decerto?

— Sim, recordo-me — respondeu ela. — Continue.

— A senhora estava embaixo, na sala de espera, pronta para sair, já no último degrau. Trazia um chapéu de florinhas azuis. E, sem que fosse para isso convidado, segui-a, embora achasse que não devia fazê-lo. A cada momento, sentia maior a consciência da tolice que praticava, mas continuava a segui-la, sem ousar fazê-lo abertamente, e, ao mesmo tempo, sem querer deixá-la. Quando a senhora entrava numa loja, eu ficava na rua, vendo-a, através da vidraça, contar o dinheiro sobre o balcão. Por último, bateu em casa da senhora Tuvache; abriram-lhe a porta — e eu fiquei como um idiota, em frente da porta enorme e sólida que se fechara de novo após a senhora.

Ouvindo-o, Madame Bovary sentia-se admirada de ser tão velha; todas aquelas coisas, assim recordadas, lhe traziam a impressão de que sua existência se alargava, tinham o efeito de imensidades sentimentais a que ela se reportava. E isso a fazia repetir, de vez em vez, a voz baixa e os olhos cerrados:

— Sim, é verdade!... É verdade!...

Ouviram bater oito horas nos diversos relógios do bairro Beauvoisine, cheio de colégios, igrejas e grandes palácios abandonados.

Não falavam mais; quando se olhavam, porém, sentiam rodar a cabeça, como se algo sonoro lhes emanasse das pupilas fixas. Entrelaçaram as mãos; e o passado, o futuro as reminiscências e os sonhos, tudo se confundia na suavidade daquele êxtase. A noite ensombrescia as paredes, onde brilhavam ainda, mergulhadas na penumbra, as cores grosseiras de quatro estampas representando cenas da *Torre de Nesle*, com uma legenda em espanhol e francês. Pela janela de correr, via-se um canto de céu escuro entre telhados pontudos.

Ema ergueu-se para acender duas velas sobre a cômoda, e veio sentar-se outra vez.

— Então... — disse Leon.

— Então? — repetiu ela.

Ele procurava continuar o diálogo interrompido, quando ela lhe disse:

— Qual será a razão por que ninguém, até hoje, me exprimiu tais sentimentos?

O escrevente respondeu que as naturezas ideais eram difíceis de compreender. Ele a amara logo à primeira vista, e se desesperava à ideia da felicidade que seria deles, se, por uma graça do acaso, se houvessem conhecido mais cedo e se se tivessem ligado indissoluvelmente.

— Sonhei com isso algumas vezes — disse ela.

— Que sonho! — murmurou Leon, acariciando-lhe delicadamente a orla azul do cinto branco.

— Que nos impede de recomeçar? — aventurou o rapaz.

— Não, meu amigo; — tornou ela — estou muito velha... O senhor é muito moço... Esqueça-me. Outras hão de amá-lo... O senhor as amará também.

— Não como à senhora — exclamou ele.

— Criança! Vamos, tenhamos juízo!

E apresentou-lhe as impossibilidades daquele amor. Deviam conservar-se, como antes, nos simples termos de uma amizade fraternal.

Estaria ela falando seriamente? Talvez nem ela mesma o soubesse, preocupada com o encanto da sedução e a necessidade de defender-se. Pondo no moço os olhos enternecidos, repelia suavemente as tímidas carícias que as mãos trêmulas dele ensaiavam.

— Perdoe-me, disse ele, a certa altura, recuando.

E Ema, então, foi tomada dum vago susto ante aquela timidez, mais perigosa que o arrojo de Rodolfo quando avançava de braços abertos. Nunca homem algum lhe parecera tão belo. Havia uma esquisita candura em suas maneiras. Ele baixava os cílios longos e finos, que se recurvavam. A pele delicada do rosto corava — pensava Ema — no desejo que ela lhe inspirava; e a moça sentia uma tentação irreprimível de pousar nela os lábios. E, inclinando-se para o relógio, como a ver as horas:

— Como é tarde, meu Deus! Como tagarelamos!

Léon compreendeu a insinuação — procurou o chapéu.

— Até me esqueci do teatro! — fez a moça. — E o pobre Bovary que me havia deixado especialmente para isso! O Senhor Lormeaux, da rua da Ponte-Grande, devia levar-me em companhia da sua mulher. Já agora, a ocasião estava perdida, pois ia embora no dia seguinte.

— Verdade? — fez Léon.

— Sim.

— Mas preciso vê-la ainda; — prosseguiu ele — tinha de dizer-lhe...

— O que?

— Uma coisa... grave, séria. Não, a senhora não irá... é impossível... Se soubesse... Ouça-me. Pois então não compreendeu? Não adivinhou?

— Não, apesar de o senhor falar bem — disse Ema.

— Ah! A senhora graceja! Basta, basta! Por piedade, faça com que eu possa vê-la uma vez mais... uma só...

— Então...

Ela se calou. Depois, como que reconsiderando:

— Não aqui!

— Onde quiser...

— Quer...

Pareceu refletir, e, em tom breve:

— Amanhã, às onze horas, na catedral.

— Lá estarei! — exclamou ele, tomando-lhe as mãos, que ela logo soltou.

E, como estivessem de pé, ele atrás dela, e a moça curvasse a cabeça, León inclinou-se e beijou-a longamente na nuca.

— O senhor está louco, inteiramente louco! — dizia ela, entre risinhos sonoros, enquanto os beijos se multiplicavam. E, estendendo a cabeça por cima do seu ombro, ele julgou ler o consentimento nos olhos dela, que se fitaram nele, cheios de glacial majestade.

Léon afastou-se três passos para sair, deteve-se na soleira da porta e murmurou com voz trêmula:

— Até amanhã.

Ema respondeu-lhe com um sinal de cabeça e desapareceu, como uma ave, no quarto ao lado.

À noite, ela escreveu uma carta interminável ao rapaz, em que se desobrigava da entrevista; estava tudo acabado e eles, para o próprio bem, não deviam mais se encontrar. Mas, fechada a carta, não sabia o endereço do escrevente e ficou muito embaraçada.

— Eu mesma lha darei, quando vier — refletiu.

No dia seguinte, de janela aberta e cantarolando, Leon engraxou ele próprio os sapatos. Pôs calças brancas, meias finas, um casaco verde, deitou no lenço quanta espécie de perfume tinha, mandou frisar os cabelos, desfrisou-os depois, para dar a eles uma elegância mais natural.

— Ainda é muito cedo — pensava, com os olhos no relógio do cabeleireiro, que marcava nove horas. Leu um velho jornal de modas, saiu, fumou um charuto, andou por três ruas, pensou, afinal, que já era tempo — dirigiu-se lentamente para o átrio da *Notre-Dame*.

Era uma linda manhã de verão. Nas lojas dos ourives, a prataria brilhava e a luz que batia obliquamente na catedral punha reflexos nas quinas das pedras cinzentas; um bando de pássaros girava no céu azul, contornando os campanários; a praça, cheia de gritos, tinha o perfume das flores que lhe cobriam o chão: rosas, jasmins, cravos narcisos, separados desigualmente por verduras úmidas; no centro, a fonte murmurava e, sob enormes guarda-sóis, os vendedores sem chapéu, entre pirâmides de melões, enrolavam, em papéis, ramos de violetas.

O moço comprou um. Era a primeira vez que adquiria flores para uma mulher; e, aspirando-as, sentia o peito dilatar-se de orgulho, como se aquela homenagem a outrem revertesse para ele.

Mas tinha medo de ser avistado; entrou resoluto na igreja.

O Suíço estava logo à entrada, no meio do portal à esquerda, por debaixo da *Mariana dançando,* de pluma, durindana batendo-lhe na perna, bastão em punho, mais majestoso que um cardeal e reluzente como um cálice sagrado.

Veio para Léon e, com aquele sorriso de bondade paternal que os eclesiásticos tomam quando interrogam as crianças:

— O senhor decerto não é daqui? Deseja ver as curiosidades da igreja?

— Não. — respondeu Léon.

E deu uma volta pelas naves laterais. Depois tornou a olhar para a praça. Ema não chegava. Foi até o coro.

A nave espelhava-se nas pias de água-benta, com o começo das ogivas e uma parte das vidraças. Mas o reflexo das pinturas, quebrando-se na borda do mármore, continuava mais longe no lajedo, como um tapete pintalgado. A luz de fora alongava-se pela igreja em três raios enormes, pelos três portais abertos. De vez em quando, passava ao fundo o sacristão, fazendo diante do altar a oblíqua genuflexão dos devotos apressados. Os lustres de cristal pendiam imóveis. No coro brilhava uma lâmpada de prata; e, das capelas laterais, dos sombrios recantos da igreja, saíam às vezes como que exalações de suspiros e o som de uma grade que se fechava, repercutindo o eco sob as altas abóbadas.

Léon, contrito, caminhava rente às paredes. Nunca a vida lhe parecera tão boa. Ela surgiria de repente, encantadora, agitada, olhando para trás, a ver se a não seguiam — com seu vestido de folhos, seu *lorgnon* de ouro, botinhas delicadas, com todas as elegâncias que ele jamais saboreara e com a inefável sedução da virtude que sucumbe. A igreja, como um toucador gigantesco, dispunha-se em torno dela; as abóbadas inclinavam-se para recolher na sombra a confissão do seu amor; vitrais resplandeciam para iluminar-lhe o rosto, e os turíbulos iam acender-se para que ela aparecesse como um anjo, no fumo dos incensos.

Ela, porém, não vinha. Léon sentou-se numa cadeira e deu com a vista numa vidraça azul, em que se viam uns barqueiros conduzindo açafates. Ficou a olhá-la, atento, contando as escamas dos peixes e os botões dos justilhos, enquanto o pensamento vagueava em busca de Ema.

O Suíço, ali perto, indignava-se interiormente contra aquele indivíduo que ousava admirar sozinho a catedral. Aquilo lhe parecia uma monstruosidade, um roubo, quase um sacrilégio.

Mas um roçar de seda no lajedo, os bordados de um chapéu, uma camalha preta... Era ela. Léon ergueu-se e correu ao seu encontro.

Ema estava pálida. Caminhava apressadamente.

— Leia! — disse-lhe ela, dando-lhe um papel... oh! não!

E retirou a mão bruscamente, para entrar na capela da Virgem, onde, ajoelhando-se ao pé de uma cadeira, se pôs a orar.

O rapaz irritou-se com aquela fantasia beata; sentiu, contudo, certo encanto, em vendo-a assim, em plena entrevista, mergulhada em orações, como uma marquesa andaluza; depois começou a impacientar-se, pois que Ema não terminava.

Ema orava, ou pelo menos se esforçava por orar, com a esperança de que do céu lhe descesse alguma resolução súbita; e para atrair o socorro divino, enchia os olhos com os esplendores do tabernáculo, aspirava o perfume das açucenas que desabrochavam em grandes vasos, e aplicava o ouvido ao silêncio da igreja, que não fazia senão aumentar-lhe o tumulto do coração.

Levantou-se, afinal, e iam sair quando o Suíço se aproximou vivamente, dizendo:

— A senhora decerto não é daqui? Deseja ver as curiosidades da igreja?

— Não! — exclamou o escrevente.

— Por que não? — perguntou ela.

Ema confiava sua virtude vacilante à Virgem, às esculturas, aos túmulos, a tudo o que havia.

Então o Suíço, para proceder *com ordem,* conduziu-os até à entrada, do lado da praça, onde, indicando-lhes com o bastão um círculo de pedras pretas, sem inscrições nem lavores, lhes disse majestosamente:

— Isto é a circunferência do belo sino de Amboise. Pesava quarenta mil libras; não havia outro igual em toda a Europa. O operário que o fundiu morreu de alegria...

— Vamo-nos — disse Léon.

O homem continuou, porém, a caminhar; depois, voltando à capela da Virgem, estendeu os braços com um gesto sintético de demonstração, e, mais orgulhoso que um chacareiro mostrando as suas latadas:

— Esta simples laje cobre Pedro de Brézé, senhor de la Varenne e de Brissac, grão-marechal do Poitou e governador da Normandia, morto na batalha de Montlhéry, a 16 de julho de 1465.

Léon mordia os lábios e batia o pé.

— E, à direita, aquele fidalgo revestido de ferro, num cavalo empinado, é seu neto Luís de Brézé, senhor de Breval e de Montchauvet, conde de Maulevrier, barão de Mauny, camarista do rei, cavaleiro da Ordem, e também governador da Normandia, falecido em 23 de junho de 1531, num domingo, como se vê na inscrição; e por baixo, aquele homem prestes a descer ao túmulo, figura precisamente esse senhor. É impossível ver-se mais perfeita representação do nada, pois não?

Madame Bovary pegou no *lorgnon*. Léon imóvel, olhava para ela, não tentando sequer dizer uma palavra ou fazer um gesto, tão desencorajado se achava em face dessa dupla partida de tagarelice e indiferença.

O eterno guia continuava:

— Perto dele, aquela mulher de joelhos, que chora, é sua esposa, Diana de Poitiers, condessa de Brézé, duquesa de Valentinois, nascida em 1499 e falecida em 1566; e, à esquerda, a que tem nos braços um menino, é a Santa Virgem. Agora, voltem-se para este lado; eis os túmulos dos Ambroise. Foram ambos cardeais e arcebispos de Ruão. Aquele era ministro do rei Luís XII, beneficiou muito a catedral e deixou, no seu testamento 30.000 escudos de ouro aos pobres.

E, sem parar, falando sempre, impeliu-os para uma capela atulhada de balaustradas, afastou algumas, e descobriu assim uma espécie de pedra, que podia muito bem ter sido uma estátua mal feita.

— Ornava, noutro tempo — disse ele, soltando profundo suspiro — o túmulo de Ricardo Coração de Leão, rei de Inglaterra e duque de Normandia. Foram os calvinistas, senhor, que o reduziram a este estado. Por maldade, tinham-na enterrado debaixo da cadeira episcopal de Monsenhor. Olhe: aqui está a porta por onde Monsenhor vai para sua casa. Passamos agora a ver os vitrais da Gárgula.

Mas Léon tirou, rápido, do bolso, uma moeda de prata e tomou o braço de Ema. O Suíço ficou estupefato, sem compreender aquela magnificência intempestiva, quando ainda lhe faltava mostrar tanta coisa. Por isso, chamou-o:

— Ó senhor... o zimbório... o zimbório!

— Obrigado — respondeu Léon.

— Olhe que faz mal! Ele tem quatrocentos e quarenta pés, apenas nove menos do que a grande pirâmide do Egito. É todo fundido, e...

Léon fugia. Lembrava-se de que o seu amor, havia quase duas horas imobilizado na igreja como as pedras, ia já evaporar-se como fumo, por aquela espécie de tubo truncado, de caixa oblonga, de chaminé, que se ergue tão grotescamente sobre a catedral, como tentativa extravagante de algum caldeireiro fantasista.

— Onde vamos nós? — dizia ela.

Sem responder, ele caminhava apressadamente, e já Madame Bovary molhava as pontas dos dedos na água-benta, quando ouviram atrás de si uma respiração muito alta e ofegante, entrecortada regularmente pelo bater duma bengala. Léon voltou-se.

— Senhor!

— Que é?

Reconheceu o Suíço sobraçando e conservando-os em equilíbrio sobre o ventre, cerca de vinte volumes em brochura. Eram as obras *que tratavam da catedral.*

— Imbecil! — resmungou Léon, correndo para fora da igreja.

No adro, um garoto brincava.

— Vai buscar-me um fiacre!

O rapaz partiu como uma bala pela rua dos Quatro Ventos; só então é que ficaram a sós alguns minutos, face a face e um pouco embaraçados.

— Ah! Léon!... Realmente... não sei... se deva!...

Fez um trejeito. Depois, com ar sério:

— Isto é uma grande inconveniência, sabe?

— Por que? — replicou o escrevente. — Isto se faz em Paris.

E estas palavras, como argumento irresistível, decidiram-na imediatamente.

Mas o fiacre não aparecia. Léon temia que ela tornasse a entrar na igreja. Enfim, apareceu o fiacre.

— Saiam ao menos pelo portal do norte; — gritou-lhes o Suíço, que ficara no limiar — para ver a *Ressurreição,* o *Juízo Final,* o *Paraíso,* o *Rei Davi* e os *Réprobos* nas labaredas do inferno.

— Onde quer ir o senhor? — perguntou o cocheiro.

— Onde você quiser! — respondeu Léon empurrando Ema para dentro do carro.

E, ato contínuo, pôs-se a caminho a carruagem.

Desceu a rua da Ponte-Grande, atravessou a praça das Artes, o cais Napoleão, a Ponte Nova, e parou de repente diante da estátua de Pedro Corneille.

— Continue! — ordenou uma voz de dentro do carro.

O fiacre saiu da grade e, alcançando logo a Alameda La-Fayette, desceu rapidamente a rampa, e entrou a galope na gare da estrada de ferro.

— Não, não; continue direito! — gritou a mesma voz.

O fiacre saiu da grade e, alcançando logo a Alameda, foi trotando, pausadamente, por entre os grandes olmeiros. O cocheiro limpou a cara, entalou entre as pernas o chapéu de oleado, e guiou o fiacre fora das contra-aleias levando-o para a beira da água, próximo da relva.

Foi indo pela margem da ribeira, seguindo o caminho de sirga cheio de calhaus soltos, e por muito tempo do lado d'Ossyel, para além das ilhas.

De repente, porém, lançou-se numa corrida através de Quatremares, Sotteville, a rua Larga, a rua d'Elbeuf, e fez sua terceira parada em frente do Jardim das plantas.

— Vá andando! — exclamou a voz, mais imperiosa.

E continuando logo a corrida, passou por Saint-Sever, pelo cais dos Curtidores, pelo cais das Médas, outra vez ainda pela ponte, pela praça do Campo de Marte e por detrás dos jardins do hospital, nos quais uns velhos de roupas pretas andavam passeando ao sol, num terraço todo verdejante de heras. Subiu depois o bulevar Bouvreuil, percorreu o bulevar Couchoise e depois todo o Monte Riboudet, até à encosta de Deville.

Retrocedeu em seguida; e então, sem destino nem direção, ao acaso, foi vagabundeando. Viram-no sucessivamente em Saint-Pol, em Lescure, no monte Gargan, na Rouge-Mare, na praça do Guillardbois; na rua Maladrerie, na rua Dinanderie, em frente a Saint-Romain, Saint-Vivien, Saint-Maclou, Saint-Nicaise, em frente da Alfândega, — na atarracada Torre-Velha, no Três-Cachimbos e no Cemitério Monumental. De vez em quando, o cocheiro lançava da almofada olhares desesperados para as tabernas. Não podia compreender que furor de locomoção era aquele que levava os seus fregueses a não quererem parar. Tentou por várias vezes; mas logo ouvia atrás de si exclamações de cólera. Fustigava então o mais que podia os pobres animais, que escorriam suor, sem se importar com os solavancos, esbarrando ora aqui, ora ali, desorientado, quase chorando de sede, de fadiga e de tristeza.

E no cais, entre fardos e barricas, nas ruas, parados às portas, os burgueses abriam muito os olhos, ante aquela coisa tão extraordinária na província: uma carruagem, com as cortinas descidas, e que reaparecia continuamente, mais fechada que um túmulo e balouçando como se fosse um navio.

A certa altura, no meio do dia, em pleno campo, quando o sol dardejava com maior intensidade contra as velhas lanternas prateadas, uma mão nua saiu por entre as cortinas de pano amarelo e jogou pedacinhos de papel, que se dispersaram ao vento e foram cair mais longe, como borboletas brancas, num campo de trevos vermelhos, todo em flor.

Afinal, lá pelas seis horas, a carruagem parou numa viela do bairro Beauvoisine e desceu dela uma mulher, que se foi, com o véu baixo, sem olhar para trás.

CAPÍTULO II

Chegando à hospedaria, madame Bovary admirou-se de não ver a diligência. Hivert esperara por ela cinquenta e três minutos e afinal partira.

Nada havia que a forçasse a partir; mas dera a sua palavra de que voltaria naquela mesma tarde. Além disso, Carlos esperava-a; e já sentia no coração essa docilidade covarde que é, para certas mulheres, como se fora o castigo e a remissão do adultério.

Arrumou rapidamente a mala, pagou a conta, alugou no pátio um cabriolé e, apressando o cocheiro, encorajando-o e informando-se a todo instante das horas e dos quilômetros percorridos, conseguiu alcançar a *Andorinha* perto das primeiras casas de Quincampoix.

Mal se sentou no seu lugar, fechou os olhos e não os tornou a abrir senão na base da encosta, onde de longe, reconheceu Felicidade, que estava de sentinela à porta do ferrador. Hivert deteve os cavalos e a cozinheira, trepando até o postigo, disse misteriosamente:

— A senhora fará o favor de ir antes de mais nada à casa do sr. Homais; trata-se de alguma coisa urgente.

A aldeia estava silenciosa como de costume. Nas esquinas das ruas viam-se uns montinhos rosados, fumegantes, porque era época das compotas e toda a gente de Yonville fazia a sua provisão no mesmo dia. À porta da farmácia, via-se, porém, uma quantidade muito maior e que excedia as outras com a vantagem que um estabelecimento deve ter sobre os fogareiros burgueses, uma necessidade geral sobre quaisquer fantasias individuais.

Ema entrou. A poltrona grande estava caída e até o *Farol de Ruão* jazia por terra entre os dois almofarizes. Empurrou a porta do corredor e no meio da cozinha, entre os jarros escuros, cheios de groselha, de açúcar em pó e em pedra, das balanças em cima da mesa e dos tachos no fogo, ela viu todos os Homais, grandes e pequenos, com aventais que lhes chegavam ao queixo, e garfos nas mãos. Justino, de pé, cabisbaixo, e o farmacêutico gritava:

— Quem te mandou buscá-lo no cafarnaum?

— Que foi? Que aconteceu?

— Que aconteceu? — respondeu o farmacêutico. Estava-se fazendo as compotas, que estavam cozinhando; mas, quase transbordavam por causa da calda muito grossa e pedi outro tacho. Então ele, por preguiça, por relaxamento, foi buscar no prego, no meu laboratório, a chave do cafarnaum!

O farmacêutico chamava assim a um quarto, no sótão, atulhado de utensílios e de mercadorias da sua profissão. Muitas vezes passava ali sozinho muitas horas a colar etiquetas, trasvasar, atar; e considerava-o não como um simples armazém, mas como verdadeiro santuário, de onde saíam depois, elaboradas por suas mãos, pílulas, tisanas, loções e poções, que iam espalhar pelos arredores a sua celebridade. Nenhuma pessoa punha ali os pés e Homais a tal ponto o respeitava, que era ele mesmo quem o varria. Enfim, se a farmácia, aberta a toda gente, era o sítio onde ele ostentava o seu orgulho, o cafarnaum era o refúgio onde, concentrando-se egoisticamente, se deleitava no exercício das suas predileções; e por isso a leviandade de Justino parecia-lhe monstruosa irreverência; e, mais vermelho que a groselha, repetia:

— Sim, do cafarnaum! A chave que encerra os ácidos e os alcalis cáusticos! Ir buscar um tacho de reserva! um tacho de tampa! de que eu talvez nunca me servirei! Tudo tem sua importância nas operações delicadas da nossa arte! Mas que diabo! É preciso estabelecer distinções e não empregar nos usos quase domésticos o que é destinado a uso farmacêutico. É como se alguém trinchasse um frango com um escalpelo, como se um magistrado...

— Mas, acalme-se! — dizia a senhora Hornais.

E Atália, puxando-o pelo casaco:

— Papai! Papai!

— Não, deixem-me! — continuava o farmacêutico — deixem-me, que diabo! Palavra de honra: era melhor que eu fosse merceeiro. Anda! Continua! Não respeites nada! quebra! despedaça! solta as sanguessugas! queima a alteia! Faze conserva de pepino nos vidros! Rasga as ligaduras!

— Mas o senhor tinha... — disse Ema.

— Um momento! Sabes tu a que te expuseste? Não viste nada, no canto do lado esquerdo, na terceira prateleira? Fala, responde, articula alguma coisa!

— Eu... não sei... — balbuciou o rapaz.

— Ah! não sabes nada! Pois sei eu! Viste uma garrafa, um vidro azul, lacrado com lacre amarelo, que contém um pó branco e no qual eu mesmo escrevi: *Perigoso!* E sabes tu o que está dentro dele? Arsênico! E vais tocar em semelhante coisa! Pegar num tacho, que estava mesmo ao lado!

— Ao lado! — exclamou a senhora Homais, juntando as mãos. — Arsênico! Podias nos envenenar a todos!

E os pequenos começaram a gritar, como se já sentissem dores atrozes nas entranhas.

— Ou envenenar algum doente! — continuava o farmacêutico. — Querias então mandar-me para o banco dos réus? Arrastar-me ao cadafalso? Ignoras o cuidado que tenho nas manipulações, apesar de ser um hábito velho? Muitas vezes eu mesmo chego a me assustar, quando penso na minha responsabilidade, pois o governo nos persegue e a legislação absurda que nos rege é como uma verdadeira espada de Damocles suspensa sobre a nossa cabeça!

Ema já não pensava em perguntar o que é que queriam dela, e o farmacêutico prosseguia com frases entrecortadas:

— É assim que reconheces a bondade com que te tratam! Aí está como me recompensas dos cuidados paternais que eu te prodigalizo! Pois se não fosse eu, onde estarias tu? Que havias de fazer? Quem é que te dá comida, educação, roupa e todos os meios de poderes figurar, um dia, com honra, na sociedade? Mas para isso é preciso suar em bica e adquirir, como se costuma dizer, calo nas mãos, *Fabricando fit faber, age quod agis.*

E fazia citações latinas, tão desesperado estava! Teria citado chinês e groenlandês se conhecesse as línguas; porque se achava numa dessas crises em que a alma inteira mostra indistintamente o que encerra, como o Oceano, que nas tempestades se abre desde as algas da margem até a areia dos seus abismos.

E prosseguiu:

— Começo a me arrepender profundamente de haver tomado conta de ti! Teria feito melhor coisa, com certeza, deixando-te metido na miséria e na imundície em que nasceste! Nunca hás de ser mais do que um guardador de cabras! Não tens a menor aptidão para a ciência! Mal sabes colar um rótulo! E vives em minha casa, refestelado, como um cônego, como um galo!

Mas, Ema, voltando-se para a senhora Homais:

— Tinham-me mandado chamar...

— Ah! meu Deus! — interrompeu com ar de tristeza a pobre senhora — como hei de lhe dizer?... É uma desgraça!

E não concluiu. O farmacêutico vociferava mais:

— Despeja-o! Esfrega-o, vai pô-lo no lugar, corre!

E sacudindo o Justino pela gola do casaco, fez cair um livro do seu bolso.

O rapaz abaixou-se. Homais foi mais rápido e apanhando o volume, olhava para ele, de olhos arregalados e boca aberta.

— O *Amor conjugal!* — disse ele, separando as palavras, pausadamente. — Ah! muito bem! muito bem! muito bonito! E com gravuras! Ah! Isto agora é demais!

A senhora Homais avançou:

— Não toques nisso!

Os pequenos quiseram ver as estampas.

— Sumam-se! — disse-lhes o farmacêutico energicamente.

Eles se retiraram.

Homais começou primeiro a andar de um lado para outro, com grandes passos, segurando o volume entre os dedos, virando os olhos, sufocado, intumescido, apoplético. Depois foi direto ao seu ajudante e, parando diante dele com os braços cruzados:

— Pelo que vejo estás coberto de vícios, desgraçado! Toma cuidado, estás num declive! Não pensaste que este livro infame podia cair nas mãos dos meus filhos, incendiar-lhes o cérebro, embaciar a pureza de Atália e corromper Napoleão? Ele já é um homem? Tens ao menos a certeza de que eles não o leram? Podes assegurar...

— Mas, enfim, sr. Homais — disse Ema — o senhor queria me dizer...

— Ah! é verdade, minha senhora... Morreu seu sogro!

Com efeito, o pai de Bovary falecera na véspera, repentinamente, de uma apoplexia, ao levantar-se da mesa; e, num excesso de precaução pela sensibilidade de Ema, Carlos pedira a Homais que lhe desse a terrível notícia de maneira suave.

Ele meditara a frase, arredondara-a, polira-a, ritmara-a, era uma obra prima de prudência e de transições, de finura e delicadeza; mas a cólera suplantara a retórica.

Ema, desistindo de obter qualquer detalhe, saiu da farmácia porque Homais continuava com os seus impropérios. Entretanto, foi se acalmando pouco a pouco e afinal começou a resmungar em tom paternal, ao mesmo tempo que se abanava com o barrete grego:

— Não é porque eu desaprove a obra inteiramente! O autor era médico. Há nela alguns lados científicos que não faz mal a um homem conhecer e, digo mesmo, é preciso que conheça; mas, mais tarde, mais tarde! Espera ao menos que sejas homem e que o teu caráter esteja formado.

Com a argolada que Ema deu na porta, Carlos, que a esperava, avançou de braços abertos e disse-lhe, com lágrimas nos olhos:

— Ah! minha querida...

E inclinou-se brandamente para beijá-la. Mas, ao sentir-lhe o contato dos lábios, Ema foi dominada pela recordação do outro e passou a mão pelo rosto, estremecendo.

Entretanto, respondeu:

— Sim, já sei... já sei...

Carlos mostrou-lhe a carta em que sua mãe lhe narrava o caso, sem a menor hipocrisia sentimental.

O que mais lastimava era que seu marido não tivesse recebido os sacramentos, por ter falecido em Doudeville, na rua, à porta de um Café, depois de um banquete patriótico com vários oficiais reformados.

Ema entregou-lhe a carta; depois, ao jantar, como quem sabe viver, fingiu alguma repugnância. Como, porém, o marido insistisse com ela, pôs-se resolutamente a comer, ao passo que Carlos, em frente dela, permanecia imóvel, numa atitude de abatimento.

De vez em quando, erguia a cabeça e lançava-lhe um olhar repassado de aflição.

Uma das vezes ele suspirou:

— Queria vê-lo ainda!

Ema estava calada. Enfim, compreendendo que era preciso dizer alguma coisa:

— Que idade tinha teu pai?

— Cinquenta e oito anos!

— Ah!

E isto foi tudo.

Um quarto de hora depois, Carlos acrescentou:

— E a minha pobre mãe... que há de ser dela agora?

Ema fez um gesto de quem não sabe.

Vendo-a taciturna, Carlos supunha-a aflita, e por isso se constrangia não dizendo nada para não avivar a dor que a mortificava. Todavia, recalcando a sua:

— Divertiste-te muito ontem? — perguntou ele.

— Sim.

Depois de tirada a mesa, nem um nem outro se ergueu; e à proporção que ela o encarava, a monotonia daquele espetáculo bania-lhe pouco a pouco do coração toda espécie de enternecimento. Carlos parecia-lhe acanhado, fraco, nulo, enfim, um pobre homem, olhado por qualquer lado. Como havia de se desembaraçar dele? Que noite interminável! Sentia-se entorpecida por alguma coisa semelhante a um vapor de ópio.

Ouviram no vestíbulo o ruído seco de um pau batendo no sobrado. Era Hipólito, que transportava a bagagem de Ema. Para depô-la no chão, descreveu a custo um quarto de círculo com a sua perna de pau.

— Já nem pensa mais nisso! — dizia Ema consigo mesma, olhando o pobre diabo, cujo áspero cabelo ruivo destilava suor.

Bovary procurava troco no fundo da bolsa; e sem parecer compreender quanta humilhação havia para ele na simples presença do homem que ali estava, e que era a censura personificada da sua incurável inépcia:

— Bravo! Trouxeste um bonito ramo! — disse ele, reparando nas violetas de Léon em cima do fogão.

— É verdade — disse ela, com indiferença — é um ramo que comprei há pouco... de uma mendiga.

Carlos pegou nas violetas e refrescando com elas os olhos ainda vermelhos de chorar, cheirou-as delicadamente. Ela tirou-as rapidamente de sua mão e foi pô-las num copo de água.

No dia seguinte a mãe de Bovary chegou. Ela e o filho choraram muito; Ema, sob pretexto de ter de cuidar de certos arranjos, desapareceu.

No outro dia foi necessário cuidar do luto; e foram sentar-se com as caixas de costura, à beira da água, debaixo do caramanchão.

Carlos pensava em seu pai e admirava-se de sentir tanta afeição por aquele homem, a quem até então se supusera mediocremente afeiçoado. A velha pensava em seu marido. Os piores dias de antigamente lhe pareciam agora invejáveis. Tudo se apagava sob a saudade instintiva de tão longo hábito; e, de vez em vez, enquanto ia movendo a agulha, uma grossa lágrima lhe rolava ao longo do nariz, e aí se conservava suspensa por um instante. Ema pensava que, há apenas quarenta e oito horas, haviam estado juntos, longe do mundo, de todo embriagados e não tendo olhos bastantes para se contemplarem. E procurava reter os mais imperceptíveis pormenores daquele dia fugidio. Mas a presença do marido e da sogra constrangiam-na. Quisera nada ver, nada ouvir, afim de não perturbar o recolhimento do seu amor, que se ia perdendo, por mais que ela fizesse, através das sensações exteriores.

Estava a descoser o forro de um vestido, cujos retalhos se espalhavam em torno dela; a mãe de Bovary, sem erguer os olhos, fazia ranger a tesoura, e Carlos, com os seus chinelos e o seu velho casaco cinzento, que lhe servia de roupão, permanecia com ambas as mãos nos bolsos, sem nada dizer; perto deles, Berta, com um aventalzinho branco, raspava com a sua pazinha a areia das aleias.

De repente viram entrar pela porteira o negociante de fazendas, L'Heureux.

Ia oferecer os seus serviços na *fatal ocorrência*. Ema respondeu que julgava não precisar deles. O negociante não se deu por vencido.

— Mil perdões — disse ele — mas desejava uma palavra em particular.

Depois, em voz baixa:

— É relativamente àquele assunto... sabe?

Carlos fez-se vermelho até às orelhas.

— Ah! sim... efetivamente.

E no meio da sua perturbação, voltou-se para a mulher:

— Não poderias tu... querida...?

Ema demonstrou compreendê-lo, porque se levantou e Carlos disse à sua mãe:

— Não é nada. Naturalmente alguma coisa sem importância aqui de casa.

Carlos não queria que ela conhecesse a história da letra, por temer as suas observações.

Logo que ficaram a sós, começou L'Heureux, com palavras explicadas, a felicitar Ema pela herança, depois passou a conversar sobre coisas indiferentes, sobre as latadas, sobre a colheita e sobre a sua própria saúde, que ia sempre *assim, assim, com altos e baixos*. Com efeito, tinha um trabalho de quinhentos diabos, conquanto arranjasse, por mais que o mundo dissesse, o necessário para não comer pão seco.

Ema deixava-o falar. Havia dois dias que andava enormemente enfastiada.

— Então, está completamente restabelecida? — continuou ele. — Olhe que eu vi seu marido num estado tal! É um excelente moço, apesar de ter havido entre nós certas dificuldades.

Ema perguntou-lhe que dificuldades tinham sido, por que Carlos lhe ocultara a contestação dos fornecimentos.

— A senhora sabe muito bem! — disse L'Heureux. — Foi por causa dos seus caprichos daquelas caixas de viagem.

L'Heureux descera o chapéu para os olhos e, de mãos atrás das costas, falando e assobiando, encarava-a de frente, de maneira insuportável. Suspeitaria ele de alguma coisa? Ema permanecia abismada em toda espécie de apreensões. L'Heureux foi dizendo:

— Afinal, nós chegamos às boas e eu vinha ainda propor-lhe um arranjo. Era reformar a letra aceite por Bovary. O sr. Bovary faria, afinal, o que entendesse; mas não devia atormentar-se principalmente naquela ocasião em que tinha de arcar com uma série de embaraços.

— E até fazia melhor deixando isso a cargo de alguém; da senhora, por exemplo; uma procuração seria muito cômoda e então poderíamos nós fazer uns negociozinhos...

Ema não compreendeu. Depois, passando ao seu negócio, L'Heureux declarou que madame não podia deixar de lhe comprar alguma coisa. Mandar-lhe-ia um *barège* preto, doze metros, o necessário para um vestido.

— Esse que a senhora tem é bom para vestir em casa. Necessita de outro para visitas. Eu, que tenho olho verdadeiramente americano, percebi isso assim que entrei.

Não mandou a fazenda; ele mesmo foi levá-la. Depois, voltou para as medidas; voltou ainda com outros pretextos, procurando sempre tornar-se amável, serviçal, enfeudando-se, como dizia Homais, e dando sempre a Ema alguns conselhos a propósito da procuração. Nunca falava da letra. Ema não pensava em tal; Carlos, no princípio da sua convalescença, contara-lhe, com efeito, alguma coisa a respeito; mas depois lhe tinham passado tantas agitações pela cabeça, que ela já nem se lembrava. Além do que, absteve-se de encetar qualquer discussão de interesses; a mãe de Bovary sentiu-se surpreendida com isso e atribuiu-lhe a mudança de disposições aos sentimentos religiosos que contraíra durante a doença.

Entretanto, apenas a sogra se retirou, não tardou em maravilhar Bovary com o seu espírito prático. Era necessário tomar informações, verificar as hipotecas, ver se havia lugar para licitação ou para liquidação. Ema citava termos técnicos ao acaso, pronunciando as palavras ordem, futuro, previdência e exagerando continuamente os embaraços da herança; de modo que, um dia, mostrou-lhe o modelo de uma autorização geral para "gerir-lhe e administrar-lhe os seus negócios, contrair empréstimos, aceitar e endossar letras, pagar todas as importâncias, etc." Ema aproveitara com as lições de L'Heureux.

Carlos perguntou-lhe, muito ingenuamente, onde arranjara ela aquele papel.

— Foi Guillaumin.

E com o maior sangue-frio deste mundo, acrescentou:

— Eu não me fio muito nele. Os tabeliães têm tão má reputação! Era melhor consultar... Nós não conhecemos senão... Oh! Não conhecemos ninguém.

— A não ser Léon — replicou Carlos, que estivera refletindo.

Mas era difícil se entenderem por correspondência. Ema ofereceu-se então para fazer a viagem. O marido agradeceu. Ela insistiu. Foi uma briga de delicadezas. Afinal, Ema exclamou, num de amuo fingido:

— Não, peço-te, eu irei.

— Como és boa! — disse ele, beijando-a na testa.

No outro dia ela embarcou na *Andorinha* e foi a Ruão consultar Léon; lá permaneceu por três dias.

CAPÍTULO III

Foram três dias cheios, raros, esplêndidos, uma verdadeira lua-de-mel.

Estavam no *Hotel de Boulogne,* que ficava no cais. E viviam ali, de janelas e portas fechadas, rodeados de flores e de refrescos que lhes levavam logo de manhã.

De tarde metiam-se num barco coberto e iam jantar numa ilha.

Era a hora em que se ouve, perto dos estaleiros, ecoar o maço dos calafates no casco dos navios. O fumo do alcatrão erguia-se por entre as árvores e no rio viam-se largas manchas gordurentas, ondulando sob a cor purpurina do sol, como placas de bronze florentino, a flutuarem.

Desciam por entre os barcos amarrados, cujos longos cabos oblíquos roçavam na amurada do bote.

Os ruídos da cidade afastavam-se insensivelmente, o rodar das carroças, o tumulto das vozes, o latir dos cães no convés dos navios. Ema desatava o véu e aportavam então à sua ilha.

Abancavam depois numa taberna, que tinha escuras redes de pesca penduradas à porta. Comiam peixe frito, creme e cerejas. Deitavam-se na relva; abraçavam-se debaixo dos choupos; e queriam, como dois Robinsons, viver perpetuamente naquele pequeno sítio, que lhes parecia, no meio da sua beatitude, o mais belo da terra. Não era a primeira vez que viam árvores, céu azul e relva, que ouviam a água corrente e a brisa ramalhando a folhagem; mas nunca decerto tinham admirado tudo isso, como se anteriormente a natureza não existisse, ou como se não tivesse começado a ser bela senão depois de eles terem saciado os seus desejos.

À noite, regressavam. O barco seguia a borda das ilhas. Conservavam-se então no fundo, escondidos na penumbra sem falar. Os remos quadrados batiam de encontro aos toletes de ferro; e isso marcava no meio do silêncio como que o bater de um metrônomo, enquanto à popa a bossa, a reboque, não cessava de marulhar brandamente à tona da água.

Uma vez a lua surgiu; eles então não deixaram de fazer frases, achando o astro melancólico e cheio de poesia; ela chegou mesmo a cantar: *Uma noite, — lembras-te? — nós vogávamos, etc.*

A sua voz harmoniosa e fraca perdia-se nas ondas; e o vento levava os gorjeios, que Léon sentia passar, como bater de asas, em torno de si.

Ema ia na frente, encostada ao anteparo da chalupa, onde o luar entrava por um dos postigos abertos. O seu vestido preto, cujas pregas se alargavam em forma de leque, adelgaçava-a e tornava-a mais alta. Tinha a cabeça erguida, as mãos postas e os olhos fitos no céu. Às vezes a sombra dos salgueiros a escondia inteiramente, depois reaparecia de súbito, como uma visão, ao luar.

Léon, no chão, ao lado dela, encontrou com a mão uma fita de seda cor de papoula.

O barqueiro examinou-a e disse afinal:

— Ah! é com certeza de gente que eu levei a passear um dia destes. Era um bando de pândegos, homens e mulheres, com bolos, champanha, cornetas de chaves, uma porção de coisas! Um deles principalmente, um bonito rapaz, alto, de bigodinho, era mesmo divertido! Os outros diziam a toda hora: "Anda, conte-nos alguma coisa... Adolfo... ou Dodolfo, parece".

Ema estremeceu.

— Estás indisposta? — disse Léon, aproximando-se dela.

— Oh! Não é nada.. Naturalmente é do frescor da noite.

— ... e para aquele não hão de faltar mulheres, não... — acrescentou baixinho o velho barqueiro, julgando dizer uma amabilidade ao freguês.

Em seguida cuspiu nas mãos e empunhou de novo os remos.

Afinal tiveram de separar-se. As despedidas foram tristes. Ele devia mandar a correspondência para a casa da tia Rolet; e Ema fez-lhe recomendações tão precisas a propósito do duplo envelope, que ele ficou realmente admirado da sua astúcia amorosa.

— Achas então que está tudo bem? — disse-lhe ela, com o último beijo.

— Sim, com certeza!

Mas, por que terá ela tanto empenho na procuração? — pensou Léon regressando sozinho pelas ruas.

CAPÍTULO IV

Léon assumiu logo para com os seus amigos um ar de superioridade, absteve-se da companhia deles e se descuidou completamente dos processos.

Esperava as cartas de Ema; relia-as. Depois escrevia-lhe. Evocava-a com toda a força do seu desejo e das suas recordações. Em vez de diminuir com a ausência, aumentou aquela ansiedade de tornar a possuí-la, e tanto que um sábado de manhã safou-se do cartório.

Quando, do alto da encosta, avistou no vale o campanário da igreja, com o seu cata-vento, sentiu esse misto de deleite, de vaidade triunfante e de enternecimento egoísta, que devem ter os milionários quando regressam à sua aldeia.

Foi rondar em redor da casa. Na cozinha brilhava uma luz. Esperou avistar-lhe a sombra por detrás das cortinas. Nada viu.

A tia Lefrançois, ao vê-lo, soltou grandes exclamações, achou-o "mais alto e mais magro", ao passo que Artemísia, ao contrário, achou-o mais "robusto e queimado".

Jantou na sala pequena, como antigamente, mas sozinho, sem o preceptor; porque Binet, *cansado* de esperar pela *Andorinha,* adiantara, definitivamente, uma hora a sua refeição e passara a jantar às cinco em ponto, e ainda continuava a achar *que o velho churrião se demorava.*

Léon afinal se decidiu; foi bater à porta do médico. A senhora estava recolhida, e só desceu um quarto de hora depois. O médico pareceu encantado de tornar a vê-lo; mas não arredou o pé em todo o serão, nem em todo o dia seguinte.

À noite, já bastante tarde, é que Léon esteve a sós com Ema, no beco, por detrás do jardim; no beco, como o outro! Estava chovendo e eles conversaram debaixo de um guarda-chuva, à luz dos relâmpagos.

A sua separação se tornara intolerável.

— Antes morrer! — dizia Ema.

E torcia os braços, chorando.

— Adeus... adeus... Quando tornarei a ver-te?

E voltaram para se beijar ainda; foi então que ela lhe prometeu achar em breve um pretexto qualquer, a ocasião permanente de se verem em liberdade, ao menos uma vez por semana. Ema não o duvidava; pelo menos tinha grande esperança. Esperava receber dinheiro.

Assim, comprou para o seu quarto um par de cortinas de riscas largas, cuja barateza L'Heureux lhe gabara; sonhou com um tapete e L'Heureux, afirmando "que não era tão difícil", ficou de trazer-lho. Ema já não podia prescindir dos seus serviços. Mandava-o chamar vinte vezes por dia e, imediatamente, ele levava tudo quanto ela desejava, sem se atrever ao mínimo queixume. Uma coisa que ninguém compreendia era a razão por que a tia Rollet almoçava todos os dias em casa dela, e mesmo a visitava particularmente.

Foi por essa época, ou seja, no começo do inverno, que ela pareceu acometida de um grande ardor musical.

Uma noite em que Carlos a estava ouvindo, repetiu quatro vezes consecutivas o mesmo trecho, enganando-se sempre, enquanto o marido, sem lhe notar diferença, exlamava:

— Bravo! Muito bem!... Não tens razão... Continua!

— Não! É detestável! Tenho os dedos enferrujados.

No dia seguinte pediu-lhe ele que *lhe tocasse alguma coisa.*

— Pois sim, para te fazer a vontade!

E Carlos confessou que tinha fraquejado um pouco na execução. Ema enganava-se com frequência; depois parava repentinamente.

— É escusado teimar! Eu necessitava de algumas lições; mas...

E mordendo os lábios, acrescentou:

— Vinte francos por lição, é muito caro!

— Sim, com efeito... um pouco... — disse Carlos, rindo alvarmente. — Mas quer-me parecer que talvez se pudesse por menos... que há artistas sem reputação, de mais valor muitas vezes do que celebridades.

— Procura-os, disse Ema.

No dia seguinte, voltando para casa, contemplou-a com ar finório e não pôde afinal deixar de dizer:

— Tens às vezes umas teimas! Estive hoje em Barfeuchères. Pois a senhora Liégeard informou-me que as suas três filhas, que estão na Misericórdia, recebiam lições de uma mestra famosa, a cinquenta soldos!

Ema encolheu os ombros e não tornou a abrir o instrumento.

Mas quando passava junto dele (se o marido estava presente) suspirava:

— Ah! Meu pobre piano!

E quando havia visitas, não deixava nunca de dizer que abandonara a música e que já não podia continuar com ela, por força maior. Todos então a lastimavam. Que pena! e ela que tinha tanto talento! Até falaram nisso a Bovary, dizendo-lhe que, era mesmo uma vergonha; principalmente o farmacêutico:

— Faz muito mal! Não se deve nunca deixar de cultivar as faculdades naturais. E depois, lembre-se, meu bom amigo, de que, instigando sua mulher a estudar, economiza mais adiante com a educação musical de sua filha! Eu, por mim, acho que são as próprias mães que devem ensinar os filhos. É uma ideia de Rousseau, talvez uma novidade ainda, mas que terminará por triunfar, estou certo disso, como a amamentação maternal e a vacina.

Carlos tornou ainda a falar nesse assunto do piano, mais uma vez. Ema respondeu, com azedume, que era melhor vendê-lo.

Ver ir-se embora aquele pobre piano, que tantas satisfações vaidosas lhe causara, era para Madame Bovary como que o indefinível suicídio de um parte dela mesma!

— Se tu quisesses — disse ele — uma lição de vez em quando, não seria, afinal, muito pesada.

— Mas as lições não sendo seguidas — replicou ela — não são proveitosas.

E aqui está como Ema arranjou de seu esposo permissão de ir à cidade uma vez por semana, para ver o amante. Acharam mesmo, ao fim de um mês, que tinha feito progressos consideráveis.

CAPÍTULO V

Era quinta-feira. Ema levantou-se e vestiu-se silenciosamente para não acordar Carlos, que lhe teria feito observações por vê-la de pé, assim tão cedo. Depois pôs-se a passear de um lado para outro, chegou-se às janelas e olhou para a praça. A claridade da madrugada vagava por entre os pilares do mercado e a casa do farmacêutico, com as portas ainda fechadas, deixava perceber, à frouxa claridade da aurora, as maiúsculas da tabuleta.

Quando o relógio marcava sete horas e um quarto, dirigiu-se ela ao Leão de Ouro, onde Artemísia, se espreguiçando, veio abrir-lhe a porta, indo, em atenção a Ema, revolver as brasas que ainda havia sob as cinzas. Ema ficou só na cozinha. De vez em quando, saía. Hivert cuidava de aparelhar a diligência, sem se apressar, ouvia a sra. Lefrançois que, deitando por um postigo a cabeça com o barrete de dormir, enchia o cocheiro de encomendas e dava-lhe explicações capazes de atrapalhar qualquer outro homem. Ema batia com as botinhas nas pedras do pátio.

Enfim, depois de ter tomado a sopa, vestido o sobretudo, acendido o cachimbo e empunhado o chicote, Hivert subiu muito sossegadamente para a almofada.

A *Andorinha* partiu a trote curto, e, durante três quartos de légua, foi receber passageiros, que a esperavam de pé, à beira do caminho, junto da porteira dos pátios. Os que se tinham prevenido de véspera, faziam-se esperar; havia mesmo alguns que ainda estavam em casa, na cama. Hivert chamava, gritava, vociferava; afinal descia da almofada e ia bater fortes pancadas nas portas. O vento assobiava pelos postigos mal vedados.

Entretanto os quatro bancos se iam enchendo, a carruagem rodava, as macieiras, em fila, sucediam-se; e a estrada, entre as duas valetas cheias de água barrenta, ia progressivamente se estreitando para o horizonte.

Ema conhecia-a de ponta a ponta; sabia que em seguida a uma pastagem havia um marco, depois um álamo, um palheiro ou uma cabana de cantoneiro; e mesmo às vezes, para se fazer surpresas, fechava os olhos; mas não perdia nunca o sentimento claro da distância a percorrer.

Enfim, as casas de tijolo aproximavam-se, as rodas ecoavam na terra, a *Andorinha* deslizava entre jardins onde se viam, por entre as clareiras, estátuas, um búzio, canteiros aparados e um trapézio. Depois, num relance, aparecia a cidade.

Disposta em anfiteatro, e afogada pelo nevoeiro, alargava-se para lá das pontes, confusamente. A campina tornava depois a subir numa ondulação monótona, até tocar ao longe a base indecisa do céu pálido. Vista assim de alto, tinha toda a paisagem o aspecto imóvel de uma pintura; os navios ancorados amontoavam-se a um canto; o rio encurvava a margem na base das colinas verdes, e as ilhas, de forma oblonga, pareciam na superfície da água grandes peixes pretos, imóveis. As chaminés das fábricas soltavam imensos penachos escuros, que se desfaziam na ponta. Ouvia-se o estridor das fundições juntamente com o claro repique das igrejas, que se perfilavam na bruma. As árvores das avenidas, desfolhadas, formavam manchas violáceas no meio das casas, e os telhados, reluzentes com a chuva, brilhavam desigualmente, segundo a altura dos bairros. Às vezes, uma rajada de vento levava as nuvens para a encosta de Santa Catarina, como ondas aéreas que se despedaçassem em silêncio de encontro a uma escarpa.

Para Ema, daquelas existências amontoadas vinha uma espécie de vertigem, fazendo-lhe o coração pesado, como se as cento e vinte mil almas que ali palpitavam lhe enviassem todas a um tempo o hálito das paixões que ela lhes imaginava. O seu amor crescia perante o espaço e enchia-se de tumulto aos rumores vagos que iam subindo. Ema espargia-o pelas praças, pelos passeios, pelas ruas; e a velha cidade normanda ostentava-se a seus olhos como uma capital imensa, como uma Babilônia onde ela penetrava. Apoiava-se com ambas as mãos à portinhola e aspirava a brisa; os três cavalos galopavam, as pedras rangiam na lama, a diligência balouçava-se, e Hivert gritava de longe às carriolas que iam pela estrada, enquanto os burgueses que tinham passado a noite no bosque Guillaume desciam a encosta tranquilamente, no seu carrinho de família.

Paravam na barreira; Ema desafivelava os tamanquinhos, calçava outras luvas, aconchegava o xale, e, vinte passos mais adiante, apeava-se da *Andorinha*.

A cidade despertava então. Os caixeiros, de barretes gregos, limpavam os mostradores das lojas, e algumas mulheres, com cestos apoiados nas ancas, soltavam de vez em quando um pregão sonoro às esquinas das ruas. Ema caminhava de olhos no chão, rente às paredes, e sorrindo-se de prazer por debaixo do véu preto.

Com receio de ser vista, não seguia nunca pelo caminho mais curto. Metia-se pelas ruelas sombrias e chegava coberta de suor à entrada da rua Nacional, perto da fonte que ali há. É o bairro dos teatros, dos botequins e das meretrizes. Muitas vezes passava próximo dela uma carroça transportando um cenário que oscilava. Moços de avental deitavam areia no lajedo, por entre arbustos verdes. Cheirava a absinto, a charuto e a ostras.

Ema voltava a esquina e logo o reconhecia pelos cabelos frisados que lhe saíam do chapéu.

Léon, que ia pelo passeio, continuava a caminhar. Ema seguia-o até o hotel; Léon subia, abria a porta e entrava... Que abraço!

Depois as palavras, após os beijos, se precipitavam. Contavam um ao outro os dissabores da semana, os pressentimentos, as inquietações por causa das cartas; mas então de tudo se esqueciam, e fitavam-se face a face, com risadas de voluptuosidade e palavras de ternura.

A cama era um grande leito de acaju, em forma de barca. As cortinas de cassa vermelha, que desciam do teto, eram apanhadas muito em baixo, do lado da cabeceira côncava; e não havia nada mais belo neste mundo do que a sua cabeça morena e a sua pele branca, destacando-se daquele fundo de púrpura, quando, por um gesto de pudor, ela cruzava os braços nus, escondendo o rosto com as mãos.

O tépido aposento, com o seu tapete discreto, os seus ornatos alegres, e a sua luz tranquila, parecia mesmo próprio para as intimidades da paixão. As molduras terminavam em flechas, as salvas de cobre e as grandes bolas do fogão reluziam repentinamente, se entrava o sol. Em cima do fogão, entre os castiçais, havia duas grandes conchas rosadas, em que se ouvia o ruído do mar quando se lhe encostam o ouvido.

Como eles gostavam daquele belo quarto cheio de alegria, apesar do seu esplendor um tanto gasto! Achavam sempre os móveis no seu lugar e às vezes os grampos dos cabelos, de que ela se esquecera na outra quinta-feira, debaixo do pedestal do relógio. Almoçavam ao pé do fogão, num banquinho de jacarandá. Ema trinchava, servia-o, fazendo toda espécie de pieguices e ria-se com um riso sonoro e libertino quando a espuma do champanha lhe transbordava do copo para os anéis que lhe enfeitavam os dedos. Estavam tão completamente perdidos na posse de si mesmos, que se julgavam já na sua própria casa, onde deveriam viver até à morte, como dois eternos noivos. Diziam o "nosso quarto, o nosso tapete, as nossas poltronas", e Ema chegava mesmo a dizer "os meus chinelos", uma prenda de Léon, uma fantasia que ela tivera. Eram uns chinelos de cetim cor-de-rosa, bordados. Quando ela sentava nos joelhos dele, a perna ficava-lhe pendendo e o chinelinho se sustinha apenas nos dedos do pezinho nu.

Léon saboreava pela primeira vez a inexprimível delicadeza das elegâncias femininas. Nunca encontrara aquela graça de expressões, aquela reserva de vestuário, aquelas atitudes de pomba meio adormecida. Admirava-lhe a exaltação da alma, e as rendas do vestido. Além disso, não era ela uma *mulher da sociedade,* uma mulher casada, uma verdadeira amante, enfim?

Pela diversidade do seu caráter, alternativamente mística ou alegre, faladora, taciturna, arrebatada, indolente, despertava-lhe mil desejos, evocando instintos ou reminiscências. Ema era a apaixonada de todos os romances, a heroína de todos os dramas, a vaga *ela* de todos os volumes de versos. Achava-lhe nos ombros a cor de âmbar da *odalisca no banho;* tinha o colete pontiagudo das castelãs feudais; assemelhava-se também à *mulher pálida de Barcelona,* mas era sobretudo Anjo!

Muitas vezes, contemplando-a, parecia-lhe que a sua alma, fugindo-se para ela, se lhe espalhava como uma onda sobre o contorno da cabeça, e lhe descia arrastada para a alvura do peito.

Ele se sentava no chão, diante dela; e com os cotovelos apoiados nos joelhos, contemplava-a sorrindo, a cabeça levantada.

Ema inclinava-se para ele e murmurava como que sufocada de embriaguez:

— Não te mexas! Não fales! Olha para mim! Dos teus olhos sai alguma coisa de muito doce que me faz um bem imenso!

Ele chamava-a criança:

— Amas-me, criança?

E não esperava a resposta no meio da precipitação com que os seus lábios buscavam-lhe a boca.

O relógio era rematado por um Cupido de bronze, que num requebro, arqueava os braços sob uma grinalda dourada. Por causa disso riram-se eles muitas vezes; mas quando tinham de se separar, tudo lhes parecia sério.

Imóveis um diante do outro, repetiam:

— Até quinta-feira!... Até quinta-feira!

De repente, pegava-lhe a cabeça com as mãos, beijava-o rapidamente na testa, exclamava: "Adeus!" e corria pela escada.

Em seguida ia à rua da Comédia, a um cabeleireiro, para arranjar o penteado. Como ia anoitecendo, acendiam o gás no estabelecimento.

Ema ouvia a sineta do teatro chamando os atores para o espetáculo; e via em frente passar homens de cara rapada e mulheres de trajes já muito gastos, que entravam pela porta dos bastidores.

Fazia calor naquele aposento acanhado e baixo, onde o fogão ronronava no meio das cabeleiras e das pomadas. O cheiro dos ferros e as mãos engorduradas que lhe mexiam na cabeça, em breve a atordoavam, de modo que dentro em pouco quase que adormecia sob o penteador. Às vezes o cabeleireiro, penteando-a, oferecia-lhe entradas para o baile de máscaras.

Depois, ela partia. Subia as ruas e chegava à *Cruz Vermelha;* pegava nos tamanquinhos, que deixara de manhã debaixo de um banco e ia tomar o seu lugar no meio dos passageiros impacientes. Alguns se apeavam ao fundo da encosta e ela ficava às vezes sozinha na diligência.

A cada cotovelo via a iluminação da cidade, que formava um denso vapor sobre as casas apinhadas. Ema punha-se de joelhos sobre o banco e deixava divagar a vista por aquele deslumbramento. Soluçava, chamava Léon e enviava-lhe palavras ternas e beijos que se perdiam com o vento.

Andava na encosta um pobre diabo vagabundo, apoiado ao seu bordão, por entre as diligências. Cobria-lhe o corpo um montão de farrapos; um velho chapéu de castor todo deformado lhe tapava o rosto, mas quando o tirava, mostrava, no lugar das pálpebras, duas órbitas ensanguentadas. A carne desfiava-se-lhe em bocados vermelhos, e corria-lhe das feridas um líquido que lhe enchia a cara de úlceras até o nariz, cujas ventas se moviam convulsivamente. Ao falar, inclinava a cabeça para trás, com riso idiota; e então as pupilas arroxeadas, movendo-se continuamente, iam bater para o lado das fontes, na orla da chaga viva.

Cantava uma pequena canção, correndo atrás das carruagens:

Muitas vezes, dum belo dia o calor
Faz que as moças sonhem com o amor.

E no resto não falava senão de passarinhos, de sol e de folhagem.

Às vezes aparecia repentinamente atrás de Ema, de cabeça descoberta. Ela retirava-se soltando um grito. Hivert fazia então pilhéria com o caso: convidava-o a armar barraca na feira de São Romão ou então perguntava-lhe, rindo pela saúde da namorada.

Muitas vezes iam já a caminho, quando o chapéu do homem, num movimento rápido, entrava na diligência pelo postigo, enquanto ele se agarrava com o outro braço ao estribo, entre os salpicos das rodas. A sua voz, a princípio fraca, tornava-se aguda. Arrastava-se no meio da noite como a indistinta lamentação de uma agonia vaga; e através do som dos guizos, do ramalhar das árvores e do rumor da diligência vazia, tinha aquela voz qualquer coisa de longínquo que perturbava Ema. Descia-lhe até o fundo da alma como um turbilhão no abismo, arrebatando-a por entre os espaços de uma melancolia sem termo. Mas Hivert, que percebia o contrapeso, atirava às cegas para aquele lado furiosas chicotadas. A ponta do chicote chegava às chagas do homem, que caía na lama soltando um uivo.

Depois os passageiros da *Andorinha* acabavam por adormecer, uns de boca aberta, outros com o queixo fincado no peito, fazendo encosto do ombro do vizinho; ou então, com o braço enfiado na correia, oscilavam regularmente com o gingar do carro; e o reflexo da lanterna que oscilava fora na garupa dos cavalos, penetrando no interior pelas cortinas de chita cor de chocolate, dava sombras sanguinolentas a todas aquelas pessoas imóveis. Ema, cheia de tristeza, tiritava; e sentia cada vez mais frio nos pés e a morte na alma.

Carlos estava em casa, à espera dela; a *Andorinha,* às quintas-feiras andava sempre atrasada. Ela chegava enfim! Mal beijava a filha. O jantar não estava pronto. Não importava! Desculpava a cozinheira. Tudo agora era permitido à rapariga.

Muitas vezes o marido, notando-lhe a palidez, perguntava-lhe se estava doente.

— Não, — dizia Ema.

— Mas, — replicava ele — estás tão esquisita esta noite!

— Não é nada!

Havia mesmo dias em que, mal chegada, subia para o quarto; o Justino, que ali se achava, andava na ponta dos pés, mais hábil em servi-la do que uma excelente camareira. Punha os fósforos, a vela, um livro, estendia-lhe a camisola e abria-lhe a cama.

— Bem... — dizia ela — está bem, vai-te embora!

Porque o rapaz ficava imóvel, de braços pendentes e como que enleado pelos inúmeros fios de súbito devaneio.

O dia imediato era sempre horrível e os seguintes mais intoleráveis ainda, pela impaciência que Ema tinha de reaver sua felicidade — desejo áspero, inflamado por imagens conhecidas, e que, ao sétimo dia, se expandia livremente nas carícias de Léon. Seus ardores se escondiam sob expansões de maravilhas e de reconhecimento. Ema saboreava aquele amor de modo discreto e absorto, alimentava-o com todos os artifícios da sua ternura e temia um pouco que ele se perdesse mais tarde.

Às vezes lhe dizia ela, com suavidades de voz melancólica:

— Tu me deixarás um dia... Casar-te-ás... Hás de ser como os outros.

E Léon perguntava:

— Que outros?

— Enfim, os homens todos, — respondeu ela.

Depois, acrescentava, repelindo-o com um gesto lânguido:

— Vocês são todos infames!

Um dia em que filosofavam sobre as desilusões do mundo, Ema chegou a dizer (para lhe experimentar o ciúme, ou cedendo, talvez, a uma forte necessidade de expansão), que noutro tempo, antes dele, tinha amado alguém, "não como a ti!", acrescentou apressadamente, e jurando pela vida de sua filha *que não houvera nada.*

O rapaz deu-lhe crédito mas começou a interrogá-la sobre quem era ele.

— Era capitão de fragata, meu amor.

Não seria isso obstar qualquer investigação, e ao mesmo tempo colocar-se muito alto, pela suposta fascinação exercida sobre um homem que devia ser de natureza belicosa e acostumado a homenagens?

O escrevente sentiu quanto era ínfima a sua posição; desejou dragonas, cruzes e títulos. Tudo isso lhe devia agradar; suspeitava-o pelos seus hábitos gastadores.

Contudo Ema calava muitas das suas extravagâncias, tais como o desejo de ter, para a conduzir a Ruão, um tílburi azul, puxado por um cavalo inglês e guiado por um cocheiro com botas de canhão. Fora Justino quem lhe insinuara esse capricho, pedindo-lhe que o tomasse para sua casa como criado de quarto; e se esta privação não atenuava em cada entrevista o prazer da chegada, aumentava decerto a amargura do retorno.

Muitas vezes, quando falavam de Paris, acabava ela por murmurar:

— Ah! como viveríamos bem lá!

— Então não somos felizes? — prosseguia suavemente o rapaz, passando-lhe a mão pelos cabelos.

— Somos, sim; não faças caso; eu sou doida; dá-me um beijo!

Mostrava-se para com o marido mais encantadora que nunca, fazia-lhe doces e tocava valsas depois de jantar. Ele se julgava o mais feliz dos mortais e Ema vivia sem inquietação, quando uma noite, inopinadamente:

— Não é a senhorita Lempereur quem te dá lições?

— Sim.

— É que a encontrei em casa da senhora Liégeard, — prosseguiu Carlos; — falei-lhe de ti e não te conhece.

Foi como se houvesse caído um raio. Todavia, Ema respondeu com naturalidade:

— Ah! sem dúvida se esqueceu do meu nome.

— Mas talvez haja em Ruão outras senhoritas Lempereur, que sejam professoras de piano.

— É possível!

E depois, rapidamente:

— Pois eu tenho os recibos dela; olha!

E foi à secretária, remexeu todos os papéis e de tal modo acabou por perder a cabeça que Carlos insistiu com ela para que não se afligisse tanto por esses miseráveis recibos.

— Oh! — hei de achá-los! — disse ela.

Com efeito, na sexta-feira seguinte, calçando Carlos uma bota, no quarto escuro onde lhe punham a roupa, achou um pedaço de papel entre a palmilha e a meia. Pegou e leu:

"Recebi, por três meses de lições e outros fornecimentos, sessenta e cinco francos.

Felícia Lempereur, professora de música."

— Como diabo veio isto parar em minhas botas?

— Com certeza caiu da pasta de faturas, que está na beira da prateleira.

A partir desse momento, a sua existência não foi mais do que um amontoado de mentiras, em que ela envolvia o seu amor como que num véu para o esconder.

Era uma necessidade, uma mania, um prazer, a tal ponto, que se ela dissesse ter passado ontem pelo lado direito da rua, devia acreditar-se que passara pelo esquerdo.

Uma manhã, em que saíra, como de costume, ligeiramente vestida, começou de repente a cair neve; e como Carlos chegasse à janela para verificar o tempo, viu o sr. Bournisien no cabriolé de Tuvache, que o levava a Ruão. Então desceu para confiar ao eclesiástico um xale de agasalho para que o entregasse à senhora, logo que chegasse à *Cruz Vermelha*. Apenas Bournisien chegou à hospedaria perguntou onde estava a mulher do médico de Yonville. A hospedeira respondeu que ela frequentava muito pouco o seu estabelecimento. Por isso a noite, encontrando madame Bovary na *Andorinha,* o cura contou-lhe sua dificuldade, sem parecer contudo, ligar a isso a mínima importância; porque passou logo a mencionar o pregador que fazia então as delícias da catedral e que todas as damas corriam a ouvir.

Não bastava que ele não tivesse pedido explicações: poderiam outros, mais tarde, mostrar-se menos discretos. Por isso ela julgou prudente passar a descer sempre na *Cruz Vermelha,* de modo que a boa gente da sua aldeia que a via na escada, não suspeitasse de nada.

Um dia, porém, L'Heureux encontrou-a, saindo do *Hotel de Boulogne,* pelo braço de Léon; e ela ficou com medo julgando que ele falasse alguma coisa. Ele não era assim tão tolo!

Mas, três dias depois, ele entrou-lhe no quarto, fechou a porta e disse-lhe:

— Estou precisando de dinheiro.

Ema declarou não poder dar-lho: L'Heureux desfez-se em queixumes; e recordou todas as condescendências que tinha tido.

Com efeito, das duas letras aceitas por Carlos, Ema não pagara até então senão uma. Quanto à segunda, o lojista, a seu pedido, concordara em substituir por outras duas, que também já tinham sido reformadas a longo prazo. Em seguida tirou do bolso uma lista de fornecimentos não liquidados, a saber: as cortinas, o tapete, o estofo para as poltronas, vários vestidos e diversos artigos de toucador, cujo valor subia acerca de dois mil francos.

Ema curvou a cabeça; ele prosseguiu:

— Mas a senhora, se não tem dinheiro, tem coisa que vale o mesmo.

E indicou um miserável casebre sito em Barneville, perto d'Aumale, que quase nada rendia. Fazia parte outrora de uma pequena herdade, vendida pelo sogro; porque L'Heureux sabia tudo, inclusive o total dos hectares e o nome dos vizinhos.

— Eu, no seu lugar — dizia ele — ficava livre e ainda com algum dinheiro.

Ema objetou a dificuldade de um comprador; ele deu-lhe esperanças de encontrar um; ela, porém, perguntou o que havia de fazer para poder vender.

— A senhora não tem procuração? — disse ele.

Estas palavras chegaram a ela como que uma lufada de ar fresco.

— Deixe-me a conta — disse Ema.

— Oh! não vale a pena, — respondeu L'Heureux.

Voltou na semana seguinte e gabou-se de ter, depois de muitas voltas, descoberto um tal Langlois, que havia tempos cobiçava a propriedade sem oferecer preço.

— O preço não importa! — exclamou ela.

Era melhor esperar, apalpar aquele espertalhão. A coisa valia uma viagem e como ela não a podia fazer, ofereceu-se ele para ir ao local e falar com Langlois. Apenas regressou, participou que o comprador oferecia quatro mil francos.

Ema alegrou-se com a notícia.

— Francamente — acrescentou ele — é bem pago.

Ela recebeu metade da quantia imediatamente e quando foi saldar a conta disse-lhe o comerciante:

— Palavra de honra que me faz pena vê-la desembolsar de uma só vez uma soma tão grande como esta!

Ema olhou então para o maço de notas e pensando no número ilimitado de entrevistas que aqueles dois mil francos representavam, balbuciou:

— Como? como?

— Ora! — replicou ele, rindo displicente — nas faturas pode-se pôr o que se queira. Então eu não sei o que vai pelas casas?

E olhava-a fixamente com dois papéis compridos na mão que fazia girar nos dedos. Afinal, abrindo a carteira, pôs em cima da mesa quatro letras à ordem, de mil francos cada uma.

— Assine-me isto — disse ele — e fique com tudo.

Ema protestou, escandalizada.

— Mas, dando-lhe eu o excedente — respondeu L'Heureux descaradamente — não lhe presto um serviço?

E pegando numa pena escreveu por baixo da conta: "Recebi, de madame Bovary quatro mil francos".

— Por que é que se inquieta, uma vez que vai receber dentro de seis meses o resto do preço do pardieiro e eu lhe marco o vencimento da segunda letra para depois desse pagamento?

Ema embaraçava-se um pouco com aqueles cálculos, os ouvidos zumbiam-lhe como se as moedas de ouro, entornando-se dos sacos, tivessem caído em volta dela. Enfim, L'Heureux explicou que tinha um amigo, um tal Vincart, banqueiro em Ruão, que ia descontar aquelas quatro letras e depois remeteria ele mesmo a Madame o excedente da dívida real.

Mas, em vez de dois mil francos não apareceram senão mil e oitocentos, porque o amigo Vinçart (como era de *justiça)* ficara com duzentos, pelas despesas de comissão e desconto.

Depois, com indiferença, reclamou um recibo.

— A senhora compreende... no comércio... às vezes... E com data, se faz favor.

Um horizonte de fantasias realizáveis abriu-se então perante Ema. Teve, porém, suficiente prudência para pôr de parte mil escudos, com os quais foram pagas, logo que se venceram, as três primeiras letras; a quarta, por acaso, caiu-lhe em casa numa quinta-feira e Carlos, atrapalhado, esperou pacientemente o regresso da mulher para obter explicações.

Se ela não lhe dera notícia daquela letra, fora unicamente para evitar dissabores domésticos. Sentou-se nos joelhos do marido, acariciou-o e enumerou longamente todas as coisas indispensáveis que adquirira a crédito.

— Enfim, em vista da quantidade, hás de concordar em que não foi muito caro.

Carlos, exausto de ideias, em breve recorreu ao eterno L'Heureux, que jurou acomodar as coisas se Bovary lhe aceitasse duas letras, uma das quais de setecentos francos, pagável a três meses. Para se habilitar, escreveu à sua mãe uma carta patética. Em vez de lhe responder, ela foi vê-lo pessoalmente; e quando Ema quis saber se o marido conseguira alguma coisa:

— Sim, — respondeu ele — mas mamãe deseja ver a fatura.

No outro dia, ao amanhecer, Ema foi à casa de L'Heureux pedir-lhe para fazer outra conta, que não excedesse mil francos; porque, para mostrar a de quatro mil, teria de dizer que já pagara dois terços, e em consequência confessar a venda da propriedade, negociação muito bem dirigida pelo comerciante e que efetivamente só mais tarde foi conhecida.

Apesar do preço baratíssimo de cada artigo, a sogra não deixou de achar muito grande a despesa.

— Não podiam passar sem tapete? para que tinham renovado o estofo das poltronas? No meu tempo, numa casa não havia senão uma poltrona, para as pessoas idosas; pelo menos assim era em casa de minha mãe, que não deixava de ser senhora de respeito, pode crer. Nem todo o mundo pode ser rico! Não há fortuna que resista ao desperdício! Eu tinha vergonha de me regalar como fazem vocês! e contudo, sou velha e preciso de conforto... Aqui está! enfeites! fazendas! Como? Seda para forros a dois francos! Quando há fazendas a dez soldos e até a oito, que dão o mesmo resultado?

Ema, recostada na poltrona, replicava o mais tranquilamente possível:

— Está bem, senhora, está bem!

A outra, porém, continuava com o sermão, predizendo-lhe que haviam de acabar no hospício. Além disso, o culpado era Bovary. Felizmente, já prometera cassar aquela procuração.

— Como?

— Assim jurou ele! — respondeu a outra.

Ema abriu a janela, chamou Carlos, e o pobre moço foi obrigado a confessar a promessa que sua mãe lhe arrancara.

Ema desapareceu e tornou a voltar logo; estendendo majestosamente para ela uma folha de papel.

— Muito obrigada — disse a velha.

E lançou ao fogo a procuração.

Ema desatou a rir com um riso estridente, agudo, contínuo; estava com um ataque de nervos.

— Ah! meu Deus! — exclamou Carlos. — A senhora também fez muito mal em vir provocar estas cenas!...

A velha encolheu os ombros, dizendo que *aquilo não passava de fingimentos*.

Mas Carlos, revoltando-se pela primeira vez, tomou a defesa da mulher, de modo tal que a mãe quis retirar-se. Com efeito, foi-se embora no dia seguinte e, já à porta, como o filho ameaçasse retê-la, replicou:

— Não, não! Tu a queres mais do que a mim, e tens razão; é natural. Enfim, pior para ti, tu verás!... Saúde!... Podes ficar certo de que não tornarei a fazer cenas, como tu dizes...

Carlos nem por isso ficou menos penalizado na presença de Ema, não ocultando esta a mágoa que lhe guardara por haver ele lhe retirado a confiança; foram necessárias muitas súplicas para ela concordar em aceitar novamente a procuração e até a acompanhou à casa de Guillaumin para lhe fazer uma segunda semelhante à primeira.

— Compreendo perfeitamente, — disse o tabelião — um homem de ciência não pode preocupar-se com os pormenores práticos da vida.

E Carlos sentiu-se aliviado por aquela reflexão idiota, que dava à sua fraqueza as aparências lisonjeiras de uma preocupação superior.

Que expansão, na quinta-feira seguinte, no hotel, no quarto, com Léon! Ela riu, chorou, cantou, dançou, mandou buscar sorvetes, quis fumar charutos, pareceu-lhe extravagante, mas adorável, soberba.

Léon não sabia que a reação de todo o seu ser a impelia mais a precipitar-se nos gozos da vida. Ema tornava-se irritável, gulosa, voluptuosa; passeava com ele pelas ruas, de cabeça levantada, sem medo, dizia ela, de se comprometer. Contudo, às vezes, Ema estremecia com a ideia súbita de reencontrar Rodolfo; porque lhe parecia, conquanto estivessem separados para sempre, que não se achava completamente emancipada da sua dependência.

Uma noite não regressou a Yonville. Carlos estava como doido e a pequena Berta, não querendo deitar-se sem a mãe, desfazia-se em lágrimas. Justino tinha partido ao acaso pela estrada fora. Homais deixara também a farmácia.

Enfim, às onze horas, não mais podendo conter-se, Carlos aparelhou o cabriolé, saltou para ele, fustigou o cavalo, e chegou às duas horas da manhã à *Cruz Vermelha*. Ninguém. Lembrou-se de que talvez o escrevente a tivesse visto; mas onde moraria? Carlos lembrou-se felizmente da morada do patrão dele e lá se foi, direito.

Começava então a amanhecer. Distinguiu uma placa sobre uma porta e bateu. Sem abrirem, gritaram-lhe de dentro a informação pedida, acrescentando ao mesmo tempo uma torrente de palavras contra quem vinha incomodar as pessoas ainda de noite.

A casa em que o escrevente morava não tinha campainha, nem argola, nem porteiro. Carlos deu grandes murros na porta; um polícia passou. Carlos teve medo e foi andando.

— Eu estou realmente doido, — dizia ele consigo mesmo — naturalmente a prenderam para jantar, em casa de Lormeaux.

A família Lormeaux já não residia em Ruão.

— Ficou talvez a tratar da senhora Dubreuil. Ora! A senhora Dubreuil morreu havia dez meses... Mas, então, onde estará ela?

De repente, teve uma ideia. Pediu, num café, o *Anuário* e procurou apressadamente o nome da senhorita Lempereur, que morava na rua da Renelle-des-Maroquiniers, nº 74.

Quando ele entrava nessa rua, Ema em pessoa surgiu do outro lado; Carlos mais se deitou a ela do que a abraçou, exclamando:

— Por que não voltaste ontem?

— Estive muito doente.

— De que?.. Onde?.. Como?

Ema passou a mão pela testa e respondeu:

— Em casa da senhorita Lempereur.

— Bem dizia eu! ia lá...

— É escusado, — disse Ema. Saiu agora mesmo; mas para outra vez não te aflijas. Bem compreendes que não posso estar descansada, sabendo que a menor demora te transtorna dessa maneira.

Era uma espécie de permissão que ela tomava para não se constranger nas suas escapadas. Também, aproveitou-se dela amplamente. Quando a assaltavam desejos de ver Léon, punha-se a caminho, com qualquer pretexto e, como o rapaz não a esperava nesse dia, ela ia procurá-lo no cartório.

Foi uma grande alegria nas primeiras vezes; mas em breve Léon deixou de lhe ocultar a verdade: o seu patrão já se queixava por aquelas saídas.

— Ora, adeus! anda daí... — dizia ela.

E Léon abandonava o trabalho.

Ema quis que ele se vestisse todo de preto e deixasse crescer a pera para se parecer com os retratos de Luís XIII. Desejou conhecer-lhe o quarto e achou-o medíocre; Léon sentiu-se corar e ela não deu atenção a isso; depois o aconselhou a comprar cortinas iguais às suas; e como ele objetasse à despesa:

— Já vejo que és agarrado aos teus cobres! — disse ela, rindo.

Era forçoso que Léon lhe contasse tudo que fizera, desde a sua última entrevista. Pediu versos, versos para ela, um *poema de amor* em sua honra; Léon não conseguiu jamais achar a rima do segundo verso e acabou por copiar o soneto de um álbum.

Foi menos por vaidade do que com o fito de lhe agradar. Não discutia as ideias dela e aceitava-lhe todos os gostos; ele era mais a amante dela do que ela o era sua. Ema dizia palavras ternas acompanhadas de carícias que lhe arrebatavam a alma. Onde aprendera ela, quase imaterial à força de ser profunda e dissimulada, aquela corrupção?

CAPÍTULO VI

Nas caminhadas que fazia para ir vê-la, muitas vezes Léon jantava em casa do farmacêutico e, por cortesia, julgava-se na obrigação de convidá-lo também.

— Com muito gosto! — respondeu Homais — também preciso refazer-me um pouco, porque vou apodrecendo aqui. Havemos de ir ao teatro, ao restaurante, havemos de fazer tolices!

— Ah! meu amigo! — murmurou, cuidadosa, a senhora Homais, assustada ante os perigos vagos a que ele se dispunha a correr.

— Como? Julgas que não arruíno bastante a saúde vivendo entre as emanações contínuas da farmácia? Aí está o que é o caráter das mulheres; têm ciúmes da ciência e opõem-se a que se tomem as mais legítimas distrações. Não faz mal, conte comigo; um destes dias caio em Ruão e havemos de arrebentar as bancas.

Outrora o farmacêutico se teria abstido de semelhantes expressões; mas ultimamente adotara o gênero alegre e parisiense, que lhe parecia de muito bom gosto; e, como a vizinha, madame Bovary, Homais interrogava o escrevente curiosamente sobre os costumes da capital, chegando até a empregar termos de gíria para deslumbrar os burgueses.

Assim, pois, uma quinta-feira Ema surpreendeu-se ao encontrar Homais, na cozinha do *Leão de Ouro,* em trajes de viajar, isto é, com um velho capote que ninguém ainda tinha visto, a mala numa das mãos e na outra o capacho, que trouxera da farmácia. Não confiara a ninguém o seu projeto, com receio de inquietar os fregueses com a sua ausência.

A ideia de tornar a ver a terra onde passara a mocidade, sem dúvida o exaltava, porque não se calou um instante em todo o caminho; depois, apenas chegou, apeou-se rapidamente para tratar de procurar Léon; e este, por mais que resistisse, não pôde livrar-se de ser arrastado por Homais ao *Café da Normandia,* onde o farmacêutico entrou majestosamente, sem tirar o chapéu, julgando coisa muito provinciana descobrir-se num lugar público.

Ema esperou Léon três quartos de hora. Afinal, correu ao cartório e, perdida em toda sorte de conjeturas, acusando-o de indiferença e exprobando-se pela própria fraqueza, passou a tarde com a cabeça encostada às vidraças.

Pelas duas horas ainda estavam ambos abancados em frente um do outro. A enorme sala esvaziava-se; a chaminé do fogão, em forma de palmeira, arredondava no teto branco o seu penacho dourado; e perto deles, por trás da vidraça, em pleno sol, marulhava um pequeno repuxo numa bacia de mármore, onde, entre agriões e aspáragos, três lagostas entorpecidas se estendiam até umas codornizes estendidas em pilha, de lado.

Homais deleitava-se. Conquanto se embriagasse mais com o luxo do que com o que bebera, o vinho de Pomard, todavia, excitara-lhe um pouco as faculdades e assim, quando apareceu a omelete ao rum, pôs-se a expor sobre as mulheres teorias imorais. O que principalmente o seduzia era o chique. Adorava um traje elegante, numa casa bem mobiliada; e quanto às qualidades corporais, não detestava um bom pedaço.

Léon contemplava o relógio, com desespero. O boticário não fazia senão comer, beber e falar.

— O senhor — disse ele, inopinadamente — deve ter grandes privações em Ruão; mas, afinal, os seus amores não residem muito longe.

E como o outro corasse:

— Ora, seja franco! Pode negar que em Yonville?...

O rapaz tartamudeou.

— Em casa de madame Bovary, não cortejava...

— Quem?

— A criada!

Ele não gracejava; mas como a vaidade lhe suplantasse a prudência, Léon não pôde deixar de protestar, mau grado seu. Além disso, não gostava senão de mulheres morenas.

— Estou de acordo, — disse o farmacêutico: — têm mais temperamento.

E, inclinando-se ao ouvido do companheiro, disse-lhe quais eram os sinais por que se conhecia o temperamento duma mulher. Lançou-se mesmo numa digressão etnográfica: a alemã era vaporosa; a francesa, libertina; a italiana, apaixonada.

— E as negras? — perguntou o escrevente.

— Isso é um gosto de artista! — disse Homais. — Garçom! dois cafés!

— Vamo-nos embora? — perguntou afinal Léon, já impaciente.

— *Yes*.

Quis, porém, antes de sair, falar ao dono do estabelecimento e dirigir-lhe várias felicitações. E então Léon, para conseguir apanhar-se sozinho, alegou que tinha o que fazer.

— Mas eu o acompanho! — disse Homais.

E enquanto ia percorrendo com ele, as ruas, falava de sua mulher, de seus filhos, do seu futuro e da sua farmácia, descrevendo o grau de decadência em que a encontrara e o ponto de perfeição a que a tinha levado.

Chegando em frente do *Hotel de Boulogne*, Léon largou-o inopinadamente, subiu a escada a quatro e quatro e encontrou a amante num estado indescritível.

Ao ouvir o nome do farmacêutico zangou-se. Todavia, Léon acumulava excelentes razões. A culpa não era sua; não sabia ela o que era Homais? Seria capaz de acreditar que ele preferisse a sua companhia? Ela, porém, voltou-lhe as costas; ele deteve-a e caindo de joelhos cingiu-lhe a cintura com os braços, numa atitude lânguida, toda repassada de concupiscência e súplicas.

Ema estava de pé; os grandes olhos ardentes fitavam-no com ar sério, e numa expressão quase terrível. Depois, as lágrimas os obscureceram, as pálpebras rosadas baixaram-se-lhe, abandonou as mãos e Léon sôfrego as levava aos lábios quando apareceu um criado, dizendo-lhe que o procuravam lá fora.

— Tu voltas? — disse ela.

— Sim.

— Mas, quando?

— Daqui a pouco.

— Isto foi um truque! — disse o farmacêutico vendo Léon. — O que eu queria era interromper esta visita que me pareceu contrariá-lo. Vamos ao Bridoux tomar um cálice de licor.

Léon afirmou-lhe que tinha de voltar para o cartório; e então o farmacêutico chalaceou a propósito do papelório e dos processos.

— Deixe por um momento sossegados Cujas e Barthole, que diabo! Que é que o prende? Tenha coragem! Vamos ao Bridoux e verá o cão dele. Olhe que é muito curioso!

E como o escrevente continuasse a teimar:

— Também vou com você. Lerei um jornal enquanto isso ou folhearei um Código.

Léon aturdido pela cólera de Ema, pela tagarelice de Homais e talvez pelo peso do almoço, estava indeciso e como sob a fascinação do farmacêutico, que repetia:

— Vamos ao Bridoux! são dois passos, na rua Malpalu.

Então, por covardia, por timidez, pelo inqualificável sentimento que nos arrasta às ações mais antipáticas, deixou-se levar ao Bridoux; encontraram-no no pátio, vigiando três moços, que se esfalfavam em mover a roda de uma máquina de fazer água de Seltz. Homais deu-lhes conselhos, abraçou Bridoux, e depois tomaram o licor. Vinte vezes Léon tentou safar-se; mas o outro o detinha, segurando-lhe o braço e dizendo:

— Já vamos; eu também saio. Havemos de ir ao *Farol de Ruão,* visitar aqueles senhores; quero apresentá-lo ao Thomassin.

Léon pôde descartar-se dele; correu de um pulo ao hotel. Ema já não estava lá.

Acabava de partir, desesperada. Agora o detestava. Aquela falta de palavra à entrevista, parecia-lhe um ultraje e ela procurava outras razões ainda para se desligar dele. Ele era incapaz de heroísmo, fraco, banal, mais mole que uma mulher e, além disso, avarento e pusilânime.

Depois, acalmando-se, acabou por pensar que talvez o tivesse caluniado. Mas o denegrirmos os que amamos sempre nos desliga deles um pouco. Não é bom tocar nos ídolos; o dourado pode sair nas nossas mãos.

Chegaram a ponto de falar muitas vezes de coisas indiferentes ao seu amor; e nas cartas que Ema lhe escrevia, tratava de flores, de versos, da lua e das estrelas, recursos ingênuos de uma paixão enfraquecida, que procurava avivar-se com todos os recursos exteriores. Ela se prometia continuamente, na próxima viagem, uma felicidade profunda; depois se confessava não sentir nada de extraordinário. Esta decepção se dissipava depressa ante uma esperança nova, e Ema voltava para ele — mais inflamada, mais ávida. Despia-se brutalmente, desatava o fino cordão do colete, que lhe sibilava como uma cobra rastejando em volta dos quadris. Ia no bico dos pés nus ver mais uma vez se a porta estava fechada, depois, com um só gesto, deixava cair ao chão toda a roupa; — e, pálida, sem falar, séria, cingia-se-lhe ao peito, com um prolongado estremecimento.

Contudo, naquela fronte aljofrada de gotas frias, naqueles lábios balbuciantes, naquelas pupilas descoradas, naqueles abraços, alguma coisa havia de excessivo, de vago e de lúgubre, que parecia a Léon deslizar por entre eles, subitamente, como que para os separar.

Ele não se atrevia a fazer-lhe perguntas; mas, experiente como ela lhe parecia, devia ter passado, — pensava ele, — por todas as provas do sofrimento e do prazer. O que outrora o encantava, assustava-o agora, um pouco. Além disso, revoltava-se contra a absorção, cada vez maior, da sua personalidade. Não perdoava a Ema aquela vitória permanente; esforçava-se até por a não amar; depois, ouvindo-lhe o ranger das botinhas, sentia-se covarde, como os bêbados diante dos licores fortes.

Ela, na verdade, não deixava de lhe prodigalizar todas as atenções, desde os mimos da mesa até o coquetismo do traje e à languidez do olhar. Trazia de Yonville rosas no seio, que depois lhe deitava no rosto, mostrava-se inquieta pela sua saúde, dava-lhe conselhos sobre o modo como devia proceder; e a fim de o enlear mais ainda, com esperança de uma intervenção do céu, pôs-lhe em torno do pescoço uma medalha da Virgem. Ema, como mãe virtuosa, pedia-lhe notícias dos seus companheiros. E dizia-lhe:

— Não andes com eles, não saias, pensa só em nós; ama-me!

Quisera poder vigiá-lo e chegou a lembrar-se de mandar segui-lo pelas ruas. Perto do hotel estava sempre uma espécie de vagabundo, que pedia esmola aos viajantes e que decerto não recusaria... Mas revoltou-se a sua dignidade.

— Que me importa a mim que ele me engane? Que tenho eu com isso?

Um dia em que se tinham separado muito cedo, seguiu ela sozinha pelo bulevar e viu os muros do seu convento; sentou-se então num banco, à sombra dos olmeiros. Que tranquilidade nos tempos de então! Como invejava os inefáveis sentimentos de amor de que ela procurara fazer ideia, pelos livros!

Os primeiros meses de casada, os passeios a cavalo na floresta, o visconde que valsava, e Lagardy cantando, tudo repassou por diante dos olhos... E Léon pareceu-lhe de súbito, tão remoto como os outros.

— E contudo eu o amo! — dizia ela consigo.

Apesar disso, não era feliz, nunca o fora. De onde vinha, pois, aquela insuficiência da vida, aquele apodrecimento instantâneo das coisas em que se apoiava?... Mas se existia, fosse onde fosse, um belo e forte, uma natureza valorosa, cheia ao mesmo tempo de exaltação e de requintes, um coração de poeta com forma de anjo, lira com cordas de bronze, desferindo para o céu epitalâmios elegíacos, por que acaso não o encontraria ela? Que impossibilidade! Nada, afinal, valia a pena procurar-se; tudo mentia! Cada sorriso ocultava um bocejo de enfado, cada alegria uma maldição, todo prazer o seu desgosto, e os melhores de todos os beijos não deixavam nos lábios senão uma irrealizável ânsia de voluptuosidades mais esfolegantes.

Um estertor metálico abalou repentinamente o ar, e o sino do convento deu quatro badaladas. Quatro horas! afigurou-se-lhe então que estava ali, naquele banco, havia uma eternidade. Mas é que um infinito de paixões pode caber num minuto, como uma multidão num pequeno espaço.

Ema vivia toda entregue às sua e não se preocupava mais por dinheiro que uma arquiduquesa.

Mas, certa vez, entrou-lhe em casa um homem de aspecto doentio, rubicundo e calvo, dizendo-se mandado pelo sr. Viçart, de Ruão. O homem despregou os alfinetes que lhe fechavam o bolso lateral do seu comprido casaco verde, pregou-os na manga e apresentou cortesmente um papel.

Era uma letra de setecentos francos, aceita por ela e que o sr. L'Heureux, apesar de todos os seus protestos, passara à ordem de Vinçart.

Ema mandou a criada chamá-lo; mas ele não podia ir.

O desconhecido, então, que ficara em pé, lançando para todo lado um olhar inquiridor, disfarçado sob as enormes sobrancelhas louras, perguntou com ar de inocência:

— Que resposta devo dar ao sr. Vinçart?

— Diga-lhe — respondeu Ema — diga-lhe que não tenho... Que para a semana próxima... Que espere... sim, na semana que vem...

E o pobre homem se foi sem dizer palavra.

Mas, no dia seguinte, ao meio-dia, recebeu ela um protesto; e a presença do papel selado, no qual se via repetidas vezes, em letras garrafais: "Hareng, oficial de justiça em Buchy" assustou-a de tal modo, que correu imediatamente à casa do negociante de fazendas.

Quando ela chegou, ele estava na loja, amarrando um fardo.

— Um seu criado! — disse ele; — estou à sua disposição.

L'Heureux nem por isso interrompeu o serviço, ajudado por uma menina de treze anos, mais ou menos, um tanto corcunda e que lhe servia ao mesmo tempo de caixeiro e de cozinheira.

Depois, com ruidoso patinhar de tamancos pelo sobrado da loja, subiu adiante de Ema ao primeiro andar, onde levou-a a um pequeno gabinete com uma grande secretária de madeira ordinária, carregada de livros de escrituração, que um varão de ferro fechado a cadeado protegia transversalmente. Encostado à parede e coberto de muitos retalhos de cassa, entrevia-se um cofre-forte, mas de tais dimensões, que devia por força conter outras coisas além de dinheiro. Com efeito, L'Heureux emprestava sob penhores e ali era que guardava o colar de ouro de madame Bovary, juntamente com os brincos do pobre tio Tellier, o qual por fim, constrangido a vender, tomara em Quincampoix uma pobre mercearia, onde morria do seu catarro, no meio das velas de sebo, menos amarelas que a sua cara.

L'Heureux sentou-se numa grande cadeira de palha dizendo:

— Então, que há de novo?

— Veja...

E mostrou-lhe o papel.

— Bem, que posso eu fazer?

Ema agastou-se então, recordando-lhe a palavra que ele empenhara de não negociar com as suas letras. E ele deu-lhe a razão.

— Mas fui obrigado a isso porque me vi com a corda na garganta.

— E o que é que sucede agora? — prosseguiu ela.

— Uma coisa muito simples: o julgamento no tribunal e, depois, a penhora...; só isso.

Ema teve de se conter para não lhe dar uma bofetada e perguntou-lhe muito mansamente se não haveria meio de se acalmar Vinçart.

— Pois sim! Acalmar Vinçart? Bem se vê que o não conhece; é mais feroz que um árabe!

Mas era forçoso que L'Heureux interviesse no caso.

— Escute... Parece-me que até hoje nunca deixei de a servir em tudo...

E abrindo um dos livros...

— Veja...

Depois, percorrendo a página com o dedo:

— Vejamos... vejamos... Em 3 de agosto, duzentos francos... Em 17 de junho, cento e cinquenta... Em 23 de março, quarenta e seis... Em abril...

E deteve-se, como que receando fazer alguma tolice.

— E não falo nas letras aceitas por seu marido, uma de setecentos, outra de trezentos francos! Quanto aos pequenos adiantamentos e juros, é uma embrulhada que já ninguém entende. Não me meto em semelhante coisa!

Ema chorava, e até o chamava "meu caro sr. L'Heureux". Mas ele se desculpava continuamente com aquele "velhaco do Vinçart". Além disso, estava sem um cêntimo, não conseguia receber dinheiro de ninguém, deixavam-no sem camisa; um pobre lojista como ele não podia fazer adiantamentos.

Ema calava-se; e L'Heureux, que mordiscava a rama de uma pena, sem dúvida se inquietou com aquele silêncio, porque prosseguiu:

— Se ao menos por estes dias eu tivesse algumas entradas... talvez pudesse...

— De resto — disse ela — com o atrasado de Barneville...

— Como?

E sabendo que o Langlois não pagara ainda, mostrou-se muito surpreendido. Depois, com voz melíflua:

E podemos combinar, diz a senhora...?

— O que o senhor quiser!

Em seguida fechou os olhos para refletir, escreveu algumas cifras e, declarando que fazia muito mal, por ser coisa escabrosa e que se sangrava, citou quatro letras de duzentos e cinquenta francos cada uma, espaçando-as umas das outras uns meses para o vencimento.

— O caso é querer o Vinçart atender-me! Enfim, está combinado, porque não sou de subterfúgios, falo sempre muito claro.

Em seguida mostrou-lhe com certa indiferença várias fazendas novas, mas das quais, na sua opinião, nenhuma era digna de Madame.

— Quando vejo vestidos a sete soldos o metro e com a cor garantida!... Falsificam isto de cada modo! Como deve supor, não se diz a ninguém o que isto é; — querendo com essa confissão de patifaria para com os outros, convencê-la inteiramente da sua probidade.

Depois chamou-a para lhe mostrar três metros de renda que ele rematara ultimamente "num leilão".

— Belíssimo! — dizia L'Heureux — usa-se muito agora para guarnecer poltronas; é a moda.

E mais pronto que um escamoteador, embrulhou a renda num papel azul e meteu-a nas mãos de Ema.

— Mas eu preciso saber...

— Isso depois, — respondeu, voltando-lhe as costas.

À noite, Ema insistiu com o marido para que escrevesse à mãe a fim de enviar-lhe o quanto antes o atrasado da herança. A sogra respondeu já nada ter que mandar; a liquidação estava encerrada; restavam-lhes, além de Barneville, seiscentos francos de renda, de que ela os embolsaria com a máxima pontualidade.

Então Ema expediu faturas à casa de dois ou três clientes e dentro em pouco usou largamente deste meio, que lhe dava excelente resultado. E tinha sempre o cuidado de acrescentar em post-scriptum: "Não fale nisto a meu marido que, como sabe, é muito melindroso... E desculpe... Sua criada..."

Houve algumas reclamações; ela, porém, interceptou-as.

Para fazer dinheiro, começou a vender luvas usadas, chapéus velhos, ferragens velhas; e regateava quanto podia, impelida ao ganho pelo seu sangue campônio. Depois, nas idas à cidade, trazia bugigangas, que L'Heureux, na falta de outras coisas, lhe tomaria por certo. Comprou plumas de avestruz, porcelana chinesa e armários; pedia emprestado à Felicidade, à senhora Lefrançois, à hospedeira da Cruz Vermelha a todo o mundo sem distinção. Com o dinheiro que recebeu, enfim, de Barneville, pagou duas letras; os outros mil e quinhentos francos se foram. Ema empenhou-se de novo, e assim por diante!

Verdade é que às vezes tratava de fazer cálculos; mas descobria coisas tão exorbitantes, que não podia acreditar. Recomeçava então, porém, embrulhava-se de tal modo que punha tudo de parte e não pensava mais naquilo.

A casa tornara-se agora muito triste. Viam-se de lá sair com cara furiosa os fornecedores. Havia lenços por cima das fornalhas; e a pequena Berta com grande espanto da senhora Homais, andava de meias rotas. Se Carlos timidamente arriscava alguma observação, respondia-lhe ela com brutalidade, que não tinha culpa!

Por que aqueles arrebatamentos? Carlos explicava tudo com a sua antiga doença nervosa; e exprobando-se de ter tomado por defeitos às suas enfermidades, acusava-se de egoísmo e sentia ímpetos de correr a abraçá-la.

— Oh! não, — dizia consigo; — vou aborrecê-la.

E deixava-se estar.

Após o jantar passeava sozinho no jardim; pegava na pequena, sentava-a nos joelhos e, desdobrando o jornal de medicina, tentava ensinar-lhe a ler. A criança, que não estudava nunca, logo escancarava os olhinhos tristes, desatando a chorar. Ele então a consolava; ia buscar-lhe água no regador para fazer riachos na areia ou quebrava ramos de arbusto para brincar de plantar árvores junto às platibandas, o que pouco danificava o jardim, já todo coberto de erva muito crescida; deviam já tantos dias ao Lestiboudois! Depois a menina tinha frio e queria ir com a mãe.

— Chama a criada, — dizia-lhe Carlos. — Bem sabes, filha, que a mamãe não gosta de que a incomodem.

Começava o outono e já as folhas caíam, exatamente como dois anos antes, quando ela estava doente! Quando acabaria tudo isso!... E Carlos continuava a passear com as mãos atrás das costas.

Ema estava no seu quarto e lá ninguém ia. Ali se conservava todo o dia, entorpecida, quase despida, queimando de quando em quando pastilhas de serralho que comprara em Ruão, na loja dum argelino. Para não ter de noite ao pé de si aquele homem estendido a dormir, conseguiu, à força de momice, mandá-lo para o segundo andar; e então ficava até de manhã lendo coisas extravagantes, em que havia quadros orgíacos em situações escandalosas. Muitas vezes era acometida de terror, lançava um grito e Carlos acudia logo.

— Vai-te embora! — dizia ela.

Ou então, abrasada com mais força por aquela chama íntima que o adultério alimentava, ofegante, palpitante, toda desejosa, abria em par a janela, aspirava o ar frio, soltava ao vento os cabelos bastos e mirava as estrelas, ambiciosa de amores com um príncipe! Pensava nele, em Léon. Teria naquela hora dado tudo por uma só daquelas entrevistas, que a saciavam.

Eram os seus dias de gala: Ela queria-os esplêndidos! e quando ele não podia por si só pagar a despesa, punha ela liberalmente o resto, coisa que sucedia quase sempre. Quis convencê-la Léon de que estariam igualmente bem em qualquer hotel mais modesto noutra parte; mas ela opôs-lhe objeções.

Um dia tirou do saco seis colherinhas de prata dourada (presente de núpcias do pai), pedindo-lhe que as fosse levar à casa de penhores; e Léon obedeceu, se bem que tal passo lhe desagradasse, com receio de se comprometer. Tinha medo da amante, que assumia maneiras estranhas, e que talvez tivessem razão de o quererem afastar dela.

Com efeito, alguém enviara à sua mãe minuciosa carta anônima, prevenindo-a de que ele estava se perdendo com uma mulher casada; e logo a virtuosa senhora, entrevendo o eterno espantalho das famílias, quer dizer, a vaga criatura perniciosa, a sereia, o monstro, que fantasticamente habita as entranhas do amor, escreveu a Dubocage, patrão do filho, que foi correto naquele caso. Teve com ele uma conversa de três quartos de hora, procurando desvendar-lhe os olhos, adverti-lo do abismo; tal intriga arruinaria a sua carreira; e acabou por lhe pedir que pusesse termo àquilo, se não pelo seu próprio interesse, ao menos por ele, Dubocage!

Léon jurara, enfim, não tornar a ver Ema; e repreendia-se de não ter cumprido a palavra, lembrando-se dos inúmeros embaraços que aquela mulher ainda lhe poderia causar, não falando nos gracejos dos companheiros, que de manhã se entretinham com ele ao pé do fogão. Além disso, estava para ser promovido a primeiro escriturário; era, portanto, o momento azado de ter juízo. Renunciou, pois, à flauta, aos sentimentos exaltados, à imaginação, — porque todo o burguês, no ardor da mocidade, ainda que não fosse senão por um dia, por um minuto, se julgaria capaz de paixões imensas, de elevadas empresas. Não há libertino, por medíocre, que não tenha sonhado com sultanas; todo tabelião traz em si os despojos de um poeta.

Agora sentia súbito fastio quando Ema se punha a soluçar agarrada a ele; e o seu coração, como nas pessoas que não podem suportar senão certa dose de música, entorpecia-se nele de indiferença ao ruído de um amor do qual já não sentia as sutilezas.

Conheciam-se demais para terem as volúpias da posse, que lhes duplica a alegria. Ela sentia-se tão desgostosa dele, como fatigado dela ele estava. Ema reencontrava no adultério toda a insipidez do lar conjugal.

Mas, como desembaraçar-se? Além disso, por mais que a humilhasse a baixeza de tal ventura, estava presa a ela pelo hábito ou corrupção; e cada dia se lhe agarrava mais, exaurindo toda a felicidade, à força de a querer muito grande. Acusava Léon das suas esperanças malogradas, como se ele a tivesse atraiçoado; e desejava até uma catástrofe que trouxesse consigo a separação, visto não ter ela a coragem de se decidir.

Nem por isso deixou de continuar a escrever-lhe cartas amorosas, obedecendo à ideia de que uma mulher deve sempre escrever ao amante.

Mas, ao escrever, tinha no espírito outro homem, um fantasma composto das suas mais ardentes lembranças, das suas leituras mais belas, das suas mais fortes ansiedades; e afinal este se tornava tão verdadeiro e acessível, que Ema palpitava por ele, maravilhada, sem contudo poder imaginá-lo claramente, tanto ele se perdia, como um Deus, na abundância dos atributos. Habitava na região azulada em que as escadas de seda se balouçam pendentes dos balcões, ao aroma das flores e ao luar. Sentia-o junto de si, ia aparecer-lhe e arrebatá-la toda num beijo. Depois sofria uma grande queda e tudo se despedaçava; por que aqueles impulsos de amor vago a fatigavam mais que a lascívia da libertinagem.

Sentia agora um cansaço enorme, incessante e universal. Muitas vezes, mesmo, Ema recebia citações, papel selado, para os quais mal olhava. Quisera não viver, ou dormir continuamente.

No dia da *mi-carême* não regressou a Yonville, porque foi à noite ao baile de máscaras. Vestiu um calção de veludo, meias vermelhas e pôs uma cabeleira de rabicho com lanterna sobre a orelha. Pulou toda a noite ao som furioso dos trombones; formavam-se círculos à roda dela; e de madrugada, achou-se no vestíbulo do teatro no meio de cinco ou seis máscaras, carregadores e marinheiros, companheiros de Léon, que falavam em ir cear.

Os cafés próximos estavam cheios. Afinal descobriram, perto do cais, um restaurante dos mais ordinários, cujo dono lhes abriu no quarto andar um pequeno reservado.

Os homens cochicharam a um canto, consultando-se sem dúvida sobre a despesa. Eram dois escreventes, dois praticantes de cirurgia e um caixeiro; que companhia para ela! Quanto às mulheres, Ema logo reconheceu pelo timbre da voz, que deviam ser da última espécie. Sentiu-se então amedrontada, recuou a cadeira e baixou os olhos.

Os outros se puseram a comer. Ela não comeu; tinha a cabeça ardendo, picadas nas pálpebras e a pele fria de neve. Sentia na cabeça o sobrado do baile, a estremecer ainda sob o pulsar rítmico dos mil pés que dançavam. Depois o cheiro do ponche junto com o fumo dos charutos atordoou-a; e como desmaiasse, levaram-na para junto da janela.

Começava então a amanhecer, e no céu pálido ia-se alargando uma mancha avermelhada, do lado de Santa Catarina. O rio esbranquiçado encrespava-se com o vento; nas pontes não se via ninguém; os lampiões apagavam-se.

Ema foi-se reanimando, lembrou-se de Berta, que àquela hora estava dormindo no quarto da criada. Nisto passou uma carroça carregada de arcos de ferro, lançando de encontro às paredes dos prédios uma ensurdecedora vibração metálica.

Ema saiu inopinadamente, desembaraçou-se do seu traje, disse a Léon que tinha de ir-se embora e afinal fiou sozinha no Hotel de Bolonha. Tudo, incluindo-se a si mesma, lhe era insuportável. Quisera, voando como uma ave, ir rejuvenescer em qualquer parte, bem longe, nos espaços imaculados.

Saiu, atravessou o bulevar, a praça Cauchoise e o arrabalde, até uma rua descoberta, orlada de jardins. Caminhava apressadamente e o ar livre acalmava-a; pouco a pouco, as caras da multidão, as máscaras, as quadrilhas, os vultos, a ceia, aquelas mulheres, tudo desaparecia como nevoeiro que se dissipasse. Depois, voltando à Cruz Vermelha, deitou-se na cama, no pequeno quarto do segundo andar, onde havia as gravuras da Torre de Nesle. Às quatro horas da tarde Hivert foi acordá-la.

Ao chegar à casa, Felicidade mostrou-lhe um bilhete que estava atrás do relógio. Ema pegou no papel e leu:

"Em virtude da pública-forma e na forma executória de um julgamento..."

Que julgamento? Com efeito, na véspera haviam levado outro papel de que ela não tivera conhecimento; por isso ficou estupefata ante aquelas palavras.

"Por ordem do rei, da lei e da justiça, madame Bovary..."

E saltando algumas linhas, viu:

"Dentro de vinte e quatro horas, termo de espera".

— Que é isto? "A pagar a soma total de oito mil francos". E mais abaixo: "E será a isso obrigada por todos os meios de direito e principalmente pela penhora em todos os seus móveis e imóveis".

Que fazer?... Era dentro de vinte e quatro horas; no dia seguinte! L'Heureux, pensou ela, queria com certeza, assustá-la de novo; porque adivinhou de repente todas as suas manobras e o fim das suas condescendências. O que a sossegava era o próprio exagero da soma.

Contudo, à força de comprar, de não pagar, de pedir emprestado, de aceitar letras, depois de reformar essas mesmas letras, que aumentavam a cada novo prazo, acabara por preparar a L'Heureux um capital que ele esperava impacientemente para as suas especulações.

Apresentou-se portanto muito desembaraçada em casa dele.

— Com certeza sabe o que me aconteceu? Foi sem dúvida uma brincadeira!

— Não.

— Como assim?

Ele voltou-se lentamente e disse, cruzando os braços:

— Então a senhora julgava que eu havia de ser, até à consumação dos séculos, seu fornecedor e banqueiro pelo amor de Deus? Sejamos justos! É indispensável que eu embolse o meu dinheiro.

Ema protestou contra a dívida.

— Não sei disso! O tribunal reconheceu-a! Houve julgamento e a senhora foi intimada. Além disso, o caso não é comigo, é com Vinçart.

— Mas o senhor não poderia?...

— Absolutamente nada.

— Mas... todavia... vejamos.

Ema deu por paus e por pedras; não soubera nada... era uma surpresa...

— De quem é a culpa? — disse L'Heureux, fazendo-lhe uma cortesia irônica. — Enquanto eu não deixo de trabalhar como um negro, a senhora não cuida senão em divertir-se.

— Nada de moral!

— É uma coisa que nunca prejudica! — replicou ele.

Ema foi pusilânime, suplicou; e chegou mesmo a pousar a sua bonita mão no joelho do comerciante.

— Deixe-me! Parece que pretende seduzir-me!

— O senhor é um miserável! — exclamou ela.

— Oh! oh! como se zanga! — fez ele, rindo-se.

— Eu farei saber quem o senhor é; direi a meu marido...

— A seu marido também eu tenho alguma coisa que dizer e mostrar...

E L'Heureux tirou do cofre o recibo de mil e oitocentos francos que ela lhe dera quando se efetuara o desconto de Vinçart.

— A senhora pensava que aquele pobre homem não compreenderia o seu roubozinho?

Ema sentiu-se acabrunhar, mais prostrada que por uma paulada. L'Heureux passeava contente desde a janela até à secretária, repetindo:

— Hei de mostrar-lhos... hei de mostrar-lhos...

Em seguida aproximou-se dela e disse-lhe com voz branda:

— Eu bem sei que não é agradável; mas afinal não é a morte de um homem; e visto ser o único meio que lhe resta de me embolsar do meu dinheiro...

— Mas onde posso eu arranjá-lo? — disse Ema, torcendo os braços.

— Ora! Quando se tem amigos como a senhora!

E fitou-a de modo tão perspicaz e terrível que a fez estremecer até à medula.

— Mas eu prometo-lhe — disse ela — eu assinarei...

— Assinaturas suas já as tenho demais!

— Venderei ainda...

— Ora, adeus! — disse ele, encolhendo os ombros. — Já não tem o que vender.

E gritou pelo postigo que dava para a loja:

— Annette! Não te esqueças dos retalhos do nº 14.

A criada apareceu; Ema compreendeu e perguntou "que quantia seria preciso para deter o prosseguimento do processo judicial".

— É já muito tarde!

— Mas se eu lhe trouxer alguns milhares de francos, a quarta da soma, o terço, quase toda, enfim?

— Não, não, é inútil!

E impelia-a brandamente para a escada.

— Por quem é, sr. L'Heureux, alguns dias mais!

E soluçava.

— Bom! Agora, lágrimas!

— O senhor faz-me desesperar!

— Bem me importa a mim isso! — retorquiu ele, fechando a porta.

CAPÍTULO VII

Ema mostrou-se estoica no dia seguinte, quando o oficial de justiça Hareng se lhe apresentou em casa com duas testemunhas para lavrar o auto de penhora.

Começaram pelo gabinete de Bovary e não inscreveram a cabeça frenológica, por a considerar como instrumento de sua profissão; mas arrolaram na cozinha os pratos, as panelas, as cadeiras, os castiçais, e no quarto de dormir todas as bugigangas das prateleiras. Examinaram-lhe as saias, a roupa branca, o quarto de vestir; e a sua existência, incluindo os recantos mais íntimos, foi como um cadáver que se autopsiasse, exposta sem recato aos olhares daqueles três homens.

Hareng, apertado num acanhado casaco preto, de gravata branca e com presilhas nas calças muito esticadas, repetia de quando em quando:

— Dá licença, minha senhora? Dá licença?

Às vezes soltava exclamações:

— Encantador!... Lindíssimo!

Depois continuava a escrever, molhando a pena no tinteiro de chifre que tinha na mão esquerda.

Quando acabaram de inventariar os quartos, subiram ao sótão.

Ali Ema guardava uma estante, onde estavam as cartas de Rodolfo. Era necessário abri-la.

— Ah! é correspondência! — disse Hareng, com um sorriso discreto. — Mas, dê-me licença, que eu preciso verificar se a caixa não contém outra coisa.

E inclinou os papéis, levemente, como que para fazer cair napoleões de lá. Então lhe veio a indignação vendo aquelas mãos grosseiras com os dedos vermelhos e moles, pousarem-se nas páginas onde seu coração havia pulsado.

Afinal partiram! Em seguida chegou Felicidade, que ela mandara ficar de vigia, para afastar Bovary; e ambas acomodaram no sótão o guarda da penhora, que jurou conservar-se ali.

Carlos, durante o serão, pareceu-lhe inquieto. Ema espreitava-o com olhos cheios de aflição, julgando ler-lhe acusações nas rugas da fronte. Depois, quando voltava os olhos para o fogão, guarnecido de anteparos chineses, para as amplas poltronas, para todas as coisas, enfim, que lhe tinham suavizado a amargura da vida, sentia-se assaltada por um remorso, ou antes, por uma saudade imensa, que lhe irritava a paixão, em vez de a aniquilar. Carlos atiçava o lume com placidez, os pés pousados no varandim.

Houve um momento em que o guarda, sem dúvida enfastiado no esconderijo, fez certo ruído.

— Há gente lá em cima? — disse Carlos.

— Não! — respondeu ela — é a janela que ficou aberta e que está batendo com o vento.

No dia seguinte, que era domingo, partiu ela para Ruão, a fim de ir à casa de todos os banqueiros cujo nome conhecia, mas estavam quase todos no campo ou ausentes em viagem. Ema não desistiu do seu propósito; e aos que encontrou pediu dinheiro, protestando que precisava muito dele e que o restituiria. Alguns lhe riram na cara; todos lho recusaram.

Às duas horas, correu à casa de Léon e bateu-lhe à porta; não abriram. Afinal ele apareceu.

— Que é que te trás cá?

— Incomodo-te?

— Não... mas...

E Léon confessou-lhe que o dono da casa não gostava que ali se recebessem "mulheres".

— Preciso falar-te. — prosseguiu ela.

Ele então levou a mão à chave. Ema deteve-o.

— Não, não, no nosso quarto.

E foram para o seu quarto no *Hotel de Bolonha*.

Mal chegou, Ema bebeu um grande copo de água e, muito pálida, disse-lhe:

— Léon, vais prestar-me um grande serviço.

E sacudindo-lhe ambas as mãos, que ela apertava com força, acrescentou:

— Ouve... Tenho absoluta necessidade de oito mil francos!

— Estás doida!

— Ainda não!

E contou-lhe em seguida a história da penhora, explicou-lhe a aflição em que se achava; porque Carlos ignorava tudo, sua sogra detestava-a, e seu pai nada podia; mas ele, Léon, ia pôr-se em campo para obter aquela indispensável soma...

— Mas como queres tu?

— Não sejas covarde! — exclamou ela.

Então Léon disse, tolamente.

— Tu exageras a situação. Talvez, que o homem se acalme com uns mil escudos.

Mais uma razão para intentar alguma coisa; era impossível que não se pudessem obter três mil francos. Além disso, Léon podia ficar responsável por ela.

— Vai! experimenta! anda! oh! tenta! tenta! que hei de amar-te muito!

Léon saiu e, voltando ao fim de uma hora, disse com ar solene:

— Fui à casa de três pessoas... inutilmente!

Depois se sentaram defronte um do outro, um em cada canto do fogão, imóveis e silenciosos. Ema encolhia os ombros e batia o pé; Léon ouvia-a murmurar:

— Eu no teu lugar havia de conseguir.

— Onde?

— No teu cartório mesmo.

E fitou-o.

Das pupilas inflamadas saíam-lhe uma audácia infernal e as pálpebras cerravam-se-lhe de modo lascivo e encorajador; tanto que o rapaz se sentiu dobrar sob a muda vontade daquela mulher que lhe aconselhava um crime. Teve então medo e, para evitar qualquer explicação, bateu na fronte, exclamando:

— O Morel deve voltar esta noite! e espero que ele não me recuse (era um amigo seu, filho de um negociante riquíssimo); amanhã te trarei isso — acrescentou ele.

Ema não mostrou acolher a esperança com a alegria que ele imaginara. Desconfiaria ela de uma mentira? Léon prosseguiu, corando:

— Mas se não me vires até às três horas, não me esperes. Tenho de ir embora, desculpa-me. Adeus!

Apertou-lhe a mão, mas sentiu-a inerte, por que ela não tinha força para qualquer sentimento.

Bateram quatro horas; Ema levantou-se para regressar a Yonville, obedecendo, como um autômato, ao impulso do hábito.

O tempo estava lindíssimo; era um dia de março, claro e seco, em que o sol brilha num céu desmaiado. Os rouanenses passeavam com ares de satisfação. — Ema chegou à praça do Adro. Saíam das vésperas; a multidão escoava-se pelas três portas, como um rio por três arcos de uma ponte; no centro, imóvel como uma rocha, conservava-se o suíço.

Lembrou-se então do dia quando, ansiosa e cheia de esperanças, entrara na grande nave que se estendia diante dela menos profunda que o seu amor; e continuou a caminhar, chorando por debaixo do véu, cambaleando e prestes a desfalecer...

— Cuidado! — gritou uma voz que saía de um portão que se abrira.

Ema parou para deixar passar um cavalo preto, caracolando nos varais de um tílburi, guiado por um gentleman com um agasalho de peles. Quem era? Ela o conhecia... a carruagem partiu, e desapareceu.

Mas era ele, o Visconde! Ema mudou de direção; a rua estava deserta. Sentia-se tão prostrada, tão triste, que teve de se encostar à parede para não cair.

Depois pensou que se enganara. Afinal, nada sabia. Tudo em si e fora de si a abandonava. Sentiu-se perdida, rolando ao acaso em abismos indefinidos; e foi quase com alegria que avistou, chegando à Cruz

Vermelha, aqueles bondoso Homais, que estava vendo carregar na Andorinha uma grande caixa de suprimento farmacêutico. Segurava num lenço seis *cheminots* para sua mulher.

A senhora Homais apreciava muitíssimo aqueles pãezinhos do feitio de turbantes, último vestígio dos alimentos góticos, que remonta decerto ao século das cruzadas e de que os robustos normandos se enchiam outrora, supondo ver na mesa, à luz das velas de cera amarela, entre canecas de hipocraz e as gigantescas vitualhas, cabeças de sarracenos a devorar. A mulher do farmacêutico mastigava-os como eles, heroicamente, apesar da sua detestável dentição; por isso, todas as vezes que Homais ia à cidade, lhos levava, comprando-os sempre no principal confeiteiro, na rua Massacre.

— Muito estimo vê-la! — disse ele, oferecendo a mão a Ema, para ajudá-la a subir para a *Andorinha*.

Depois pendurou os pãezinhos nas correias da rede e conservou-se de cabeça descoberta e braços cruzados, numa atitude pensativa e napoleônica.

Mas quando o cego apareceu, como de costume, na base da encosta, Homais exclamou:

— Não compreendo como as autoridades ainda consintam em tão condenável indústria! Deviam internar esses desgraçados e obrigá-los a qualquer trabalho! O progresso, segundo parece, caminha como tartaruga! Estamos a patinhar em plena barbárie!

O cego estendia o chapéu, que batia na beira da portinhola, como um bolso do forro despregado.

— Aí tem — disse o farmacêutico; — é uma afecção escrofulosa!

E, conquanto conhecesse o pobre diabo, fingiu vê-lo pela primeira vez, murmurou as palavras *córnea, córnea opaca, esclerótico, facies,* e depois lhe perguntou em tom paternal:

— Há muito tempo que tens essa horrível doença? Em vez de te embebedares nas tabernas, era muito melhor que te tratasses.

E aconselhou-o a beber bom vinho, boa cerveja e comer bons assados. O cego continuava com a cantiga; de resto parecia quase idiota. Afinal Homais abriu a bolsa.

— Aí tens um soldo, devolva-me dois liards. e não te esqueças das minhas recomendações, hás de te dar bem.

Hivert permitiu-se manifestar em voz alta suas dúvidas sobre a eficácia delas; mas o boticário afirmou que ele mesmo o curaria com uma pomada antiflogística feita por ele mesmo, e deu-lhe o endereço:

— Homais, junto ao mercado; suficientemente conhecido.

— Bom, então pelo trabalho — disse Hivert — vai nos *mostrar a comédia*.

O cego ajoelhou e com a cabeça inclinada para trás, pôs-se a mover os olhos esverdeados e a deitar a língua para fora, esfregando ao mesmo tempo o estômago com ambas as mãos e soltando um uivo surdo, como um cão esfaimado. Ema, cheia de repugnância, atirou-lhe por cima do ombro uma moeda de cinco francos. Era quanto possuía; e pareceu-lhe belo arremessá-la assim.

A diligência pôs-se de novo a caminho quando Homais de repente se debruçou na portinhola e gritou:

— Nada de farináceos nem de queijos! Trazer lã sobre a pele e expor as partes afetadas ao fumo de bagas de genebra!

O espetáculo dos objetos conhecidos que lhe iam desfilando por diante dos olhos, ia afastando Ema pouco a pouco da sua dor presente. Acabrunhava-a uma prostração intolerável e chegou à casa embrutecida, sem ânimo, num quase adormecimento.

— Aconteça o que deve acontecer! — dizia ela para consigo.

E, depois, quem sabe? Não poderia de um momento para o outro surgir um acontecimento imprevisto? Até podia suceder que L'Heureux morresse.

Às nove horas da manhã foi acordada por um grande vozerio na praça. Havia grande ajuntamento no mercado para verem um grande cartaz colado num dos pilares; e Ema viu Justino trepar a uma pedra e arrancá-lo. Nesse momento o guarda campestre segurou-o pela gola. Homais saíra da farmácia e a senhora Lefrançois, no meio do povo, parecia estar discursando.

— Minha senhora! minha senhora! — exclamou Felicidade, entrando; — é abominável!

E a pobre rapariga, muito agitada, mostrava-lhe um papel amarelo, que acabara de arrancar da porta. Num abrir e fechar de olhos, Ema leu que toda a sua mobília estava a venda.

Olharam-se silenciosamente. Ama e criada não tinham segredos uma para a outra. Enfim, Felicidade murmurou:

— Eu, no lugar da senhora, ia já à casa do sr. Guillaumin.

— Tu crês?...

E esta pergunta queria dizer:

— Tu, que conheces a casa através do criado, sabes se ali se terá alguma vez falado de mim?

— Sim, vá lá, acho que faz bem.

Ema pôs o vestido preto e a capa guarnecida de vidrilhos; e, para que não a vissem (porque havia muita gente na praça), foi por fora da vila, pelo caminho da borda de água.

Chegou bastante cansada ao portão do notário; o céu estava sombrio e caía um pouco de neve.

Ao toque de campainha, Teodoro, de colete vermelho, apareceu no vestíbulo; no mesmo instante abriu o portão familiarmente, como a uma pessoa conhecida e conduziu-a para a sala de jantar.

Um amplo fogareiro de porcelana fazia ruídos por baixo de um cacto que enchia o vão; e nas molduras de madeira negra penduradas pelas paredes forradas de papel imitando carvalho, via-se a Esmeralda de Steuben e a Putiphar de Schopin. A mesa servida, dois rescaldos de prata, os puxadores das portas de cristal, o assoalho e os móveis, tudo reluzia com um asseio meticuloso, britânico; as vidraças eram enfeitadas, a cada canto, com vidros de cor.

— Aqui está uma sala de jantar — pensou Ema — como eu desejava ter.

O tabelião entrou, aconchegando com o braço esquerdo a sua robe-de-chambre bordada e com a outra mão tirava e tornava a pôr rapidamente o seu boné de veludo marrom pretensiosamente carregado sobre o lado direito, para onde caíam as pontas de três melenas louras, que, partindo da nuca, lhe contornavam o crânio calvo.

Depois de ter oferecido uma cadeira, sentou-se para almoçar, pedindo ao mesmo tempo muitas desculpas pela indelicadeza.

— Eu vinha pedir-lhe... — disse ela.

— O que, minha senhora? Sou todo ouvidos.

Ema entrou a expor-lhe a sua situação.

Guillaumin conhecia-a, pois que se achava estreitamente ligado com o negociante de fazendas, em casa de quem achava sempre capitais para os empréstimos hipotecários que o encarregavam de contratar.

Assim, pois, conhecia (e melhor do que ela) a longa história daquelas letras, endossadas com diversos nomes, espaçadas a longos prazos e continuamente reformadas, até o dia em que, juntando todos os protestos o comerciante encarregara o seu amigo Vinçart de proceder em seu próprio nome às diligências necessárias, pois não queria passar por um tigre entre os seus concidadãos.

Ema entremeou de recriminações contra L'Heureux, a sua exposição, recriminações a que o tabelião respondia de vez em quando com uma palavra insignificante. Comendo a sua costeleta e tomando seu chá, metia o queixo na gravata azul celeste picada por dois alfinetes de brilhante, presos um ao outro por uma correntinha de ouro; e sorriu-se com um singular sorriso, de maneira adocicada e ambígua. Mas, notando de repente que Ema tinha os pés úmidos:

— Aproxime-se da lareira... mais acima... encostada à porcelana.

Ema receava sujá-la. O tabelião acrescentou, em tom de galanteio:

— As coisas boas nunca se estragam.

Ema procurou então comovê-lo e, comovendo-se a si própria, chegou a descrever-lhe a parcimônia do seu viver, as aflições em que se via continuamente e as muitas privações de que não podia esquivar-se. Ele compreendia aquilo tudo: uma senhora elegante! e sem deixar de comer voltava-se de frente para ela, de modo que lhe tocava com o joelho na botinha, cuja sola começava a recurvar-se fumegando de encontro à lareira.

Mas, quando, ela lhe pediu mil escudos, cerrou os lábios e em seguida declarou-se penalizadíssimo de não haver tido em tempo a direção dos seus haveres, pois havia cem meios muito cômodos, mesmo para uma senhora, de fazer render o dinheiro. Ter-se-ia podido, quer nas turfeiras de Grumesnil, quer nos terrenos do Havre, arriscar quase com certeza de bom êxito, excelentes especulações; e deixou-a morder-se de raiva com a ideia das somas fantásticas que teria decerto ganho.

— Mas por que é que — prosseguiu ele — não veio ter comigo há mais tempo?

— Nem eu sei... — respondeu ela.

— Por que, hein?... Causava-lhe eu tanto medo assim? Eu, pelo contrário, é que deveria me queixar! Mal nos conhecíamos! Não obstante, sou-lhe dedicadíssimo; acredita, por certo?

Estendeu-lhe a mão, pegou na dela e cobriu-a com um beijo voraz, conservando-a depois sobre o joelho; e brincava-lhe delicadamente com os dedos, dizendo-lhe ao mesmo tempo mil amabilidades.

A sua voz insípida sussurrava, como água corrente; das pupilas brotava-lhe uma faísca através do rebrilhar dos óculos e ao mesmo tempo ia avançando as mãos pela manga de Ema para lhe apalpar o braço. Ela sentia na face o sopro de uma respiração ofegante. Aquele homem a constrangia horrivelmente.

Ema levantou-se quase de um pulo e disse-lhe:

— Senhor, estou esperando!

— O que? — perguntou o tabelião, tornando-se de repente extraordinariamente pálido.

— O dinheiro.

— Mas...

Depois, cedendo à irrupção de um desejo muito forte:

— Pois bem, sim!

E arrastava-se de joelhos para ela, sem se importar com o roupão.

— Por quem é, não se vá! eu a amo!

E agarrou-a pela cintura.

Uma onda de púrpura subiu rápido ao rosto de madame Bovary que, recuando com aspecto terrível exclamou.

— O senhor aproveita-se imprudentemente da minha aflição! Eu sou para lastimar, mas não para vender!

E saiu.

O tabelião ficou estupefato, fitando as suas belíssimas chinelas. Eram uma prenda de amor. Essa ideia o consolou. Além disso, calculou rapidamente que não era fácil ver até onde o levaria tal aventura.

— Que miserável!... que patife!... Que infâmia! — dizia Ema para consigo, seguindo com andar nervoso sob os álamos da estrada. O desapontamento do insucesso reforçava-lhe a indignação do pudor ultrajado; parecia-lhe que a Providência se encarniçava em persegui-la e realçando com isso o orgulho, nunca sentiu tanta estima por si mesma e tanto desprezo pelos outros. Qualquer coisa de belicoso a dominava. Queria bater nos homens, cuspir-lhes na cara, triturá-los a todos; e continuava a caminhar rapidamente, pálida, trêmula, enraivecida, perscrutando com os olhos rasos de água o horizonte vazio, e como que se deleitando no ódio que a sufocava.

Quando avistou a sua casa, uma espécie de entorpecimento a acometeu. Não podia avançar; era preciso, contudo; ademais, para onde havia de fugir?

Felicidade esperava-a à porta.

— Então?

— Nada! — disse Ema.

E durante um quarto de hora, estiveram ambas a lembrar-se de várias pessoas de Yonville, dispostas, talvez, a socorrerem-na. Mas a todos os nomes que Felicidade nomeava, replicava Ema:

— É lá possível! Não querem!

— E o patrão que não tarda aí!

— Bem sei... Deixa-me só.

Tentara tudo; já nada lhe restava agora a fazer e quando Carlos aparecesse dir-lhe-ia:

— Retira-te. Esse tapete que pisas já não é nosso. Da tua casa não tens já um único móvel, um alfinete, uma palha; e fui eu quem te arruinou, pobre homem!

Haveria então um enorme soluço, depois ele choraria copiosamente e, passada a surpresa, perdoaria.

— Sim — murmurava ela, rangendo os dentes — ele me perdoará, ele que não julgaria bastante oferecer-me um milhão para eu o desculpar de me haver conhecido... Nunca! Nunca!

A ideia da superioridade de Bovary sobre ela exasperava-a. Depois, quer ela confessasse, quer não, imediatamente, no dia seguinte, não deixaria ele de ter conhecimento da catástrofe; logo, era forçoso esperar aquela terrível cena e suportar o peso da sua magnanimidade.

Teve tentações de voltar à casa de L'Heureux: mas, para que? de escrever a seu pai: já era tarde; talvez mesmo já se arrependesse de não ter cedido ao outro, quando ouviu os passos de um cavalo no pátio. Era

Carlos que abria a cancela e estava mais branco que a cal da parede. Correndo para a escada, ela fugiu vivamente pela praça; e a mulher do prefeito, que estava conversando à porta da igreja com Lestiboudois, viu-a entrar em casa do preceptor.

Imediatamente correu a dizê-lo à senhora Caron. Em seguida subiram ambas para o sótão; e, ocultas pela roupa que ali estava estendida, colocaram-se comodamente, a fim de espreitarem a casa de Binet.

Este estava só, na sua água-furtada, executando em madeira uma dessas obras indescritíveis de marfim, compostas de crescentes, de esferas ocas e metidas umas nas outras, tudo direito como um obelisco e sem servir para nada; estava com a última peça, quase concluída! No claro-escuro da oficina, o pó alourado voava da ferramenta como um rasto de fagulhas sob as ferraduras de um cavalo a galope; as duas rodas giravam e rangiam; Binet sorria-se, com o queixo baixo, as narinas dilatadas; parecia enfim perdido numa dessas felicidades completas que são, sem dúvida, atributos apenas das ocupações medíocres, que divertem a inteligência com dificuldades fáceis, saciando-a com uma realização além da qual nada há que sonhar.

— Lá está ela! — disse a senhora Tuvache.

Mas não era possível, por causa do torno, escutarem o que ela dizia.

Enfim, sempre puderam perceber a palavra francos; e a senhora Tuvache, disse em voz baixa:

— Está-lhe pedindo espera no pagamento das contribuições.

— É o que parece! — exclamou a outra.

Viram-na então passear de um lado para o outro, examinando nas paredes as argolas de guardanapos, os castiçais, as esferas de corrimão, enquanto Binet acariciava o queixo com satisfação.

— Irá ela encomendar-lhe alguma coisa? — disse a senhora Tuvache.

— Mas ele não vende nada! — objetou a vizinha.

O preceptor parecia estar ouvindo, arregalando os olhos, como se não entendesse bem. Ela continuava de um modo terno, suplicante; aproximou-se dele; seu seio arfava; deixaram de falar.

— Está se oferecendo a ele... — disse a senhora Tuvache.

Binet estava vermelho até às orelhas. Ela pegou-lhe nas mãos.

— Ah! isto é demais!

Ema propunha-lhe, sem dúvida, uma abominação, porque o preceptor, — que não deixava de ser resoluto e bravo, combatera em Bautzen e em Lutzen, fizera a campanha da França e chegara a ser indicado para uma condecoração; — de repente, como, se visse uma serpente, recuou para longe, exclamando:

— Minha senhora! Pensou nisso?

— Mulheres assim deviam ser açoitadas! — disse a senhora Tuvache.

— Mas onde está ela? — prosseguiu a senhora Caron.

Porque Ema desaparecera a essas palavras; depois, vendo-a seguir pela Rua Larga e voltar à direita como que em direção do cemitério, perderam-se em conjeturas.

— Tia Rollet — disse ela chegando à casa da ama; — sinto-me sufocada!... desaperte-me!

E atirou-se na cama, soluçando. Tia Rollet cobriu-a com uma saia e deixou-se ficar em pé, junto dela. Depois, como Ema não lhe respondesse, a ama afastou-se, pegou na roca e pôs-se a fiar.

— Acabe com isso! — murmurou Ema, julgando ouvir o torno de Binet.

— Que terá ela? — perguntou a ama a si mesma. Por que teria vindo aqui?

Ema correra para casa da ama, impelida por uma espécie de pavor que a expulsava da sua.

Deitada de costas, imóvel e de olhos fixos, mal distinguia os objetos, conquanto aplicasse nisso a atenção, com persistência idiota. Contemplava as esfoladelas da parede dois tições que fumegavam e uma grande aranha que caminhava mesmo acima da sua cabeça, na fenda de uma trave. Afinal orientou suas ideias. Recordava-se... Um dia, com Léon... oh! como isso ia longe! O sol brilhava sobre o rio e as clematites embalsamavam o ar... Então arrebatada pelas suas recordações, como por uma torrente em borbulhões, chegou a lembrar-se do dia da véspera.

— Que horas são? — perguntou ela.

Tia Rollet saiu, levantou os dedos da mão direita para o lado em que o céu estava mais claro voltou lentamente dizendo:

— Quase três horas.

— Ah! obrigada, obrigada!

Porque ele não devia tardar. Era fora de dúvida. Conseguira arranjar o dinheiro. Mas naturalmente iria à sua casa, sem suspeitar de que ela se achava ali; por isso pediu à ama que fosse à sua casa para o trazer.

— Não se demore!

— Vou já, minha senhora... vou já!

Agora se admirava de não ter logo a princípio pensado nele; na véspera dera-lhe a sua palavra; não faltaria a ela, pois; ela se via já em casa de L'Heureux pondo-lhe em cima da secretária as três cédulas. Depois teria de inventar uma história para explicar as coisas a Bovary. O que seria?

Entretanto, a ama tardava muito. E como ali não havia relógio, Ema receou estar exagerando a demora. Começou então a dar voltas pelo jardim, passo a passo. Ia pelo caminho junto das sebes e voltou-se rapidamente esperando que a ama surgisse por outro lado. Afinal, cansada de esperar, assaltada por mil suspeitas, que logo repelia, não sabendo já se estava ali há um século ou há um minuto, sentou-se a um canto, fechou os olhos, e tapou os ouvidos. A cancela rangeu; ela deu um pulo; antes de falar, tia Rollet disse-lhe:

— Em sua casa não há ninguém!

— Como?

— Ninguém. E o senhor está chorando e chamando a senhora. Andam à sua procura.

Ema não respondeu nada. Estava ofegante, relanceando os olhos em torno e a campônia, assustada com a cara dela, recuava instintivamente, supondo-a louca. De repente bateu na testa e soltou um grito, porque a ideia de Rodolfo, como relâmpago em noite escura, lhe passara pela alma. Ele era tão bondoso, tão delicado, tão generoso! E depois, se ele hesitasse em prestar-lhe aquele serviço, bem saberia ela obrigá-lo, recordando-lhe num abrir e fechar de olhos, o seu amor perdido. Partiu, pois, a caminho a caminho de Huchette, sem perceber que corria a oferecer-se nas mesmas condições que pouco antes tanto a exasperavam, sem suspeitar nem de leve que estava se prostituindo.

CAPÍTULO VIII

Pelo caminho perguntava a si mesma: "Mas que irei eu dizer? Por onde começarei?" E à medida que avançava, reconhecia as moitas, as árvores, os juncos marinhos sobre a colina, o castelo lá adiante. Achava-se de novo com as sensações do seu primeiro afeto, e o seu pobre coração constrangido dilatava-se nelas amorosamente. Sentia no rosto uma aragem tépida; a neve, fundindo-se, caía gota a gota das árvores na relva.

Entrou, como antigamente, pela portinha do parque, depois chegou ao pátio nobre, orlado por dupla fileira de frondosas tílias, que balançavam seus longos ramos. Os cães no canil ladraram todos e apesar disso não apareceu ninguém.

Subiu a larga escadaria, de corrimão de madeira, que conduzia ao corredor ladrilhado de lajens empoeiradas, para onde se abriam quartos em fila como nos mosteiros ou nas estalagens. O dele era no fundo, à esquerda. Quando pôs a mão no fecho da porta, abandonaram-na subitamente as forças. Temia que ele não estivesse ali, desejava-o quase e contudo era a sua única esperança, a última probabilidade de salvação. Recolheu-se um minuto a pensar e, retemperando a coragem no sentimento da necessidade presente, entrou.

Ele estava junto do fogão, com os pés estendidos para o lume, acendendo o cachimbo.

— Oh! és tu? — disse levantando-se bruscamente.

— Sou, sou... Venho pedir-lhe um conselho. Rodolfo.

E apesar de todos os seus esforços, era-lhe impossível descerrar os lábios.

— Não mudaste nada; estás encantadora como sempre!

— Oh! — respondeu ela — tristes encantos são estes, visto que os desprezas!

Então Rodolfo intentou dar explicação da sua conduta, desculpando-se em termos vagos, por não poder inventar coisa melhor.

Ela deixou-se prender pelas suas palavras, mais ainda pela sua voz e pela sua presença; de modo que fingiu ou julgou acreditar no pretexto do seu rompimento; era um segredo do qual dependia a honra e talvez mesmo a vida de terceira pessoa.

— Embora! — disse ela, fitando-o tristemente; — tenho sofrido muito!

Rodolfo respondeu filosoficamente:

— A vida é assim!

— Teria sido ao menos boa para ti, depois da nossa separação? — prosseguiu Ema.

— Nem boa, nem má...

— Teria sido talvez melhor não nos termos encontrado nunca.

— Sim... talvez!

— Acreditas? — disse ela, aproximando-se.

E suspirou.

— Ah! Rodolfo! Se soubesses!... amei-te muito!

Foi então que ela lhe pegou a mão, ficando ambos algum tempo com os dedos entrelaçados, — como no primeiro dia, nos Comícios! Por um gesto de orgulho, ele debatia-se contra a comoção. Ela, porém, caindo-lhe sobre o peito, disse-lhe:

— Como querias tu que eu vivesse sem ti? Não se pode perder o hábito da felicidade! Fiquei desesperada! Julguei que morria. Hei de contar-te tudo. E tu... tu me fugiste!

Por que havia três anos que ele a evitava cuidadosamente, pela natural covardia que caracteriza o sexo forte; e Ema continuava com movimentos de cabeça mais indolentes que uma gata amorosa:

— Tu amas outra, confessa. Eu por mim compreendo-as; desculpo-as; naturalmente seduziste-as como me seduziste a mim! Tu és homem e tens tudo que é necessário para te fazeres amar! Mas recomeçaremos, não é verdade? Havemos de nos amar! Olha, já estou a rir, já me sinto feliz!... Fala, vamos...

E estava encantadora, com o olhar onde uma lágrima tremia, como a água de uma tempestade num cálice azul.

Rodolfo puxou-a para a janela e acariciava-lhe os cabelos, nos quais, com a claridade do crepúsculo, brilhava como que uma flecha de ouro no último raio do sol. Ema curvava a fronte, Rodolfo acabou por beijá-la nas pálpebras, docemente, com o bico dos lábios.

— Mas tu choraste — disse ele. — Por quê?

Ema rompeu em soluços. Rodolfo supôs que era a explosão do seu amor; e como ela se calasse, tomou aquele silêncio por um derradeiro pudor e então exclamou:

— Perdoa-me! Tu és a única que me agrada. Fui imbecil e mau! Amo-te e hei de amar-te sempre!... Que tens tu, dize!

E ajoelhou-se.

— Pois bem! Estou arruinada Rodolfo! E tu vais emprestar-me três mil francos!

— Mas... mas... — disse ele erguendo-se pouco a pouco, ao mesmo tempo que a sua fisionomia tomava uma expressão grave.

— Como sabes — continuou ela precipitadamente — meu marido depositou todos os seus haveres nas mãos de um tabelião, que fugiu. Depois contraímos empréstimos; os clientes não pagavam. Além disso, a liquidação não está concluída; e mais tarde havemos de ter... Hoje, porém, por falta de três mil francos, fazem-nos uma penhora; agora, neste mesmo instante; e, como contava com a tua amizade, vim procurar-te...

— Ah! — pensou Rodolfo, empalidecendo repentinamente; — foi para isso que veio!

Por fim, disse em tom muito calmo:

— Não os tenho, minha querida senhora.

E não mentia. Se os tivesse, sem dúvida os daria, apesar de ser geralmente desagradável praticar tão belas ações; um pedido pecuniário, de todas as borrascas que podem cair sobre o amor, esta é a mais fria e a mais devastadora.

Ema conservou-se por alguns segundos a olhar para ele.

— Não os tens!

E repetiu muitas vezes:

Não os tens! Eu devia ter-me poupado a mais esta vergonha! Nunca me amaste! Não és melhor que os outros!

Ema atraiçoava-se, perdia-se!

Rodolfo interrompeu-a, afirmando-lhe que se achava também em "dificuldades".

— Tenho pena de ti! — disse Ema. — Sim, muitíssima.

E fitando uma carabina damasquinada, que brilhava na panóplia:

— Mas, quando se é tão pobre, não se guarnece de prata a coronha da espingarda! Não se compra um relógio incrustado com madrepérola! — continuou ela, indicando o relógio de Boulle; — nem apitos de prata dourada para o cabo dos chicotes! — apalpava-os — nem berloques para o relógio! Não falta nada! Até um licoreiro no quarto! Por que és muito comodista, vives bem, tens um castelo, quintas, matas; fazes caçadas de corrida, fazes viagens a Paris... E ainda que não fosse senão com isto, — exclamou ela pegando de cima da lareira nos botões de punhos; com a mínima destas futilidades, poder-se-ia fazer dinheiro! Mas não quero... guarda-os!

E atirou para longe os dois botões, cuja correntezinha de ouro se quebrou de encontro à parede.

— Mas eu ter-te-ia dado tudo, teria vendido tudo! teria trabalhado com as próprias mãos, teria mendigado nas estradas, por um sorriso, por um olhar, por te ouvir dizer: "Obrigado!". E tu te conservas aí tranquilamente na poltrona, como se não me tivesse feito sofrer bastante! Sem ti fica-o sabendo, teria podido viver feliz! Quem te levou a isso? Era alguma aposta? E contudo amavas-me, dizias tu... E ainda há pouco... Era preferível que me tivesses posto fora! Ainda tenho as mãos quentes dos teus beijos, e aqui está no tapete o lugar onde tu me juraste de joelhos uma eternidade de amor... E fizeste-me acreditar durante dois anos, arrastasteme no sonho mais esplêndido e suave!... E os nossos projetos de viajem, lembras-te? Oh! a tua carta, a tua carta, que me despedaçou o coração! E depois, quando volto a vê-lo, a ele que é rico, feliz, livre! para lhe implorar um auxílio que qualquer me prestaria, suplicante e trazendo-lhe toda a minha ternura, ele me repele, por que isso lhe custava três mil francos!

— Não os tenho! — respondeu Rodolfo com a perfeita serenidade com que se cobrem como com um escudo as cóleras resignadas.

Ema saiu. As paredes tremiam, o teto esmagava-a; e tornou a percorrer a extensa aleia, tropeçando nos montões de folhas secas que o vento dispersava. Afinal chegou à valeta ao pé da cancela e quebrou as unhas de encontro à fechadura, tal a pressa com que queria abri-la. Depois, cem passos mais adiante, esbaforida, prestes a cair, parou. E então, voltando-se, olhou mais uma vez o impassível castelo, com o parque, o jardim, os três pátios e todas as suas janelas da fachada.

Permaneceu perdida de pasmo, não tendo já consciência de si, senão pelo bater das suas artérias, que julgava ouvir escaparem-se-lhe, como música ensurdecedora que enchesse os campos. O solo, debaixo dos seus pés, era mais movediço que uma onda, e os valados pareciam-lhe imensas vagas escuras, num cachoar contínuo. Tudo quanto tinha na cabeça de reminiscências, de ideias, se lhe escapava de uma vez, como as mil peças de um fogo de artifício. Viu seu pai, o gabinete de L'Heureux, o seu quarto, outra paisagem. A loucura invadiu-a, teve medo e afinal conseguiu retomar posse de si, de maneira confusa, porque não se lembrava da causa do seu horrível estado, quer dizer, da questão do dinheiro. Não sofria senão no seu amor, e conhecia que a alma a abandonava por essa recordação, como os feridos, ao agonizar, sentem que a existência se lhes vai pela chaga que sangra.

A noite caía, gralhas voavam.

De repente parecia-lhe que via glóbulos cor de fogo estalarem no ar como balas fulminantes, achatando-se, rodopiando, rodopiando, para afinal se fundirem na neve, entre os galhos das árvores. No meio de cada um deles, a figura de Rodolfo aparecia. Multiplicavam-se, aproximavam-se-lhe, penetravam-na e, depois de tudo, desapareciam. Ela reconheceu as luzes das casas, que brilhavam ao longe no nevoeiro.

Então a sua situação, como um abismo, deparou-se-lhe. O peito arfava-lhe como se fosse despedaçar-se. Depois, num arrojo de heroísmo que a tornou quase jovial, desceu a encosta a correr, atravessou a prancha das vacas, a alameda, o mercado, e chegou à farmácia de Homais.

Não havia ali ninguém. Ela ia entrar, mas, ao toque da campainha, podiam vir; e abriu a cancela, contendo a respiração, e, rente ao muro, avançou até à porta da cozinha, donde luzia uma vela em cima do fogão. Justino, em mangas de camisa, ia levar um prato.

— Ah! estão jantando. Esperemos.

Daí a pouco voltou. Ema bateu na vidraça e o rapaz saiu.

— A chave! A de lá de cima onde estão os...

— Como?

E olhava para ela, muito admirado da palidez do seu rosto, que se destacava na escuridão da noite. Pareceu-lhe extraordinariamente bela e majestosa, como uma aparição; sem compreender o que ela queria, pressentia alguma coisa de terrível.

Mas Ema prosseguiu vivamente, com voz baixa, doce, dissolvente:

— Quero-a! Dá-ma.

Como o tabique era delgado, ouvia-se o tinir dos talheres na sala de jantar.

Ela dizia pretender matar os ratos, que a não deixavam dormir.

— Mas então é preciso comunicar ao sr. Homais.

— Não! Fica aí!

Depois, com ar de indiferença:

— Não vale a pena, que eu depois lho digo. Vamos, alumia-me!

E entrou no corredor para onde dava a porta do laboratório. Na parede estava pendurada uma chave com um rótulo em que se lia: *cafarnaum*.

— Justino! — bradou o farmacêutico, que começava a impacientar-se.

— Subamos!

E o rapaz seguiu-a.

A chave girou na fechadura e Ema foi direito à terceira prateleira, tal a justeza com que a memória a guiava, pegou no frasco azul, destapouo, meteu-lhe dentro a mão, tirou um punhado de pó branco e pôs-se imediatamente a comê-lo.

— Pare! — exclamou o rapaz, lançando-se a ela.

— Cala-te! pode vir alguém.

O rapaz estava desorientado, queria gritar.

— Não digas nada, que tudo recairá sobre teu patrão!

Depois, voltou-se, subitamente tranquila e quase que com a serenidade de um dever cumprido.

Quando Carlos, transtornado pela notícia da penhora, voltou à casa, Ema tinha saído. Gritou, chorou, desmaiou; mas ela não aparecia. Onde poderia estar? Mandou Felicidade à casa de Homais, de Tuvache, de L'Heureux, ao Leão de Ouro, a toda parte enfim; e nas intermitências da sua aflição, via a consideração aniquilada, a fortuna perdida, o futuro de Berta destruído! Mas, por que?... Nem uma palavra! Esperou até às seis horas da tarde. Enfim, não podendo conter-se mais, imaginou que ela teria partido para Ruão, foi caminhando pela estrada afora, andou uma meia légua, não encontrando ninguém, esperou ainda e retrocedeu.

Ela já regressara.

— Que sucedeu? O que é isto?... Explica-me!...

Ema sentou-se à secretária, escreveu uma carta, que fechou lentamente, acrescentando-lhe a data e a hora do dia. Depois, disse em tom solene:

— Lê isto amanhã; daqui até lá, peço-te que não me perguntes nada!... absolutamente nada!...

— Mas...

— Oh! deixa-me...

E deitou-se ao comprido, em cima da cama.

Um sabor amargo que lhe veio à boca, despertou-a. Entreviu Carlos e fechou de novo os olhos.

Ema analisava-se curiosamente, para ver se sofria ou não. Mas não! Por enquanto, nada! Ouvia o bater da pêndula, o crepitar do lume e a respiração de Carlos, que se conservava em pé, à cabeceira.

— Que coisa insignificante é a morte! — pensava ela; — vou adormecer de novo e tudo acabará!

Bebeu um gole de água e voltou-se para a parede.

O insuportável sabor de tinta de escrever continuava.

— Tenho sede!... Tenho muita sede!... suspirou ela.

— Que tens tu afinal? — disse Carlos, dando-lhe um copo.

— Não é nada... Abre a janela... estou sufocada!

E foi acometida de tão súbita náusea, que mal teve tempo de lançar mão do lenço que tinha debaixo do travesseiro.

— Leva-o! — disse ela rapidamente, — joga-o fora!

Carlos interrogou-a; ela não respondeu. Conservava-se imóvel, com receio de que o menor movimento a fizesse vomitar. Entretanto sentia um frio de neve, que lhe subia dos pés ao coração.

— Ah! já começa! — murmurou ela.

— Que estás dizendo?

Ela curvou a cabeça com um gesto meigo, cheio de angústia, abrindo continuamente os lábios, como se sentisse na língua alguma coisa pesadíssima. Às oito horas, reapareceram os vômitos.

Carlos observou que no fundo da bacia ficava uma espécie de areia branca agarrada à porcelana.

— É extraordinário! É singular! — repetia ele.

Mas Ema disse com voz forte:

— Não, estás enganado!

Então, delicadamente, e acariciando-a, passou-lhe a mão pelo estômago. Ema soltou um grito agudo. Carlos recuou assustado.

Depois Ema começou a gemer, a princípio muito fracamente. Sacudiam-lhe os ombros grandes arrepios e tornou-se mais branca que o lençol em que cravava as unhas. O pulso irregular era agora quase insensível.

Tinha orvalhado de gotas de suor o rosto azulado, que parecia como que coalhado pela exalação de um vapor metálico. Batia os dentes, os olhos dilatados relanceavam-se vagamente em torno e só respondia a todas as perguntas com acenos de cabeça; chegou mesmo a sorrir por duas ou três vezes. Pouco a pouco, seus gemidos foram-se tornando mais fortes. Soltou um uivo surdo; dizia que estava melhor e que daí a pouco se levantaria. Mas as convulsões recomeçaram; e exclamou:

— Ah! é horrível, meu Deus!

Carlos ajoelhou ao pé da cama.

— Fala!... Que foi que tu comeste? Responde, em nome do céu!

E a fitava com olhos de uma ternura como ela jamais vira.

— Pois bem, ali... ali... — disse Ema, com voz quase extinta...

Ele correu para a secretária, quebrou o lacre e leu em voz alta:

Não acusem ninguém... Não continuou, passou a mão pelos olhos e tornou a ler.

— Como?!... Socorro!

E não podia senão repetir a palavra: "Envenenada! Envenenada!" Felicidade correu à casa de Homais, que se achava na praça; a senhora Lefrançois ouviu-o no Leão de Ouro; alguns se levantaram para dar a notícia aos vizinhos e toda a noite andou a aldeia em alvoroço.

Desorientado, balbuciando, prestes a cair, Carlos girava sem cessar pelo quarto; tropeçava nos móveis, arrancava os cabelos, e o farmacêutico jamais julgou que pudesse haver espetáculo tão medonho.

Voltou à casa para escrever ao sr. Canivet e ao doutor Larivière. Perdeu a cabeça; fez mais de quinze borrões. Hipólito partiu para

Neufchâtel e Justino esporeou de tal maneira o cavalo de Bovary que o deixou na encosta do bosque Guillaume, arrasado, quase morto.

Carlos queria folhear o dicionário de medicina; mas não via nada; as letras dançavam-lhe diante dos olhos.

— Acalme-se! — disse o farmacêutico. — Trata-se unicamente de lhe aplicar algum antídoto poderoso. — Que veneno é?

Carlos mostrou a carta. Era arsênico.

— Bem — prosseguiu Homais; — temos de lhe fazer a análise.

Pois Homais sabia que é necessário, em todos os envenenamentos, fazer uma análise e o outro, que nada compreendia, respondeu:

— Sim, faça, faça... salve-a...

Depois, voltando para junto dela, deixou-se cair no tapete e ficou a soluçar com a cabeça pousada na beira da cama.

— Não chores! — disse-lhe ela. — Em breve deixarei de te atormentar!

— Por que? O que foi que te obrigou a isso?

Ela replicou:

— Tinha de ser, meu amigo.

— Não vivias feliz? Fui eu o culpado? Todavia, fiz tudo quanto pude!

— Sim... É verdade... é verdade... tu és muito bom!

E ela passava-lhe a mão pelos cabelos, devagarzinho. A doçura daquela sensação aumentou-lhe a tristeza; sentiu esvair-se-lhe a vida em desesperação com a ideia de a perder, quando, ao contrário, ela lhe confessava mais amor que nunca; e ele não achava nada, não sabia nada, não se atrevia, acabando de o transtornar a urgência de uma resolução imediata.

Ema acabara, — pensava ela consigo, — com todas as traições, baixezas e inumeráveis ansiedades que a torturavam. Já não odiava ninguém: uma confusão de crepúsculo empanava-lhe o pensamento e de todos os ruídos da terra, não ouvia senão o intermitente lamento do seu pobre coração, meigo e indistinto, como o último eco de uma sinfonia longínqua.

— Tragam-me a menina — disse ela, erguendo-se sobre o cotovelo.

— Não estás pior, não é verdade? — perguntou Carlos.

— Não! não!

A criada levou-lhe a filha nos braços, com a sua comprida camisa de dormir, da qual saíam os pezinhos nus, muito séria e quase sonhando ainda. A criança olhava espantada para o quarto todo em desordem e piscava os olhos deslumbrados pela luz dos castiçais acesos sobre os móveis. Recordavam-lhe sem dúvida as manhãs do ano novo, o da *Mi-Carême*, quando, acordada assim muito cedo à luz das velas, ia à cama de sua mãe para receber os brinquedos, por que se pôs a dizer:

— Onde é, mamãe? — E como ninguém lhe respondesse:

— Mas eu não vejo o sapatinho!

Felicidade inclinava-a para o leito, ao passo que ela não fazia senão inclinar-se para a lareira.

— Seria a ama que o levou? — perguntou ela.

E a esse nome, que lhe avivava a lembrança dos seus adultérios e das suas calamidades, madame Bovary afastou a cabeça, como se sentisse na boca o ressaibo de outro veneno mais forte. Berta, entretanto permanecia em cima da cama.

— Como a mamãe tem os olhos grandes! Como está branca! Como está suando!

A mãe olhava para ela.

— Tenho medo — disse a menina, recuando.

Ema pegou-lhe a mão para a beijar; a menina não queria.

— Basta! levem-na! — exclamou Carlos, que soluçava na alcova.

Depois os sintomas se sustaram um momento: Ema parecia menos agitada e, a cada palavra insignificante, a cada expiração que lhe saía do peito mais sossegado, readquiria ele esperança. Afinal, quando Canivet chegou, lançou-se-lhe nos braços, chorando.

— Ah! é o senhor! muito obrigado! O senhor é bom! Parece-me que está melhor... Olhe, veja-a.

O colega não foi de modo algum da mesma opinião e gostando pouco de ir por outros caminhos, como ele dizia, aplicar logo emético, a fim de desembaraçar completamente o estômago.

Ema não tardou a vomitar sangue. Os lábios apertaram-se-lhe mais. Tinha os membros crispados, o corpo coberto de manchas escuras, o pulso resvalava sob os dedos como uma linha tensa, como uma corda de harpa prestes a quebrar-se.

Depois começou a gritar horrivelmente. Amaldiçoava o veneno, invectivava-o, pedia-lhe que se apressasse e repelia com os braços inteiriçados tudo o que Carlos, mais agonizante que ela, queria obrigá-la a tomar. Carlos estava de pé, com o lenço na boca, numa espécie de estertor, chorando e sufocado pelos soluços que o sacudiam todo; Felicidade corria no quarto, para lá e para cá; Homais, imóvel, soltava profundos suspiros e o sr. Canivet, conservando sempre o seu aprumo, começava também a sentir-se perturbado.

— Diabo!... Contudo... já está purgada... e desde que a causa tenha cessado...

— Deve cessar o efeito — disse Homais; — é evidente.

— Mas, salve-a! — exclamava Bovary.

Por isso, sem dar atenção ao boticário, que arriscou ainda a hipótese: "Talvez seja um paroxismo salutar", ia Canivet para aplicar a teriaga, quando se ouviram estalos de chicote; em seguida estremeceram as vidraças e uma carruagem de posta, tirada valentemente por três cavalos enlameados até às orelhas, surgiu repentinamente da esquina do mercado. Era o dr. Larivière.

A aparição de um deus não causaria melhor efeito. Bovary ergueu as mãos, Canivet deteve-se imediatamente e Homais tirou o boné grego, muito antes do doutor entrar.

Larivière pertencia à grande escola cirúrgica saída do avental de Binet, à geração, já hoje extinta, de práticos filósofos, que dedicavam à sua arte um amor fanático, exercendo-a com exaltação e sagacidade! Tudo tremia no seu hospital quando ele se encolerizava, e os discípulos veneravam-no tanto, que se esforçavam, apenas estabelecidos, em imitá-lo o mais possível, de sorte que se tornava a ver neles pelas cidades dos arredores, o seu comprido sobretudo de merino e a sua ampla casaca preta, cujos punhos desabotoados lhe cobriam um pouco as mãos carnudas, mãos belíssimas, sempre sem luvas, como que para estarem mais prontas a mergulhar na miséria. Desprezando condecorações, títulos e academias, hospitaleiro, liberal, paternal com os pobres e praticando a virtude sem acreditar nela, teria quase passado por um santo se a perspicácia do seu espírito não o tornasse temido como um demônio. O seu olhar, mais cortante que o seu bisturi, penetrava até à alma e desarticulava todas as mentiras através de todas as alegações e pudores. E assim caminhava, repleto da majestade bondosa que provém da consciência de um grande talento e de quarenta anos de uma existência laboriosa e irrepreensível.

Logo que entrou, franziu as sobrancelhas, ao reparar na face cadavérica de Ema, estendida de costas e de boca aberta. Depois, fingindo que ouvia Canivet, passava o índex pelo nariz e repetia:

— Está bem... está bem...

Mas fez um ligeiro encolher de ombros. Bovary observou-o: encararam-se; e aquele homem, tão habituado ao aspecto da dor, não pôde conter uma lágrima, que lhe caiu na renda dos bofes da camisa.

Quis levar Canivet para a sala contígua. Carlos acompanhou-o.

— Está muito mal, não é verdade? Se se lhe aplicassem sinapismos? Eu nem sei! o senhor, que tem salvo a tanta gente, veja se encontra alguma coisa!

Carlos abraçava-o e contemplava-o desvairado, suplicante, meio desfalecido sobre o peito dele.

— Então, meu pobre rapaz, tenha coragem! Já não há nada que fazer.

E o dr. Larivière voltou-se.

— Vai embora?

— Volto já.

E saiu como que para dar uma ordem ao postilhão, acompanhado do dr. Canivet, que não gostava nada de ver Ema morrer-lhe nas mãos.

O farmacêutico foi ter com eles à praça. Não podia, por temperamento, separar-se das celebridades. Por isso suplicou ao doutor Larivière que lhe concedesse a honra insigne de almoçar em sua casa.

Mandaram num instante buscar pombos ao Leão de Ouro, quantas costeletas houvesse no açougue, creme em casa de Tuvache, ovos em casa do Lestiboudois e o boticário ajudava pessoalmente nos preparativos, enquanto a senhora Homais dizia, puxando os cordões da blusa:

— O senhor há de desculpar, doutor; nesta nossa pobre terra, não se estando prevenido...

— Os cálices de pé!!! — assoprou Homais.

— Se estivéssemos na cidade, teríamos outros recursos.

— Cala-te!... Para a mesa, doutor!...

E após as primeiras garfadas, julgou a propósito dar alguns pormenores sobre a catástrofe:

— Tivemos primeiro grande secura na faringe, depois dores intoleráveis no epigastro, superpurgação, coma...

— Como se envenenou ela?

— Ignoro-o, doutor: e nem mesmo sei como pôde obter esse ácido arsenioso.

Justino, que naquele momento levava uma pilha de pratos, sentiu-se acometido de tremor.

— Que tens tu? — disse o farmacêutico.

O rapaz, a esta pergunta, deixou cair os pratos no chão, com enorme ruído.

— Imbecil! — exclamou Homais; — desastrado! bronco! grande burro!

Mas contendo-se repentinamente:

— Eu, doutor, quis logo tentar uma análise e, primo, introduzi delicadamente num tubo...

— Era melhor — disse o cirurgião — introduzir-lhe os dedos na garganta.

O seu colega conservava-se calado, tendo pouco antes recebido confidencialmente uma forte repreensão, por causa do emético; de modo que o pobre Canivet, tão arrogante e verboso por ocasião do tratamento do pé equino, mostrava-se agora modestíssimo; não fazia senão sorrir-se de modo aprovador.

Homais expandia-se no seu orgulho de anfitrião e a aflitiva lembrança de Bovary contribuía vagamente para o seu prazer, por um retrocesso egoísta que fazia sobre si mesmo. Depois, a presença do doutor encantava-o. Ostentava a sua erudição, citava, numa caudal, as cantáridas, o upas, a mancenilheira, a víbora.

— E até já li que várias pessoas se sentiram intoxicadas doutor, e como que fulminadas, por chouriços que haviam suportado uma defumação veemente demais! Pelo menos, vi isso num magnífico relatório, apresentado por uma das nossas sumidades farmacêuticas, um dos nossos mestres, o ilustre Cadet de Gassicourt!

A senhora Homais reapareceu com uma dessas máquinas vacilantes que se aquecem com álcool; Homais tinha empenho em fazer o café ali mesmo à mesa, porque ele próprio o torrara, o porfirizara, o misturara.

— *Saccharum*, doutor, — disse ele, oferecendo o açúcar.

Depois mandou buscar os filhos, curioso de ouvir a opinião do médico sobre a sua constituição.

Afinal Larivière ia partir quando a senhora Homais lhe pediu uma consulta para seu marido, que coagulava o sangue, dormindo todos os dias após o jantar.

— Oh! não é nada mais do que o juízo que o incomoda.

E, sorrindo um pouco do seu trocadilho não percebido, o doutor abriu a porta.

A farmácia estava atulhada de gente, de modo que lhe custou muito descartar-se de Tuvache, que temia uma bronquite na esposa, por causa do costume que tinha de cuspir na cinza; depois, de Binet, que sentia às vezes sobressaltos; da senhora Caron, que tinha formigueiros; de L'Heureux, que era sujeito a vertigens; de Lestiboudois, que tinha reumatismo e da senhora Lefrançois, que se queixava de azia. Afinal os três cavalos largaram e todos acharam que o médico havia sido pouco complacente.

A atenção pública foi distraída pela aparição do Padre Bournisien, que ia passando pelo mercado com os santos óleos.

Homais, para não fugir aos seus princípios, comparou os padres aos corvos, a quem o cheiro dos cadáveres atrai; a presença de um eclesiástico era-lhe pessoalmente desagradável, porque a batina lhe fazia lembrar a mortalha e detestava uma pelo medo que lhe causava a outra.

Todavia, não recuando ante o que ele denominava a sua missão, voltou para casa de Bovary em companhia de Canivet, a quem Larivière, antes de partir, aconselhara insistentemente não deixasse de ir, e mesmo se não fossem as observações de sua mulher, teria levado consigo os filhos, para se habituarem às circunstâncias violentas, tomarem uma lição, receberem um exemplo e presenciarem um quadro solene, que lhes ficasse na memória.

O quarto, quando eles entraram, estava cheio de solenidade lúgubre. Em cima da mesa de trabalho, coberta com uma toalha branca, estavam cinco ou seis bolinhas de algodão, numa salva de prata, ao lado de um grande crucifixo, entre dois castiçais acesos. Ema, com o queixo fincado no peito, abriu desmedidamente as pálpebras; e as suas pobres mãos giravam sobre os lençóis, com o gesto pavoroso e suave dos agonizantes, que parecem querer cobrir-se com a mortalha. Pálido como uma estátua, com os olhos vermelhos como brasas, Carlos, sem chorar, estava em frente da cama, enquanto o padre, com um joelho no chão, murmurava palavras em voz baixa.

Ema voltou vagarosamente o rosto e pareceu tomada de alegria ao ver de repente a estola roxa, encontrando sem dúvida, no meio de um alívio extraordinário, a voluptuosidade perdida dos seus primeiros arroubos místicos, com visões de beatitude eterna, que começavam.

O padre ergueu-se para pegar no crucifixo; então ela estendeu o pescoço, como quem tem sede e colando os lábios ao corpo do Homem-Deus, depôs nele, com toda a sua força expirante, o maior beijo de amor que jamais dera. Depois o padre recitou o *Misereatur* e o *Indulgentiam,* molhou o polegar direito no óleo e começou a unção; primeiro sobre olhos, que tanto tinham cobiçado todas as suntuosidades mundanas; depois sobre as narinas, gulosas de brisas tépidas e de perfumes amorosos; depois sobre a boca, que tanto se abrira para a mentira, que tanto gemera de orgulho e gritara de luxúria; depois sobre a mãos, que se deleitavam com os contactos suaves e, finalmente, na planta dos pés, outrora tão velozes quando corriam a saciar os desejos e que agora nunca mais tornariam a caminhar.

O cura limpou os dedos, lançou ao fogo o algodão embebido em óleo e foi sentar-se ao lado da moribunda para lhe dizer que devia juntar os seus sofrimentos aos de Jesus Cristo e que se entregasse à misericórdia divina.

Depois de terminar as exortações, procurou meter-lhe na mão um círio bento, símbolo das glórias celestes, de que em breve se veria rodeada. Ema, na extrema fraqueza, não pôde fechar os dedos e o círio, se o padre não o segurasse, teria caído no chão.

Mas ela já não estava tão pálida e mostrava o rosto sereno como se o sacramento a tivesse salvo.

O padre não deixou de fazer esta observação; explicou mesmo a Bovary que o Senhor, às vezes, prolongava a existência das pessoas, quando o julgasse conveniente para a sua salvação; e Carlos recordou-se de um dia em que ela, também prestes a morrer, recebera a comunhão.

— Nunca se deve desesperar de todo, — pensou ele.

Com efeito, Ema relanceava os olhos em torno, lentamente, como quem desperta de um sonho; depois, com voz nítida, pediu o espelho e esteve inclinada para ele algum tempo, até que dos olhos se desprenderam duas grossas lágrimas. Em seguida soltou um profundo suspiro e deixou cair a cabeça no travesseiro.

No mesmo instante, começou-lhe o peito a ofegar rapidamente. A língua saiu-lhe toda fora da boca; os olhos, num movimento contínuo, amorteciam-se como dois globos de lâmpadas que se apagam; e até a julgariam já morta, se não fosse a medonha aceleração do arfar das costelas sacudidas por uma respiração furiosa, como se a alma estivesse aos pulos para se desprender. Felicidade ajoelhou diante do crucifixo e o próprio farmacêutico flectiu um pouco os joelhos, ao passo que Canivet olhava vagamente para a praça. Bournisien continuava a orar, com o rosto inclinado para a beira da cama e a sua comprida sotaina preta arrastando atrás de si pelo chão. Carlos estava do outro lado, de joelhos e com os braços estendidos para Ema. Pegava-lhe as mãos, apertava-as e estremecia a cada pancada do seu coração, como ao desmoronar de uma ruína. À proporção que o estertor se tornava mais forte, o eclesiástico precipitava as suas orações, que se misturavam e confundiam com os soluços sufocados de Bovary; às vezes tudo parecia desaparecer no surdo murmúrio das sílabas latinas que tangiam como dobre de finados.

De repente ouviu-se no passeio um ruído de tamancos, o bater de um pau e uma voz que se elevava, uma voz rouca, que cantava:

Muitas vezes, dum belo dia o calor
Faz que as moças sonhem com o amor.

Ema ergueu-se como um cadáver galvanizado, com os cabelos desmanchados, o olhar fixo, a boca aberta.

Para colher, diligentemente,
As espigas que a foice vai ceifando,
Nanette vai se inclinando
Sobre os sulcos que vão ficando.

— O Cego! — gritou Ema.

E pôs-se a rir, riso atroz, frenético, desesperado, julgando ver o rosto hediondo do desgraçado surgir nas trevas eternas como um espectro.

Nesse dia tanto ventou
Que a saia curta voou!

Seguiu-se uma convulsão, que a fez de novo deitar. Todos se aproximaram. Ema não existia mais.

CAPÍTULO IX

Há sempre, depois da morte de alguém, como que uma estupefação, tão difícil é a gente compreender a aparição do nada e resignar-se a crê-lo. Mas, quando Carlos lhe percebeu a imobilidade, lançou-se a ela, gritando:

— Adeus! Adeus!

Homais e Canivet levaram-no para fora do quarto.

— Sossegue!...

— Sim ! — dizia ele, debatendo-se — eu ficarei quieto, não farei mal nenhum; mas deixem-me... quero vê-la... é minha mulher!

E chorava.

— Chore, — dizia o farmacêutico — dê curso à natureza, que o há de aliviar!

Mais dócil que uma criança, Carlos deixou-se conduzir para a sala. Passado pouco tempo, Homais voltou para casa.

Na praça, foi abordado pelo cego que, arrastando-se até Yonville, com esperança na pomada antiflogística, perguntava a toda gente onde morava o farmacêutico.

— Ora! Como se eu não tivesse agora mais nada que fazer ! Volta mais tarde!

E entrou precipitadamente na farmácia.

Tinha de escrever duas cartas, preparar uma poção calmante para Bovary, achar uma mentira que pudesse ocultar o envenenamento, e redigir um artigo para o Farol, sem contar as pessoas que o esperavam para obter informações; e quando os yonvillenses ouviram todos a história do arsênico que ela tomara por açúcar, quando fazia creme de baunilha, volveu Homais à casa de Bovary, ainda uma vez.

Encontrou Carlos sozinho (Canivet já se retirara), sentado numa poltrona, junto da janela, olhando idiotamente os ladrilhos da sala:

— Agora, — disse o farmacêutico — é necessário que o senhor mesmo determine a hora da cerimônia.

— Para que? Que cerimônia?

Depois, com voz balbuciante e assustada:

— Não, não... eu quero conservá-la.

Homais, por amabilidade, pegou numa garrafa de água e pôs-se a regar os gerânios.

— Ah! obrigado, — disse Carlos; — o senhor é muito bom!

E não disse mais nada, sufocado por uma grande abundância de recordações que o farmacêutico lhe suscitara com aquele gesto.

Então, para o distrair, Homais julgou conveniente falar um pouco de horticultura; as plantas necessitavam de umidade. Carlos curvou a cabeça em sinal de aprovação.

— Afinal, os bons dias hão de voltar.

— Ah! — gemeu Bovary.

O boticário, vazio de ideias, pôs-se a afastar levemente as cortinas da vidraça.

— Olhe, lá vai o Tuvache.

Carlos repetiu maquinalmente:

— Lá vai o Tuvache.

Homais não ousou tornar a falar das disposições fúnebres; foi afinal o eclesiástico quem o resolveu a pensar nisso.

Carlos fechou-se no seu gabinete, pegou uma pena e, depois de soluçar algum tempo, escreveu:

> *"Quero que a enterrem com o seu vestido de noiva, sapatos brancos e uma coroa. Soltar-lhe-ão os cabelos pelos ombros; três caixões, um de carvalho, outro de mogno e outro de chumbo. Nada me digam — eu terei coragem. Cobri-la-ão com um grande pano de veludo verde. Quero assim. Façam isso".*

Todos se admiraram muito das ideias romanescas de Bovary e o farmacêutico foi logo dizer-lhe:

— O pano de veludo parece-me uma inutilidade; além disso, a despesa...

— Que lhe importa isso? — exclamou Carlos. — Deixe-me! O senhor não a amava; vá-se embora!

O cura deu-lhe o braço para fazê-lo dar uma volta pelo jardim. Ao mesmo tempo discorria sobre a vaidade das coisas terrestres. Deus era imensamente grande e bom; todos deviam, sem murmurar, submeter-se aos seus decretos e, mesmo, render-lhe graças.

Carlos explodiu em blasfêmias:

— Pois eu detesto o vosso Deus!

— O espírito da revolta está ainda no senhor — suspirou o cura.

Bovary já ia longe dele. Caminhava a grandes passos ao longo do muro, junto da latada, rangendo os dentes e erguendo para o céu olhos de maldição; mas nem uma folha se moveu.

Caía uma chuva miúda. Carlos, que tinha o peito descoberto, acabou por tiritar; voltou então para casa e foi sentar-se na cozinha.

Às seis horas, ouviu-se ruído de ferragem na praça; era a Andorinha que chegava; e Carlos permaneceu com a cabeça encostada à vidraça, vendo apear-se, um após outros, todos os passageiros. Felicidade estendeu-lhe um colchão na sala; Carlos lançou-se nele e adormeceu.

Ainda que filósofo, Homais respeitava os mortos. Por isso, sem guardar rancor ao pobre Carlos, voltou à noite a velar o cadáver, levando consigo três volumes e uma carteira para tomar apontamentos.

Bournisien estava lá e à cabeceira do leito ardiam dois grandes círios, que tinham sido retirados da alcova.

O farmacêutico, a quem o silêncio pesava, começou logo a formular queixumes sobre aquela "infortunada jovem"; e o padre respondia que já nada mais restava que rezar por ela.

— Contudo, — prosseguiu Homais — de duas, uma: ou ela morreu em estado de graça (como se exprime a Igreja) e não necessita das nossas preces; ou então faleceu impenitente (é esta, creio, a expressão eclesiástica), e, então...

Bournisien interrompeu-o, replicando, com maus modos, que nem por isso eram menos necessárias as rezas.

— Mas, — objetou o farmacêutico — uma vez que Deus conhece todas as nossas necessidades, de que pode servir a oração?

— O que! — disse o eclesiástico; — a oração? O senhor pelo que vejo não é cristão?

— Perdão, — tornou Homais. — Admiro o cristianismo. Libertou, principalmente, os escravos, introduziu depois no mundo uma moral...

— Não se trata disso! Todos os textos...

— Oh! oh! Quanto aos textos, abra a história; sabe-se muito bem que foram falsificados pelos jesuítas.

Carlos entrou e, dirigindo-se ao leito, afastou vagarosamente as cortinas.

Ema tinha a cabeça pendida para o ombro direito. O canto da boca, que se mantinha aberto, parecia um buraco escuro na parte inferior do rosto; os dois polegares permaneciam dobrados para a palma das mãos; cobria-lhe as pestanas uma espécie de poeira branca e os olhos começavam a desaparecer numa lividez viscosa, que se assemelhava a um tecido tênue, como se neles lhe tivessem as aranhas feito uma teia. O lençol desenhava-lhe o corpo desde o seio até os joelhos, erguendo-se depois na ponta dos pés; e a Carlos afigurava-se que pesavam sobre ela massas infinitas, um peso enorme.

O relógio da igreja bateu duas horas. Ouvia-se o marulhar da ribeira que corria nas trevas, junto do terraço.

Bournisien, de vez em quando, assoava-se ruidosamente e Homais fazia ranger a pena no papel.

— Vamos, meu amigo, — disse ele, — retire-se daqui que este espetáculo o dilacera.

Apenas Carlos se retirou, o boticário e o cura recomeçaram a discussão.

— Leia Voltaire! — dizia um — leia d'Holbach, leia a *Enciclopédia!*

— Leia as *Cartas de Alguns Judeus Portugueses!* — dizia o outro; — leia a *Razão do Cristianismo*, por Nicolau, ex-magistrado!

Inflamavam-se, estavam vermelhos, falavam ao mesmo tempo sem se ouvir um ao outro; Bournisien escandalizava-se com tal audácia; Homais maravilhava-se com tamanha estupidez; e não estavam longe de se trocar injúrias, quando Carlos reapareceu de repente. Atraía-o para ali uma fascinação; mal descia a escada, tornava logo a subi-la.

Punha-se em frente dela, para vê-la melhor, e perdia--se nessa contemplação que, à força de profunda, deixara de ser dolorosa.

Repetia para consigo histórias de catalepsias, milagres de magnetismo e dizia intimamente, que com uma grande força de vontade talvez conseguisse ressuscitá-la. Uma vez chegou mesmo a curvar-se para ela, a dizer baixinho: "Ema! Ema!" E a sua respiração, expelida com força, fez tremer a chama dos círios contra a parede.

Ao amanhecer, chegou a mãe de Carlos. Este, ao abraçá-la, teve acesso de choro. Ela ensaiou, como o fizera o farmacêutico, algumas observações sobre as despesas do enterro. Carlos agastou-se de tal modo que ela se calou e afinal encarregou-a de ir imediatamente à cidade, comprar o necessário.

Carlos ficou sozinho toda a tarde; tinham levado Berta para casa da senhora Homais e Felicidade conservava-se lá em cima, no seu quarto, com a senhora Lefrançois.

À noite teve visitas. Levantava-se, apertava-lhes a mão sem poder falar, depois sentavam-se todos ao lado uns dos outros, formando em frente do fogão um grande semicírculo. Cabisbaixos, balouçavam a perna cruzada, soltando de quando em quando um grande suspiro; e todos se sentiam muito enfadados; todos, porém, pareciam apostados em ficar.

Homais, quando voltou às nove horas (havia dois dias que não se via outra pessoa na praça), ia carregado com uma porção de cânfora, de benjoim e ervas aromáticas. Levava também um frasco cheio de cloro, para banir os miasmas. Naquela ocasião, a criada, a senhora Lefrançois e a mãe de Carlos andavam em volta de Ema, acabando de a vestir; afinal, cobriram-na com o véu, que lhe chegava até os sapatos de cetim.

Felicidade soluçava:

— Ah! Minha pobre patroa! minha pobre patroa!

— Olhe como está bonita ainda! — dizia, suspirando, a estalajadeira. — Dir-se-ia que vai levantar-se, de uma hora para outra.

Depois, inclinaram-se sobre ela, para lhe porem a grinalda.

Foi preciso erguer-lhe um pouco a cabeça e então saiu-lhe da boca, como um vômito, uma onda de líquido negro.

— Ah! meu Deus! — exclamou a senhora Lefrançois — tome cuidado com o vestido. Ajude-nos aqui! — disse ela ao farmacêutico. — Estará com medo, por acaso?

— Medo, eu? — replicou ele, encolhendo os ombros. — Que ideia! Vi muito pior do que isto no hospital, quando estudava farmácia! Nós até fazíamos ponche no anfiteatro das dissecções, pois não há nada que espante um filósofo e até, já o tenho dito muitas vezes, é minha intenção legar meu corpo aos hospitais, a fim de servir mais tarde à ciência.

Logo que chegou, perguntou o cura como passava Bovary e ante a resposta do boticário, prosseguiu:

— O golpe, bem compreende, é muito recente ainda!

Então Homais o felicitou por não estar sujeito, como toda gente, a perder uma companheira querida; do que se seguiu uma discussão sobre o celibato dos padres.

— Porque — dizia o farmacêutico — não é natural que um homem passe sem mulher! Tem-se visto crimes...

— Mas, por Deus! — exclamou o eclesiástico, — como quer o senhor que um homem casado possa guardar, por exemplo, o segredo da confissão?

Homais atacou a confissão. Bournisien defendeu-a e alargou-se sobre as restituições que ela fazia operar. Contou, em seguida, diferentes casos de ladrões que se haviam tornado honestos de repente. Muitos militares, tendo-se aproximado do tribunal da penitência, haviam sentido desvendarem-se-lhes os olhos. Havia em Fribourg um ministro...

O outro adormecera. Depois, o cura, como se sentisse um tanto sufocado na atmosfera pesada do quarto, abriu a janela. Com isso acordou o farmacêutico.

— Vamos, tome uma pitada. Ande, que espalha.

Ao longe, em alguma parte, ouviam-se latidos.

— Não ouve um cão uivar? — perguntou o boticário.

— Dizem que pressentem os mortos — respondeu o cura. — É como as abelhas, que abandonam o cortiço, quando falece alguém.

Homais não refutou esses preconceitos, porque adormecera de novo.

Bournisien, mais robusto, continuou por algum tempo a mover devagarzinho os lábios; depois, insensivelmente, baixou o queixo, largou o grande volume preto e pôs-se a ressonar.

Estavam em frente um do outro, com o ventre empertigado, a cara entumecida, um ar de zanga, encontrando-se afinal, ao cabo de tanto desacordo, na mesma fraqueza humana; e permaneciam tão imóveis como o cadáver que tinham a seu lado, e que parecia estar dormindo.

Carlos, entrando no quarto, não os acordou. Era a última vez. Vinha fazer as despedidas.

As ervas aromáticas fumegavam ainda, e turbilhões de fumo azulado confundiam-se, junto da janela, com a bruma que vinha entrando. Havia algumas estrelas, a noite estava amena.

A cera dos círios cobria de grandes pingos os lençóis da cama. Carlos via-as arder, fatigando a vista com o reflexo da sua chama amarela.

Viam-se tremular clarões no vestido de cetim, branco como o luar. Ema desaparecia por debaixo dele; e parecia a Carlos que, refugiando para fora de si própria, se perdia confusamente em todas as coisas ambientes, no silêncio, na noite, no vento que passava, nos eflúvios úmidos que se erguiam da terra.

Depois, de repente, via-se no jardim de Tostes, sentada no banco, encostada à sebe de silvas ou, então, nas ruas de Rouen, à porta da sua casa, no pátio dos Berteaux. Ouvia ainda os rapazinhos rindo e dançando debaixo das macieiras; o quarto estava cheio do perfume dos seus cabelos e o vestido estremecia-lhe nos braços com um rumor de fagulhas. Era a mesma, aquela!

Demorou-se muito tempo a recordar-se de todas as felicidades perdidas, das suas atitudes, dos seus gestos; do timbre da sua voz. Depois dessa desesperação vinha outra e sempre, inesgotavelmente, como ondas de uma maré que transborda do seu leito.

Carlos teve uma curiosidade terrível: lentamente, com a ponta dos dedos, levantou-lhe palpitante o véu; mas soltou um grito de horror, que despertou os outros dois, os quais logo o arrastaram dali para a sala debaixo.

Depois veio Felicidade, dizer-lhes que Carlos pedia os cabelos.

— Corte-os! — replicou o farmacêutico.

E como ela não se atrevesse, pegou ele mesmo a tesoura. Mas tremia tanto que picou a pele das fontes em vários lugares. Enfim, reagindo contra a comoção, deu dois ou três golpes ao acaso, o que produziu umas manchas brancas nos belos cabelos pretos.

O farmacêutico e o cura tornaram às suas ocupações, cochilando de vez em quando, coisa de que se acusavam reciprocamente toda a vez que despertavam. Afinal Bournisien aspergiu o quarto com água-benta e Homais lançou pelo chão um pouco de cloro.

Felicidade tivera o cuidado de lhes pôr, sobre a cômoda, uma garrafa de aguardente, um queijo e um bolo; o boticário, que pelas quatro horas já não podia mais, suspirou.

— Palavra de honra, — que comeria alguma coisa com prazer!

O cura não se fez rogar; saiu para ir dizer a sua missa e voltou depois; em seguida comeram e beberam, chasqueando um pouco, sem saber bem por quê, excitados pela alegria vaga que acontece invadir-nos após as cenas de tristezas; e ao último copinho o padre disse ao farmacêutico, batendo-lhe no ombro:

— Nós, afinal, acabaremos por nos entender!

Embaixo, no vestíbulo, encontravam-se os operários que chegavam. Então, Carlos, durante duas horas, teve de suportar o suplício das marteladas no sobrado. Em seguida trouxeram-na para baixo no caixão de carvalho que meteram logo dentro dos outros dois; mas, como o último era muito largo, foi necessário encher-lhe os interstícios com a lã de um colchão. Enfim, depois de prontos, fechados e soldados os três caixões, expuseram-nos em frente da porta, que abriram de par em par. Logo começou a afluir toda a gente de Yonville.

Pouco depois chegou Rouault, que desmaiou na praça, mal avistara o pano preto.

CAPÍTULO X

Rouault só recebera a carta do farmacêutico trinta e seis horas depois do envenenamento; e Homais, em atenção à sua sensibilidade, redigira-a de tal forma que era impossível, tirar dela alguma conclusão.

Primeiro, o pobre homem caiu por terra como se acometido de apoplexia. Depois compreendeu que a filha não estava morta, mas que podia estar... Enfim, enfiou a blusa, cobriu o chapéu, pôs uma espora no sapato esquerdo e partiu a toda brida: em todo o caminho, o velho Rouault, ofegante, consumia-se em angústias. Uma vez foi até obrigado a apear-se. Não via nada, ouvia vozes à volta de si, parecia-lhe endoidecer.

O dia rompeu. Viu três galinhas pretas dormindo empoleiradas numa árvore; estremeceu, assustado com o presságio. Prometeu então à Santa-Virgem três casulas para a igreja; iria depois descalço desde o cemitério dos Bertaux até à capela de Vassonville.

Entrou em Maromme, pôs-se a chamar a gente da estalagem, arrombou a porta metendo-lhe os ombros, pegou no saco de aveia, despejou na manjedoura uma garrafa de cidra doce e montou de novo o cavalinho, que partiu expedindo faíscas das quatro ferraduras.

Dizia o pobre homem para consigo que a salvariam, sem dúvida; estava certo de que os médicos descobririam um remédio; recordou-se de todas as curas milagrosas que lhe haviam contado.

Depois, via-a morta. Estava ali, diante dele, deitada de costas, no meio da estrada. Puxava a rédea e a alucinação desaparecia.

Em Quincampoix, para reanimar-se, bebeu três cafés um após outro.

Pensou que se teriam enganado no nome ao lhe escreverem. Procurou a carta no bolso, achou-a, mas não ousou abri-la.

Chegou a supor que seria uma farsa, uma vingança de alguém, uma fantasia de qualquer ocioso; ademais, se ela estivesse morta, já havia de se saber. Mas não! O campo não tinha nada de extraordinário: o céu estava azul, as árvores ramalhavam; passou um rebanho de carneiros. Avistou a aldeia; viram-no todo curvado sobre o cavalo, que fustigava com grandes pancadas e cujas cilhas gotejavam sangue.

Quando voltou a si, caiu banhado em lágrimas nos braços de Bovary.

— A minha filha! Ema! A minha criança! explique-me...

O outro lhe respondia com soluços:

— Não sei, não sei! Foi uma maldição!

O farmacêutico separou-os.

— Esses horríveis pormenores são inúteis. Eu informarei o senhor. Repare que vem ali muita gente. Ânimo, caramba! filosofia!

O pobre moço quis parecer forte e repetiu várias vezes:

— Sim... coragem!

— Bem! — exclamou o velho — eu a terei, por Deus! Hei de acompanhá-la até o fim.

O sino dobrava. Estava tudo pronto. Tiveram de pôr-se a caminho.

E sentados num banco do coro, um ao lado do outro, viam passar e repassar diante de si os três chantres salmodiando. Bournisien, em grande aparato, cantava com voz aguda; saudava o tabernáculo, erguia as mãos e estendia os braços. Lestiboudois girava pela igreja com a sua régua de barba de baleia; próximo da estante do coro estava o caixão, entre quatro fileiras de círios. Carlos tinha vontade de se levantar para ir apagá-los.

Procurava contudo excitar-se à devoção, lançar o espírito numa vida futura onde tornaria a vê-la. Imaginava ter ela partido para uma viagem longínqua, havia já muito tempo. Quando, porém, pensava que estava ali metida, que tudo acabara, e que a iam enterrar, acometia-o uma raiva feroz, negra, desesperada. Às vezes julgava nada mais sentir e saboreava esta suavização da sua dor, exprobando-se de ser um miserável.

Ouviu-se no lajedo como que o ruído seco de um pau ferrado batendo compassadamente. Esse ruído vinha do fundo, e cessou repentinamente, num dos lados da igreja. Um homem de jaqueta grossa ajoelhou-se ali com dificuldade. Era Hipólito, o moço do Leão de Ouro. Naquele dia tinha posto a sua perna nova.

Um dos chantres percorreu a nave para fazer o peditório e as moedas de cobre começaram a tinir sucessivamente na salva de prata.

— Apressem-se, que estou sofrendo muito! — disse Bovary, lançando encolerizado na bandeja uma moeda de cinco francos.

O homem agradeceu-lha com uma grande reverência.

Cantavam, ajoelhavam, levantavam-se e aquilo não tinha fim! Recordou-se de que uma vez, nos primeiros tempos, tinham assistido ambos à missa e haviam ficado do outro lado, à direita, encostados à parede. O sino recomeçou a dobrar. Houve movimento de bancos. Os carregadores passaram os seus três paus por debaixo do caixão e em seguida saíram da igreja.

Nisto apareceu Justino, à porta da farmácia; mas no mesmo instante meteu-se para dentro, pálido, cambaleando.

Havia gente às janelas para ver passar o cortejo. Carlos, na frente, ia muito direito. Fazia-se animado e saudava com um gesto os que, saindo dos becos ou das portas, se incorporavam ao préstito.

Os seis homens, três de cada lado, caminhavam a passo curto e um pouco ofegante. Os padres, os chantres e os dois meninos do coro recitavam o *De profundis* e as suas vozes espalhavam-se pelo campo, subindo e descendo em ondulações. Por vezes desapareciam nas voltas do caminho; mas a grande cruz de prata via-se sempre por entre as árvores.

As mulheres iam atrás, cobertas de manta preta e de capuz na cabeça, levando na mão círios acesos e Carlos sentia-se desfalecer ante aquela contínua repetição de orações e de luzes, e com o cheiro bafiento da cera e das sotainas. Soprava uma brisa fresca, os centeios e as colzas verdejavam, as gotas de orvalho tremiam à beira do caminho, nas sebes de silvas. O horizonte estava cheio de alegres rumores; o ranger duma carroça que rodava ao longe, o cantar de um galo que se repete ou o galope de um potro que foge por baixo das macieiras. O céu puro estava pincelado de nuvens róseas; pontos luminosos pairavam sobre as choupanas cobertas de iris; Carlos, ao passar, ia reconhecendo os pátios. Recordava-se de manhãs como essa, em que, depois de visitar os doentes, saía de lá e voltava para junto dela.

O pano preto, recamado de lágrimas brancas, levantava-se de vez em quando, deixando ver o esquife. Os carregadores, com fadiga, iam demorando o passo e o caixão avançava aos arrancos, como chalupa jogando a cada vaga.

Chegaram.

Os homens continuaram até lá abaixo, a um lugar na relva onde estava aberta a cova.

Todos se agruparam à roda; e enquanto o padre falava, a terra vermelha, amontoada às bordas, ia correndo pelos cantos, sem ruído, continuamente.

Depois, dispostas as quatro cordas, puseram sobre elas o caixão. Carlos viu-o descer, descer sem cessar.

Afinal ouviu-se um choque; as cordas foram puxadas para cima. Então Bournisien pegou a pá que Lestiboudois lhe ofereceu; e com a mão esquerda, não deixando de aspergir com a direita, lançou vigorosamente na cova uma pá de terra; e a madeira do caixão, ferida pelos calhaus, fez o formidável ruído que nos parece o retumbar da eternidade.

O cura passou o hissope ao vizinho. Era Homais, que o sacudiu gravemente, dando-o em seguida a Carlos, que pôs os joelhos em terra, lançando-a a mancheias, bradando ao mesmo tempo: "Adeus!" e atirava-lhe beijos, debruçava-se para a cova, como que para se sepultar com ela.

Levaram-no dali e em breve sossegou, experimentando talvez, como todos os outros, a vaga satisfação de ver o fim daquilo.

O velho Rouault, voltando para casa, pôs-se tranquilamente a fumar cachimbo; o que Homais, no seu foro íntimo, julgou pouco conveniente. Chegou mesmo a notar que Binet se abstivera de aparecer, que Tuvache fora embora depois da missa e que Teodoro, criado do tabelião, se apresentara com um casaco azul, "como se não pudesse arranjar um casaco preto, visto ser essa a moda, que diabo!" E andava de grupo em grupo, comunicando as suas observações. Todos deploravam a morte de Ema, principalmente L'Heureux, que não faltara ao enterro.

— Pobre senhora! Que dor para o marido!

E o farmacêutico prosseguia:

— Fique sabendo: sem mim, também ele praticava, contra si mesmo, algum atentado funesto!

— Tão boa pessoa! E dizer que ainda no sábado esteve em minha loja!

— Não tive tempo — disse Homais — de preparar algumas palavras, para dizer à beira da sepultura!

Carlos, regressando à casa, despiu-se, e Rouault envergou a blusa azul! Era uma blusa nova; e como no caminho ele enxugara muitas vezes os olhos na manga, a tinta lhe ficara no rosto, enquanto nesta ficaram vestígios das lágrimas, na camada de pó sujo.

A velha Bovary estava com eles, e todos os três e conservaram calados. Afinal Rouault suspirou.

— Lembra-se, meu amigo, da minha ida a Tostes, quando perdeu a sua primeira defunta? Nessa ocasião consolava-o eu! Então achava o que lhe dizer, mas agora...

Depois, com um prolongado gemido, que lhe ergueu o peito:

— É que para mim foi o fim de tudo! Vi partir minha mulher... em seguida meu filho... hoje minha filha!

E quis regressar logo para os Berteaux, dizendo que não poderia dormir naquela casa. Recusou-se até a ver a neta.

— Não, não, que me faria mais mal! Apenas, beije-a por mim! Adeus! O senhor é um bom moço! E olhe que nunca me esquecerei disso, — acrescentou ele, batendo-lhe na coxa. — Não tenha medo! Há de continuar sempre a receber a sua perua.

Quando chegou, porém, ao alto da encosta, voltou-se para trás, como noutro tempo se voltava no caminho de S. Vitor, ao separar-se dela. As janelas da aldeia pareciam todas incendiadas com os raios oblíquos do sol, que se sumia na campina. Protegeu os olhos com a mão e avistou no horizonte um terreno murado, onde as árvores, aqui e ali, formavam grupos negros por entre as pedras brancas; depois continuou o caminho a meio trote, porque o cavalo já manquejava.

Carlos e sua mãe, apesar da fadiga, ficaram à noite, a conversar por muito tempo. Falaram do passado e do futuro. Ela viria morar em Yonville, governar-lhe-ia a casa e não tornariam a separar-se. Foi engenhosa e cariciosa, intimamente deleitada com reaver uma afeição que desde tanto lhe fugira. Soou meia-noite. A aldeia, como de costume, estava silenciosa. Carlos, acordado, pensava sempre nela.

Rodolfo, que, para se distrair, andara todo o dia batendo mato, dormia tranquilamente no seu castelo, e Léon, lá onde estava, dormia também.

Havia, porém, outro, que àquela mesma hora não dormia.

Sobre a cova, entre os pinheiros, estava um rapazinho de joelhos, chorando, e o seu peito despedaçado por soluços, ofegava na sombra, sob a opressão de uma saudade imensa, mais suave que o luar e mais insondável que a morte. De repente rangeu a cancela. Era Lestiboudois, que fora buscar a pá, que havia esquecido. Reconheceu Justino escalando o muro e ficou sabendo o que devia fazer ao malfeitor que lhe roubava as batatas.

CAPÍTULO XI

Carlos, no dia seguinte, mandou buscar a pequena. Esta perguntou pela mãe. Responderam-lhe que estava fora e que lhe havia de trazer brinquedos. Berta falou nela muitas vezes; depois, com o tempo, deixou de pensar nisso. A alegria da criança afligia Bovary; e tinha ainda de aguentar as intoleráveis consolações do farmacêutico.

As dificuldades pecuniárias em breve recomeçaram: L'Heureux excitara de novo seu amigo Vinçart e Carlos empenhou-se por somas exorbitantes; porque nunca concordou em vender o menor dos objetos que tinham pertencido a ela. Sua mãe exasperou-se com isso; o filho zangou-se mais do que ela. Bovary mudara inteiramente. A mãe abandonou a casa.

Tratou então cada um de se *aproveitar.* A senhorita Lampereur reclamou seis meses de lições, ainda que Ema não houvesse tomado nem uma (apesar daquele recibo que ela mostrara a Bovary): era uma combinação entre ambas; o alugador de livros reclamou três anos de assinatura; a tia Rollet reclamou o porte de vinte cartas; e como Carlos pedisse explicações, teve ela a delicadeza de responder:

— Eu não sei nada! Eram para seus negócios.

A cada dívida que pagava, Carlos julgava ter acabado com elas; mas surgiam outras, continuamente.

Exigiu depois o pagamento atrasado de antigas visitas, mas lhe mostraram as cartas que a mulher havia escrito. Viu-se então obrigado a apresentar desculpas.

Felicidade usava agora os vestidos da patroa; não todos, porque Carlos guardara alguns, que ia contemplar no quarto de vestir, onde se fechava; Felicidade tinha um pouco mais ou menos a estatura de Ema, e assim muitas vezes Carlos, vendo-a pelas costas, era tomado de uma ilusão e exclamava:

— Oh!, fique! fique!

Mas pela Páscoa desapareceu ela de Yonville, raptada por Teodoro e roubando o que restava do guarda-roupa.

Foi por essa época que a viúva Dupuis teve a honra de lhe participar "o casamento de Léon Dupuis, seu filho, tabelião em Yvetot, com a senhorita Leocádia Leboeuf, de Bondeville." Carlos, entre as felicitações que lhe dirigiu, escreveu esta frase:

"Como minha pobre mulher ficaria satisfeita!"

Um dia, andando ele a divagar ao acaso pelos aposentos, subiu ao sótão e sentiu de repente, debaixo do chinelo, uma bolinha de papel fino. Desembrulhou-a e leu: "Ânimo, Ema! ânimo! Eu não quero fazer a desgraça da sua existência." Era a carta de Rodolfo, que ali ficara no chão e que o vento da fresta impelira para a porta. E Carlos ficou imóvel e pasmado, no mesmo lugar onde outrora Ema, mais pálida do que ele, desesperada, quisera morrer. Afinal descobriu um pequeno *R* no fim da segunda página. Que era aquilo? Recordou-se das assiduidades de Rodolfo, do seu desaparecimento repentino e do ar de constrangimento que lhe notara depois, quando o encontrara por duas ou três vezes. Mas o tom respeitoso da carta ainda o iludiu.

— Amavam-se platonicamente, talvez — disse ele para consigo.

Além disso, Carlos não era dos que descem ao fundo das coisas; recuou ante as provas e o ciúme incerto perdeu-se-lhe na imensidade do pesar.

Não podiam deixar de adorá-la, pensava. Todos os homens, com certeza, a tinham cobiçado. Ema pareceu-lhe ainda mais bela; e concebeu um desejo permanente, furioso, que lhe inflamava o desespero, e que não tinha limites, porque já era irrealizável.

Para lhe agradar, como se ela vivesse ainda, adotou as suas predileções, as suas ideias; comprou botas de verniz e passou a usar gravatas brancas. Punha cosméticos no bigode e assinava, como ela, letras à vista. Ema corrompia-o do além-túmulo.

Foi obrigado a vender a prata, peça por peça, e depois vendeu a mobília da sala. Todos os aposentos se foram desguarnecendo; mas o quarto dela permanecia como outrora. Depois de jantar, Carlos subia lá. Chegava para junto do fogão a banquinha redonda e aproximava a poltrona dela. Depois, sentava-se em frente. Num dos castiçais dourados ardia uma vela. Berta, ao lado dele entretinha-se colorindo estampas.

O pobre homem sofria por vê-la tão mal vestida, com os sapatos sem laços, as cavas da blusa descosidas até à cinta, porque a governanta não se importava com essas coisas. Mas Berta era tão meiga, tão gentil, sua pequena cabeça reclinava-se tão graciosamente, deixando-lhe cair nas faces os belos cabelos louros, que ele se sentia invadido por uma espécie de deleite, prazer todo entremeado de amarguras como os vinhos malfeitos que têm gosto de resina. Consertava-lhe os brinquedos, fazia-lhe bonecos de papelão ou cozia-lhe o ventre rasgado das bonecas. Depois, se acaso visse a caixa de costura, uma fita ou mesmo um alfinete, numa fenda da mesa, caía em profunda meditação e mostrava-se tão triste que a pequena entristecia também.

Ninguém ia visitá-los, porque Justino fora para Ruão ser caixeiro de uma mercearia e os filhos do farmacêutico procuravam cada vez menos a companhia da menina, porque Homais não fazia empenho, visto a diferença das suas condições sociais, de que a intimidade se prolongasse.

O cego, que o farmacêutico não conseguira curar com a sua pomada, voltara para a encosta do Bosque Guillaume, onde narrava aos viajantes a vã tentativa do farmacêutico, a tal ponto que Homais, quando ia à cidade, se ocultava o quanto podia nas cortinas da *Andorinha,* a fim de evitar que ele o visse. Detestava-o e, no interesse da sua própria reputação, querendo desembaraçar-se dele a todo o custo, assestou-lhe uma bateria oculta, que revelava a profundeza da sua inteligência, e a velhacaria da sua vaidade. Durante seis meses consecutivos, liam-se no Farol de Ruão notícias como esta:

> "Todas as pessoas que se dirigem para as férteis regiões da Picardia têm por certo reparado, na encosta do Bosque Guillaume, um miserável enfermo com uma horrível chaga facial. Ele a todos importuna e persegue, cobrando um verdadeiro imposto aos viajantes. Estaremos acaso ainda nos tempos monstruosos da Idade-Média, em que era permitido aos vagabundos ostentar nas nossas praças públicas a lepra e as escrófulas que tinham trazido das cruzadas?"

Ou então:

> "A despeito das leis contra a vadiagem, os arredores das nossas grandes cidades continuam a ser infestados por bandos de mendigos. Alguns circulam isoladamente, e não são esses talvez os menos perigosos. Em que é que pensam os nossos edis?"

Depois Homais inventava ocorrências:

"Ontem, na encosta do Bosque Guillaume, um cavalo fogoso..." E seguia-se a descrição de um desastre ocasionado pela presença do cego.

Tanto fez que o internaram; pouco depois o soltaram. Ele recomeçou. Homais recomeçou também. Era uma luta. Afinal foi o farmacêutico quem venceu; porque o seu inimigo foi condenado à reclusão perpétua num hospício.

O sucesso animou-o; e desde então não houve por aqueles sítios um cão atropelado, um palheiro incendiado, uma mulher espancada, de que ele não desse logo parte ao público, sempre guiado pelo amor do progresso e pelo ódio aos padres. Estabelecia comparações entre as escolas primárias e os irmãos mendicantes, em detrimento destes últimos, recordava a Saint-Barthelemy a propósito de uma verba de cem francos concedida à igreja, denunciava abusos e fazia alusões. Era o seu mote. Homais sabia muita coisa; tornava-se perigoso.

Mas não se achava à vontade nos estreitos limites do jornalismo e dentro em pouco lhe foi necessário o livro, a obra! Compôs então uma *Estatística Geral do Cantão de Yonville, seguida de Observações Climatológicas,* e a estatística impeliu-o para a filosofia. Preocupou-se com as grandes questões: problema social, moralidade das classes pobres, piscicultura, *cautchouc*, estradas de ferro, etc. Chegou a se envergonhar de ser burguês. Adotou o gênero artista; fumava! E comprou duas estatuetas *chic* Pompadour, para ornar a sala de visitas.

Não abandonava a farmácia; ao contrário! conservava-se sempre ao corrente das descobertas. Seguia atento o grande movimento dos chocolates. Foi o primeiro que mandou ir do Sena Inferior cacau e *revalentia*. Entusiasmou-se pelas correntes hidroelétricas Pulvermacher; ele próprio usava uma; à noite, quando despia o colete de flanela, ficava a senhora Homais embasbacada ante a espiral de ouro que o cobria e sentia redobrar os seus ardores por aquele homem, mais amarrado que um Cita e esplêndido como um mago.

A propósito do túmulo de Ema, teve ele belíssimas ideias. Propôs uma coluna com uma roupagem, depois uma pirâmide, depois um templo de Vesta, uma espécie de rotunda... ou então, um "montão de ruínas". E em todos os planos, insistia sempre por um chorão, que considerava como o símbolo obrigatório da tristeza.

Carlos e ele fizeram juntos uma viagem a Ruão para ver túmulos, à casa de um construtor de sepulturas, acompanhados de um artista pintor, um tal Vaufrilard, amigo de Bridoux, e que, durante todo o tempo, esteve a fazer trocadilhos. Afinal, depois de ter examinado um cento de desenhos, de ter encomendado um esboço e de ter ido ainda segunda vez a Ruão, Carlos decidiu-se por um mausoléu, que devia ter nas duas faces principais "um gênio segurando um facho apagado".

Quanto, à inscrição, não achava Homais nada tão belo como: *Sta viator* e não saía dali; dava tratos à imaginação e repetia continuamente: *Sta viator*... Afinal descobriu: *Amabilem conjugem calcas!* que foi adotado.

Coisa estranha é que Bovary, pensando continuamente em Ema, ia-se esquecendo dela e desesperava-se vendo como a imagem se lhe apagava da memória, apesar dos esforços que fazia para a reter. Ainda assim, todas as noites sonhava com ela; aproximava-se-lhe, mas quando ia abraçá-la, desfazia-se-lhe em podridão nos braços.

Durante uma semana, todos o viram ir de tarde à igreja. Bournisien fez-lhe mesmo duas ou três visitas, mas depois o abandonou. Além disso o cura pendia para a intolerância, para o fanatismo, dizia Homais;

vociferava contra o espírito do século e não deixava nunca, de quinze em quinze dias, no sermão, de recordar a agonia de Voltaire, o qual, como todos sabiam, morrera devorando os próprios excrementos.

Apesar da economia com que Bovary vivia, estava muito longe de poder amortizar as suas velhas dívidas. L'Heureux recusou-se a reformar-lhe qualquer letra. A penhora estava iminente. Carlos recorreu então à sua mãe, que concordou em deixar-lhe hipotecar os bens, mas dirigindo-lhe acerbas recriminações contra Ema; e pediu em compensação do seu sacrifício, um xale que escapara ao furto de Felicidade. Carlos recusou-lhe; zangaram-se.

A mãe foi quem deu os primeiros passos para a reconciliação, prometendo-lhe levar a neta para junto de si; porque lhe serviria de companhia. Carlos concordou. Mas no momento da partida, perdeu a coragem. Então é que o rompimento foi definitivo, completo.

À medida que as suas afeições desapareciam, mais estreitamente se ligava à filha. Mas causava-lhe inquietações, porque tossia com frequência e tinha rosetas muito vivas nas faces.

Defronte dele ostentava-se, florescente e risonha, a família do farmacêutico para cuja satisfação tudo contribuía. Napoleão ajudava-o no laboratório, Atália bordava-lhe um boné grego, Irma recortava rodelas de papel para cobrir as compotas e Franklin recitava sem parar a tabuada de Pitágoras. Era o mais feliz dos pais, o mais afortunado dos homens.

Engano! Uma ambição surda o minava. Homais desejava ter uma condecoração. Títulos com que obtê-la não lhe faltavam.

"1º Ter manifestado, por ocasião do cólera, uma dedicação sem limites; 2º ter publicado, à minha custa, diferentes obras de utilidade pública, tais como... (e recordava a sua Memória intitulada: *Da Sidra, seu Fabrico e Efeitos;* além disto, as observações sobre o pulgão lanígero, enviadas à Academia; o seu volume de estatística e até a sua tese de farmácia); não falando em que sou membro de muitas sociedades eruditas (pertencia apenas a uma)."

— Finalmente — exclamava, fazendo uma pirueta, — ainda que não fosse senão por ter me assinalado nos incêndios!

Homais inclinou-se então para o poder. Prestou secretamente ao prefeito valiosos serviços durante as eleições. Vendeu-se enfim, prostituiu-se. Chegou mesmo a dirigir ao soberano um requerimento, implorando que fizessem *justiça;* chamava-lhe nosso bom rei, comparava-o a Henrique IV.

E todas as manhãs, o farmacêutico se precipitava para o jornal, para ver se descobria nele a sua nomeação, que não aparecia. Afinal, não podendo, conter-se, mandou fazer no quintal um tabuleiro de relva, cujo desenho figurava a legião de honra, com dois tufos de erva, que partiam do topo e imitavam a fita. Passeava então à roda dela, de braços cruzados, meditando sobre a inépcia do governo e a ingratidão dos homens.

Por respeito ou por uma espécie de sensualidade que o fazia moroso nas suas investigações, Carlos ainda não abrira o compartimento secreto da escrivaninha fechada, de que Ema se servia habitualmente. Um dia, enfim, sentou-se diante dela, usou da chave e abriu-a. Achavam-se ali todas as cartas de Léon. Já não podia duvidar desta vez! Devorou-as até à última, depois procurou em todos os cantos, revolveu todos os móveis, todas as gavetas, soluçando, uivando, desorientado, louco. Descobrindo uma caixa, arrombou-a com um pontapé. O retrato de Rodolfo, quase lhe saltou à cara, no meio de cartas de amor amarrotadas.

Todos se admiravam do seu desânimo. Deixou de sair de casa, não recebia ninguém e recusava-se mesmo a ir ver doentes. Começaram então a murmurar *que se fechava para beber.*

Contudo, às vezes, algum curioso espreitava por cima da sebe do quintal e avistava com pasmo aquele homem de barbas compridas, coberto de sórdidos andrajos, com aspecto bravio e que passeava chorando alto.

De tarde, no verão, pegava na filha e levava-a consigo ao cemitério. Não voltavam senão depois de noite fechada e quando já não havia iluminada na praça senão a janela de Binet.

Mas a voluptuosidade da sua dor era incompleta, porque não tinha junto de si ninguém que a compartilhasse; e visitava a senhora Lefrançois, para poder falar dela. Mas a estalajadeira só lhe dava atenção com um ouvido, pois também tinha, como ele, as suas preocupações, porque o sr. L'Heureux acabara de estabelecer as *Favoritas do Comércio* e Hivert, que gozava de uma grande reputação nos transportes, exigia aumento de ordenado e ameaçava de passar-se "para a concorrência".

Um dia em que Carlos foi à feira de Argueil para vender o cavalo — último recurso — encontrou Rodolfo. Mal se viram, empalideceram. Rodolfo, que apenas enviara o seu cartão, principiou por balbuciar desculpas, depois animou-se e levou o aprumo (fazia então muito calor, porque estavam em agosto) a ponto de convidá-lo a tomar um copo de cerveja.

Sentado em frente dele, mordia o charuto, conversando, e Carlos perdia-se em devaneios diante daquele rosto que ela amara. Parecia-lhe tornar a ver alguma coisa dela. Era uma espécie de encantamento. Quisera ser aquele homem.

O outro continuava a falar de cultura, de gado, de estrumes, tapando com frases banais todos os interstícios onde pudesse caber uma alusão. Carlos não o ouvia; Rodolfo percebeu isso e seguia-lhe na mobilidade da fisionomia, a passagem das recordações. Ruborizava-se pouco a pouco, as narinas palpitavam mais depressa, os lábios tremiam-lhe e houve mesmo um instante em que Carlos, acometido de um furor sombrio, fixou os olhos nos de Rodolfo, que com certo susto se calou; mas dentro em pouco reapareceu-lhe no rosto o mesmo cansaço fúnebre.

— Eu não lhe quero mal, — disse ele.

Rodolfo permanecia mudo.

E Carlos, com, a cabeça pousada em ambas as mãos, prosseguiu com voz quase extinta e no tom resignado das dores infinitas:

— Não, já não lhe quero mal.

E acrescentou uma grande frase, a única que jamais dissera.

— Foi culpa da fatalidade!

Rodolfo, que fora o condutor daquela fatalidade, achou-o bonacheirão demais para um homem na sua situação, cômico até, e um pouco vil.

No dia seguinte, Carlos foi sentar-se no banco do caramanchão. A claridade entrava pelo caniçado, as folhas de videira desenhavam sombras na areia, o jasmim embalsamava, o céu estava azul, as cantáridas zumbiam em torno dos lírios floridos e Carlos sentia-se sufocado como um adolescente sob os vagos eflúvios amorosos, que lhe enchiam de mágoa o coração.

Às sete horas a pequena Berta, que não o vira durante toda a tarde, foi buscá-lo para jantar.

Carlos tinha a cabeça encostada à parede, os olhos fechados, a boca aberta e nas mãos uma comprida madeixa de cabelos pretos.

— Papai, vamos! — disse ela.

E julgando que ele queria brincar, impeliu-o brandamente. Carlos caiu ao chão. Estava morto.

Trinta e seis horas depois, a pedido do farmacêutico, o doutor Canivet chegou. Fez a autópsia, mas nada encontrou.

Depois de tudo vendido, restaram doze francos e setenta e cinco cêntimos, que serviram para pagar a viagem de Berta para casa de sua avó. A pobre mulher morreu nesse mesmo ano e como o velho Rouault estava paralítico, foi sua tia que se encarregou dela. Como é pobre, para ganhar o sustento, manda-a trabalhar numa tecelagem de algodão.

Depois da morte de Bovary, três médicos passaram por Yonville, um após outro, sem conseguir fama nem sucesso, batidos logo por Homais, que tem uma clientela infernal; a autoridade poupa-o e a opinião pública o protege.

Acaba de receber a Legião de Honra.

A presente edição de MADAME BOVARY de Gustave Flaubert, é o volume nº15 da Coleção Excelsior. Impresso na Gráfica Editora Del Rey Indústria Comércio Ltda., à rua Geraldo Antonio de Oliveira, 88 - Contagem, para a Editora Itatiaia, à Rua São Geraldo, 67 - Belo Horizonte - MG. No catálogo geral leva o número 00502/6B. ISBN. 85.319-0793-7.